普通高等学校"十五五"规划工商管理类精品教材

U0641941

企业财务报表分析
——战略导向与案例

主 编◎唐欣　朱奕璇　杨英

华中科技大学出版社
http://press.hust.edu.cn
中国·武汉

内 容 简 介

本书以企业战略为前沿视角,系统讲解了资产负债表、利润表、现金流量表的分析理论与方法,并结合大量上市公司财务报表的实际数据进行举例说明,指导读者分析企业的财务战略、生命周期及经营状况,培养读者运用战略思维评价企业的偿债能力、盈利能力、营运能力与成长能力,进而预测企业未来发展趋势,提高经营管理决策水平,同时为传统的财务报表分析体系提供新的数据解码方式和思维视角。本书每一篇篇首配有引导性案例,每一章都有学习目的与要求、关键知识点、重要概念、思考题、练习题,书末还设有相应的复习题,助力读者深入学习与思考。

图书在版编目(CIP)数据

企业财务报表分析:战略导向与案例/唐欣,朱奕璇,杨英主编. -- 武汉:华中科技大学出版社,2025.6. -- ISBN 978-7-5772-1899-1

Ⅰ. F275.2

中国国家版本馆 CIP 数据核字第 20253BU950 号

企业财务报表分析——战略导向与案例   唐 欣 朱奕璇 杨 英 主编
Qiye Caiwu Baobiao Fenxi —— Zhanlüe Daoxiang yu Anli

策划编辑:杜 雄 李家乐

责任编辑:张 琳

封面设计:廖亚萍

责任校对:张会军

责任监印:曾 婷

出版发行:华中科技大学出版社(中国·武汉)   电话:(027)81321913
　　　　　武汉市东湖新技术开发区华工科技园   邮编:430223

录　排:孙雅丽

印　刷:武汉市洪林印务有限公司

开　本:787mm×1092mm 1/16

印　张:16

字　数:339千字

版　次:2025年6月第1版第1次印刷

定　价:49.80元

前言
QIANYAN

在管理实践中,任何企业的经营状况都是其战略要求的体现。财务报表作为反映企业特定时期财务状况、经营成果与现金流转情况的重要载体,应呈现企业基于战略目标作出的战略选择,包括对未来发展方向、实现路径和竞争策略的规划,并最终体现为财务结果。因此,对企业的财务报表进行分析是企业的一项重要战略管理活动。

从这个角度来说,对企业财务报表的分析需要突破传统财务报表分析的主流方法 —— 财务比率分析法,转而从战略角度审视企业财务状况,结合财务报表所反映的企业战略意图与战略绩效,分析企业经营管理水平、评价管理制度的合理性,从而提高企业经营管理决策的科学性与有效性。

但对各类报表使用者而言,要站在企业战略的高度,通过分析各类财务报表及相关资料来了解、评价企业经营管理状况,并为企业经营管理决策提供服务和建议,并非易事。这需要他们系统学习战略管理的基本知识,了解财务战略的基本理论,同时掌握正确的报表分析思路与方法。而这些内容也构成了本书的基本编写思路与内容框架。

本书分为四篇。第一篇为财务报表分析与财务战略概述,介绍了财务报表分析的含义、步骤、方法等基本理论,以及财务战略与财务报表分析之间的关系;第二篇为基于战略视角的主要财务报表分析,说明了资产负债表、利润表、现金流量表等的传统分析方法,并增加了从战略视角分析这些报表的相关内容;第三篇为企业能力分析,重点说明了如何运用财务比率分析法来评价企业的偿债能力、盈利能力、营运能力和成长能力;第四篇为财务综合分析,阐述了财务报表的综合分析方法。

在内容安排上,本书引入大量的上市公司财务报表数据作为案例素材,而且每一篇的篇首设置了基于上市公司财务报表实际问题的引导性案例,引导读者带着对现实问题的思考进行阅读。此外,本书每一章都加入了学习目的与要求、关键知识点、重要概念和引言，每一章的后面都附带了思考题和练习题，且尽量以上市公司数据作为提问依据，供读者练习。最后附录部分配有复习资料（模拟试卷），帮助读者巩固所学知识。这样的内容安排逻辑清晰、内容充实、重点突出，注重对读者自主思考能力的启发。

　　在本书的编写过程中，编者参考了大量的相关书籍和资料，在此谨表谢意。感谢湖南工学院商学院所有领导和同事们的鼓励和大力支持。鉴于企业财务报表分析方法发展迅速，加之我们自身编写水平有限，书中难免存在一些不足之处，敬请读者批评指正。

编者

2025 年 2 月

目录
MULU

第三篇　企业能力分析

第四篇　财务综合分析

Note

第一篇

财务报表分析与财务战略概述

华谊兄弟的收缩性财务战略与财务报表数据

2024年7月23日晚,华谊兄弟发布公告,近日企业为实际经营需要,拟与北京阿里巴巴影业文化有限公司签署协议,预计转让企业控股子企业浙江东阳美拉传媒有限公司70%股权,股权转让价款为3.5亿元。

本次转让完成后企业不再持有东阳美拉的股权,具体情况以双方签署的协议为准。据公告,东阳美拉成立于2015年9月2日,注册资本500万元,主营制作、复制、发行专题、专栏、综艺、动画片、广播剧、电视剧、电影等。

2023年11月13日和2023年11月29日,企业召开第六届董事会第三次会议和2023年第五次临时股东大会,审议通过了关于转让全资孙企业股权暨关联交易的议案。经双方友好协商,签订股权及债权转让协议,以及债权转让、债务转移及抵销协议,将企业全资子企业北京华谊兄弟娱乐投资有限公司(以下简称"华谊娱乐投资")持有的嘉利文化100%股权以及华谊娱乐投资对嘉利文化的全部债权(130,018,605.51元)转让给中联盛世文化(北京)有限公司以抵销上述借款总额7亿元中的3.5亿元。

华谊兄弟频频对子公司进行股权转让与其常年巨额亏损有关。2018—2023年,华谊兄弟连年亏损,5年累计亏损超过了74亿元。2023年,华谊兄弟营收6.66亿元,同比增长65.59%,净亏损5.39亿元。华谊兄弟称,受经济形势影响,影视行业仍处于复苏阶段,且2023年影视行业竞争激烈,导致市场份额争夺加剧,企业作为传媒影视行业的代表,报告期内,其主要业务仍受到一定程度的冲击。2024年第一季度,华谊兄弟营收9,522万元,同比下滑59.2%,净亏损1,856万元,同比下滑76.76%。截至一季度末,该企业资产负债率为79.79%,为近几年最高点。华谊兄弟的股权转让行为受到了其经营业绩不佳的影响,报表中反映的经营业绩似乎也决定了它所采取的收缩型财务战略。

那么应该如何根据财务报表的分析来看待企业的战略选择,如何以战略眼光来分析财务报表,如何从战略的角度对财务报表进行解读,以为企业的长远发展提供更好的建议,这是我们在本篇将要探讨的内容。

第一章
财务报表分析概论

学习目的与要求

通过本章学习，了解财务报表分析的产生和发展过程，以及财务报表分析资料的构成，熟悉财务报表分析的含义、步骤及形式；掌握财务报表分析的方法，并能熟练运用这些步骤与方法开展分析工作，进而达成财务报表分析的目的。

关键知识点

财务报表分析的概念；财务报表分析的资料；财务报表分析的步骤；财务报表分析的评价标准；财务报表分析的方法。

重要概念

财务报表分析；财务报表分析者；比较分析法；趋势分析法；结构分析法；比率分析法；因素分析法。

引言

财务报表是综合反映企业财务状况、经营成果和现金流量状况、所有者权益状况的书面文件，是会计核算的最终成果。财务报表分析是运用具体方法对财务报表中有关数据进行比较与研究，评价企业的财务状况与经营成果，为会计信息使用者提供决策依据的管理活动。随着市场经济的不断发展，人们对财务报表所提供信息的利用越来越普遍，要求也越来越高。对财务报表进行分析，是会计人员开展企业财务管理活动的一项重要工作。

财务报表分析究竟能提供哪些信息？不同信息使用者对会计信息有哪些要求？如何提供这些信息？如何看待财务战略与财务报表分析的关系？这是本章所要讲述的主要内容。

第一节　财务报表分析的产生与现有框架

一、财务报表分析的产生与发展过程

关于财务报表分析的起源,比较公认的说法是始于19世纪末至20世纪初期的美国,财务报表分析是美国工业发展的产物。在美国工业大发展之前,企业规模较小,银行根据个人信用发放贷款。随着经济的不断发展,企业的业务日益扩大,组织日趋庞大与复杂,所需资金日益增加,向银行申请的贷款数额也相对增加。在此情况下,仅仅依据个人信用发放贷款已经不能满足美国银行业的需求。例如,在19世纪发生的两次经济危机中,部分企业通过做假账来获取银行贷款,最终企业破产倒闭,导致贷款收不回来,连累贷款银行。于是,银行家们就更加关心企业的财务状况,特别是企业是否具有偿债能力。

1898年2月,美国纽约州银行协会的经理委员会提出议案:要求所有的借款人必须提交由借款人签字的资产负债报表,以衡量企业的信用和偿债能力。

1900年,美国纽约州银行协会发布了申请贷款应提交的标准表格,包括部分资产负债表。此后,银行开始根据企业资产和负债的数量对比来判断企业对借款的偿还能力和还款保障程度,并且提出了诸如流动比率、速动比率等一系列的比率分析指标作为判断的依据。1923年,美国学者白利斯(Bliss)在《管理中的财务和经营比率》一书中首次提出并建立了各行业平均的标准比率,自此人们开始普遍使用标准比率进行横向财务比较。1928年,美国学者沃尔(Wall)建议使用财务比率来评价企业的信用,借以防范贷款的违约风险。比率分析存在一定局限性,吉尔曼(Gilman)在当时便已注意到这一点。他在其撰写的《财务报表分析》一书中指出:由于财务比率和资产负债表之间的关系难以明确,因此比率分析的作用是有限的,同时他还主张趋势分析法的必要性。

将财务报表分析引入投资领域的是美国的托马斯(Thomas),1900年他撰写的《铁路财务报表分析》一书出版,书中使用了诸如经营费用与毛利率、固定费用与净收益比率等现代财务分析方法来评价当时的铁路行业经营状况。此后,财务报表分析作为评价财务状况的基础,在投资领域越来越盛行。

尽管在20世纪初,财务报表分析技术出现了许多重大突破,但财务报表分析成为一门独立学科,则始于20世纪50年代。随着股份制经济的发展和资本市场的完善,债权人和投资者开始系统分析企业的财务报表信息,关注企业的偿债能力、信用品质和经营成果,从而促进了财务报表分析的发展,使之成为一门独立的、实用性很强的新学科。

二、财务报表分析的现有框架

财务报表分析经历了长期的理论研究和实践探索，逐步形成了一定的比较稳定的内容体系，主要包括以下方面。

（一）财务报表分析

财务报表是对企业财务状况、经营成果和现金流量的结构性描述，它提供了最重要的财务信息。财务报表分析不是简单地直接使用报表上的数据计算各项财务比率，并据此得出分析结论，而是应当首先阅读财务报表及财务报表附注，明确每个项目数据的含义及编制过程，掌握报表数据的特性和结构。对财务报表的解读一般分为以下三个部分。

1. 资产负债表分析

（1）资产结构分析。

① 资产结构弹性分析。

资产结构弹性分析，就是要比较报告期和基期的资产结构，从中判断金融资产比重的变化情况，以确定企业资产结构弹性水平。资产结构弹性，就是资产总量随时调整的可能性及资产内部结构随时调整的可能性，这取决于弹性资产，即金融资产在总资产中所占的比重。金融资产，具体是指货币资金、短期投资、应收票据、一年内到期的长期债权投资、长期投资中的股票和债券投资。

保持一定数量的金融资产，可以降低企业的财务风险和资产风险，但金融资产的机会成本较高，过量的金融资产会导致企业效率和效益的下降。因此，金融资产的持有量应根据企业自身经营特点和宏观经济等因素合理确定。

② 资产结构的收益性分析。

资产可划分为收益性资产、保值性资产和支出性资产。为了提高盈利水平，应尽可能直接增加形成企业收益性资产的比重，减少其他两类资产的比重。

③ 资产结构的风险性分析。

实践中存在着三种资产风险结构：保守型资产结构、中庸型资产结构和风险型资产结构。这三种结构的差异主要体现在流动资产的持有水平，以及金融资产、存货资产和信用资产的维持规模上。一般来说，流动资产的风险比较小。企业应尽力构建一种既能满足生产经营对不同资产的要求，又使经营风险最小的资产结构。

（2）融资结构分析。

融资结构主要包括以下三个方面。

① 融资的期限结构。

按时间长短，融资可分为长期融资和短期融资。长期融资包括所有者权益和长期负债，短期融资包括短期负债。

② 融资的流动性结构。

这里的流动性主要是由到期偿还约束性的高低引起的。

③ 融资的方式与结构。

融资方式即企业获得资金的手段。负债和所有者权益各项目的划分,实际上已反映出了各自的融资方式。

不同的融资结构,其成本和风险各不相同。最佳的融资结构应是成本最低而风险最小的融资结构。企业想要正常生存和发展,其资金来源必须可靠而又稳定,资金运用必须有效而又合理,企业流动负债、长期负债与所有者权益之间,以及各项资产之间,必须保持一个较为合理的比例关系。

2. 利润表和利润分配表分析

通过利润表和利润分配表,可以考察企业投入的资本是否完整,判断企业盈利能力大小或经营效益好坏,评价利润分配是否合理。利润表的项目分析可以从收益构成的主营业务、附营业务及营业外收支的角度进行项目搭配与排列,从而形成多层次的收益结构。利润表的项目分析以营业收入为起点,以净利润为终点。分析收益的业务结构,可以了解不同业务的获利水平,明确它们各自对企业总获利水平的影响方向和影响程度。

企业的收益是由不同部分组成的,各部分对盈利的持续性和重要性存在差异。企业的利润可分为主营业务利润和其他业务利润、税前利润和税后利润、经营利润和投资收益等。这些项目的数额和比例关系,会影响收益质量,在预测企业未来收益时有不同意义。

利润分配表全面揭示了企业利润分配的去向与结构,可用于考核企业利润分配的合理性,核查应上缴或应分配的各项基金是否计算正确,以及是否存在挪用利润、弄虚作假等违法行为,进而保障各利益相关方的经济利益,促进企业健康发展。

3. 现金流量表分析

现金流量表有助于评价企业的支付能力、偿债能力和周转能力。现金流量表所揭示的现金流量信息可以从现金角度,对企业偿还长期和短期债务、支付利息、股利或利润等支付能力进行深入分析,从而作出更可靠、更稳健的评价。

现金流量表有助于分析企业收益质量。一般来说,净利润增加,现金流量净额也增加,但在某些情况下,比如企业虽然大量销售了商品,但货款没能及时收回,由此影响了资金周转,收益质量不佳。

现金流量表有助于预测企业未来的发展情况。如果现金流量中各部分现金流量结构合理,现金流入、流出无重大异常波动,通常表明企业的经营状况基本良好。另外,企业存在的问题也可在现金流量表中得到反映,比如,从投资、筹资活动流出、流入的现金情况,可以分析企业是否过度扩大经营规模。

现金流量表的分析主要从各种活动引起的现金流量的变化及各种活动引起的现

金流量占企业现金流量总额的比重方面去分析。

（1）现金流量的结构分析。

现金流量的结构分析包括总体结构分析和内部结构分析。总体结构分析是指在企业的经营活动现金流量、投资活动现金流量和筹资活动现金流量中，分析各部分现金净流量占企业现金净增加额的比重。内部结构分析则是在经营活动、投资活动和筹资活动的现金流量内部，进一步分析各现金流入项目与现金流出项目分别占对应活动现金流入量和现金流出量的比重。通过这类分析，可以了解并掌握一定时期内现金流入的主要来源和现金流出的主要去向，以及影响企业现金增减变动的重要因素，从而确保现金流量结构合理。

（2）现金流量的充足性分析。

现金流量的充足性分析一般注重企业是否有足够的现金满足生产经营与投资的需要，反映和考察现金流量所能满足偿债需要的程度。

4. 内部报表分析

内部报表提供了更为详细具体的信息和一些不便公开的信息，是管理者进行财务预测和决策的重要依据，也是企业编制经营计划的信息来源。

（二）企业财务能力分析

现代企业的生存与发展，在很大程度上取决于企业的财务能力。为了正确把握和充分发挥企业的财务能力，有关分析主体需要对企业的财务能力进行分析与估价。现代企业的财务能力可归为四种，即偿债能力、盈利能力、营运能力和成长能力。与此相对应，财务能力分析的内容包括偿债能力分析、盈利能力分析、营运能力分析和成长能力分析。

1. 偿债能力分析

偿债能力是企业偿还到期债务的承受能力或保证程度，包括偿还短期债务和长期债务的能力。静态地讲，偿债能力就是用企业资产清偿企业债务的能力；动态地讲，偿债能力就是用企业资产和经营过程创造的收益偿还债务的能力。当债务到期时，企业有无足够的现金和足够的能够及时变现的资产来偿还债务，是企业能否生存和健康发展的关键，也是反映企业财务状况的重要标志。同时，通过对偿债能力进行分析，有助于企业对未来收益进行预测。

2. 盈利能力分析

盈利是企业经营的主要目标，盈利能力通常是指企业在一定时期内赚取利润的能力。盈利能力是一个相对概念，即利润是相对于一定的资源投入、一定的收入而言的。利润率越高，盈利能力越强；利润率越低，盈利能力越差。企业经营业绩的好坏最终可通过企业的盈利能力来反映。通过对盈利能力进行深入分析,可以发现经营管理中的重大问题,进而采取措施解决问题,提高企业收益水平。盈利能力分析是财务分析中的一项重要内容,其根本目的是通过分析及时发现问题,改善企业财务结构,提高企业偿债能力、经营能力,最终提高企业的盈利能力,促进企业持续稳定地发展。盈利能力分析包括与投资有关的盈利能力分析、与销售有关的盈利能力分析、上市公司的盈利能力分析等。

3. 营运能力分析

营运能力是指企业充分利用现有资源创造社会财富的能力,它是评价企业资产利用程度和营运活力的标志。强有力的营运能力,既是企业获利的基础,又是企业及时、足额地偿付到期债务的保证。营运能力分析,主要是通过销售收入(或销售成本)与企业各项资产的比例关系,分析各项资产的周转速度,了解各项资产对收入和财务目标的贡献程度。因此,营运能力分析也称资产管理比率分析。营运能力分析的主要指标包括总资产周转率、应收账款周转率、存货周转率、流动资产周转率等。

4. 成长能力分析

成长能力是指企业未来发展趋势与发展速度,包括企业规模的扩大,利润和所有者权益的增加。企业成长能力是随着市场环境的变化,企业资产规模、盈利能力、市场占有率持续增长的能力,反映了企业未来的发展前景。企业成长能力分析是对企业扩展经营能力的分析,用于考察企业通过逐年收益增加或通过其他融资方式获取资金扩大经营的能力。对企业成长能力进行分析,可以判断企业未来经营活动现金流量的变动趋势,预测未来现金流量的大小。企业成长能力分析的目的是说明企业的长远扩展能力,以及企业未来生产经营实力。评价企业成长能力的主要指标有资产增长率、营业收入增长率、净利润增长率、资本增长率等。

(三)财务综合分析

所谓财务综合分析就是将企业营运能力、偿债能力和盈利能力等方面的分析纳入一个有机的分析系统之中,全面地对企业财务状况、经营状况进行剖析,从而对企业经济效益做出较为准确的评价与判断。一个健全有效的财务综合指标体系必须具有以下特点。第一,评价指标要全面。设置的评价指标要尽可能涵盖偿债能力、营运能力和盈利能力等各方面的考核要求。第二,主辅指标功能要匹配。在分析过程中,需明确企业各项分析指标的主辅地位,使其能够从不同侧面、不同层次反映企业财务状况,揭示企业经营业绩。财务综合分析的主要方法包括杜邦财务分析体系法和沃尔比重评分法。

第二节　财务报表分析者与财务报表分析资料

一、财务报表分析者

财务报表使用者包括债权人、投资者、企业管理人员、上下游企业、政府及相关机构、雇员和工会、中介机构、社会公众。通常情况下,财务报表使用者也是财务报表分析者。他们出于不同目的使用和分析财务报表,关注的角度不同,分析的目的就不同,进而分析的范围、采取的分析方法和指标,以及分析的观点都有所不同。

有时候,在面对同一份报表时,不同的会计主体常常因为观点和立场的不同,得出不同的结论,甚至可能产生难以调和的矛盾。

（一）债权人

债权人是指银行等金融机构借贷人和供应商。他们或者给予了企业贷款,或者为企业提供了存货物资和设备。作为债权人,他们最关心的莫过于是否能及时获取贷款本息和收到货款。为决定是否给企业贷款,要分析贷款的收益和风险;为了解债务人的短期偿债能力,要分析其流动状况。债权人最为关注企业的偿债能力,最主要分析的财务报表是资产负债表。

（二）投资者

投资者是指投入现金购买某种资产以期望获取收益或利润的自然人和法人。广义的投资者包括企业股东、债权人和利益相关者。他们通过财务报表来判断是否要对企业继续投资。债权人最为关注企业的盈利能力,最主要分析的财务报表是利润表。

（三）企业管理人员

企业管理人员为改善财务决策而进行财务分析,来衡量自己的经营成果。他们分析财务报表的主要目的是了解企业的经营状况,进行财务筹资和投资决策,以及评价企业各项决策的执行情况等。由于企业管理人员是接受所有者的委托来经营和管理企业,他们可能在企业中进行综合分析,将企业任一能力的提升作为自己的业绩。因此,他们可能会进行较为全面的企业财务能力分析,没有最为关注的某种企业财务能力和最主要分析的财务报表。

（四）上下游企业

供应商是向企业及其竞争对手供应各种所需资源的企业和个人,这些资源包括原材料、设备、能源、劳务和资金等。供应商通过分析,评估企业是否能长期合作,了解销售信用水平如何,判断是否应对企业延长付款期。对于客户企业来说,若其与供应商之间需要维持长期的合作关系,就需通过分析供应商的财务信息,以评估其财务状况是否健康,进而判断该供应商所提供的产品或服务是否具备基本保障。

(五)政府及相关机构

政府及相关机构也是企业财务报表的使用者,具体包括财政税务机关、工商行政管理机关、证券管理机构、国有资产管理机关、会计监管机构、审计机构、社会保障部门等。这些政府及相关机构分析财务报表的目的取决于各政府机构的职能,基于履行监督管理职责的需要而关注企业的财务报表。通过考察企业的财务经营状况,政府及相关机构可以检查企业是否遵守各项政策法规,评价企业的经营业绩,并分析企业对社会所做出的贡献程度等。例如,税务部门通过财务分析了解企业纳税情况;工商部门通过财务分析了解企业遵守政府法规和市场秩序的情况;人力资源和社会保障部门通过财务分析了解职工收入和就业状况。

(六)雇员和工会

通过分析企业财务报表判断企业盈利与雇员收入、保险、福利之间是否相适应。普通员工可以通过企业财务报表数据来分析所供职企业的经营状况并计算平均薪酬,了解与岗位相关的薪资、福利、晋升通道等信息。英美等国的工会组织非常关心财务报表信息,如当发现企业盈利能力非常强的时候,工会组织会向企业提出涨薪等要求。

(七)中介机构

企业聘请的咨询顾问通常需要通过财务报表数据了解企业所在行业发展情况、企业战略选择、采取的相关制度等来评价企业的管理现状,并提出问题和建议。注册会计师要为财务报表的真实性、可靠性提供保证。他们可以通过财务报表分析,确定审计工作的重点,查看其是否真实、公允地反映了企业的实际情况,以确保审计工作能够充分开展、审计程序合理规范、审计风险可知可控。

(八)社会公众

社会公众是指进行企业财务报表分析的其他相关人士,包括企业内部职工、专业的投资理财分析师、律师、其他相关利益者等。企业内部职工通过财务报表分析,不仅可以充分了解企业当前及未来的经营发展状况,同时还可以有效维护个人的相关权益;专业的投资理财分析师通过财务报表分析,可以为客户的证券投资提供专家意见和理财服务;律师采用财务分析的方法,可为其追查财务案件提供帮助。其他相关利益者中,有的可能是潜在的债权人或投资者,他们比较关注企业的成长能力,重点在于对企业的成长能力进行分析;有的希望通过财务报表了解企业的社会责任履行情况,如企业生产造成的污染程度、员工的福利保障措施、与社区的沟通联系等。这使得社会公众成为一种特殊的报表分析主体,也进一步拓展了财务报表的反映与分析范围。

二、财务报表分析的资料

(一)主要资料

财务报表分析主要是在财务报表提供的数据上进行分析,以判断企业目前的经营状况,预测企业未来的发展趋势,所以财务报表分析依据的主要资料是各类财务报表。

按照反映内容,财务报表可划分为资产负债表、利润表、现金流量表和所有者权益变动表。资产负债表有利于分析企业的财务状况;利润表有利于分析企业的经营成果;现金流量表有利于分析企业的现金流转情况是否正常;所有者权益变动表有利于分析企业的所有者权益变动情况。按照编报时间,财务报表可划分为年度报表、中期报表(半年度报表、季度报表和月度报表)。年度报表有利于企业进行长期经营趋势分析;中期报表有利于企业比较短期的经营变化。另外,按照服务对象,财务报表可划分为内部报表和外部报表;按照编制主体,财务报表可划分为单位报表和合并报表。

(二)辅助资料

财务报表分析依据的主要资料是企业对外公布的各类财务报表,但财务报表分析并非仅局限于针对财务报表所做的分析。财务报表分析的辅助资料则是其他有关资料,包括报表附注、审计报告、财务情况说明书及企业所处的市场和行业信息等,分析时要注意获取这些补充信息。例如,我国上市公司披露的信息有四类:招股说明书、上市公告书、定期报告(包括年度报告和中期报告)和临时公告(包括重大事项报告、收购公告)。总体而言,任何有助于了解企业财务状况、经营成果及现金流转情况的资料都可以作为财务报表分析的依据。

第三节 财务报表分析的含义、目的与作用

一、财务报表分析的含义

财务报表分析有狭义与广义概念之分。

狭义的财务报表分析,是指以企业财务报表为主要依据,有重点、有针对性地对报表内容和项目进行分析,对企业财务状况、经营成果、现金流转进行评价,从而为报表使用者的经济决策提供重要信息支持的分析活动。

广义的财务报表分析,在狭义分析内容的基础上,还包括对企业基本情况、企业行

业状况与地位、企业竞争能力、企业发展趋势与成长性、企业投资价值等内容进行的分析。

我们认为,财务报表分析是指在财务报表及有关资料的基础上,对各项报表数据和各项财务指标之间的关系进行分析,从而判断企业发展趋势、行业地位等内容的一项管理活动。财务报表分析具有系统的资料依据、健全的内容与方法体系,是一项以分析企业经营状况和未来发展趋势为目的的管理活动。

二、财务报表分析的目的

财务报表分析的目的可以分为一般目的和具体目的。一般目的为评价过去的经营业绩、衡量现在的财务状况、预测未来的发展趋势,即对企业的偿债能力、盈利能力、营运能力、成长能力等作出评价,找出问题,分析原因,提出建议。具体目的则包括流动性分析、盈利性分析、风险性分析等,即对企业资产、资金的流动性状况进行分析,对企业在销售和投资业务等方面的获利能力作出判断,并对企业在经营过程中的经营风险、财务风险、投资风险等进行衡量。

三、财务报表分析的作用

财务报表分析以企业财务报告反映的财务指标为主要依据,对企业的财务状况和经营成果进行评价和剖析,以反映企业在运营过程中的利弊得失、财务状况及发展趋势。财务报表分析既是对已完成财务活动的总结和评价,又是对企业发展趋势的财务预测,是报表使用者深刻认识企业财务状况的"探测仪"。

财务报表分析通过收集、整理企业财务报表的有关数据,并结合其他有关的补充信息,对企业的财务状况、经营成果和现金流量情况进行综合比较与评价,为报表使用者提供决策依据,其主要作用体现在以下几个方面。

(一)财务报表分析能合理评价企业经营者的经营业绩

不仅仅是报表使用者需要进行财务报表分析,企业经营者在编制完财务报表后,一定会先于报表使用者进行财务报表分析。在把财务状况报给其他报表使用者之前,企业经营者一定要对企业的财务状况进行权衡考量,比如,这段时间企业是否盈利?负债是否过高?利息是否已结清?下一步经营中,企业资金能否周转、是否需要追加投资?企业经营者应先在脑中梳理清楚这些问题,以便在其他报表使用者提出疑问时能够应对。总之,通过财务报表分析,企业经营者可以确认企业的偿债能力、营运能力、盈利能力和现金流量等状况,合理评价自身经营业绩,进而促进管理水平的提升。

(二)财务报表分析是企业经营者实现理财目标的重要手段

企业生存和发展的根本目的是实现企业价值最大化,企业经营者通过财务报表分析,能促进自身目标的实现。例如,企业经营者通过分析发现,企业要维持正常运营,就需要充足的现金流,而当前企业现金流状况并不理想。在此情况下,当务之急就是筹集下期营运所需的资金,那么企业后面的经营重心就会放在筹集资金上。

通过财务报表分析,企业经营者能够清晰了解企业当前的经营状态,"拨开云雾见明月",准确识别企业经营存在的不足,找出与目标的差距,从多个维度揭示矛盾,并不断挖掘企业潜力,充分认识未被有效利用的人力、物力资源,推动企业经营活动按照企业价值最大化目标运行。

(三)财务报表分析能为报表使用者作出决策提供有效依据

财务报表分析能帮助报表使用者正确评价企业的过去,全面了解企业现状,并有效地预测企业的未来发展,这就为其作出决策提供了有效的依据。

企业投资者或者潜在投资者是企业财务报表使用者之一,他们通过企业财务报表分析,了解企业获利能力、营运能力及发展能力,这样可以进一步确认自己投资的收益水平和风险程度,从而决定是否投资。

企业债权人也是企业财务报表的使用者之一,他们通过企业财务报表分析,了解企业的偿债能力和现金流状况,从而评估自己债权的风险程度,并决定是否马上收回债权或要求企业提供担保等。

企业供应商也是企业财务报表的使用者之一,他们通过企业财务报表分析,了解企业的营运能力、偿债能力,从而确认是否需要与企业长期合作。

(四)财务报表分析能为国家行政部门制定宏观政策提供依据

国家作为市场经济的调控者,通过分析统计部门核算出的国民经济整体财务数据,能够有效把握当前经济的发展趋势及存在的问题,进而有针对性地调整税收政策、货币政策等,以促进国民经济的平稳发展。

第四节　财务报表分析的步骤

进行财务报表分析时,根据分析任务的不同,通常需遵循以下步骤:确定分析目标,确立分析标准,制定分析方案,收集数据信息,核实并整理信息资料,分析现状,作出分析结论,进行反馈。

一、确定分析目标

财务报表分析目标因分析类型的差异而有所不同,具体包括:信用分析目标,主要分析企业的偿债能力和支付能力;投资分析目标,主要是分析投资的安全性和盈利性;经营决策分析目标,为企业产品、生产结构和发展战略方面的重大调整服务;税务分析目标,主要分析企业的收入和支出情况。

从分析形式的角度,财务报表分析目标主要包括:日常经营分析,主要分析实际完成情况及其与企业目标偏离的情况;总结分析,对企业当期的生产经营及财务状况进行全面分析;预测分析,弄清企业的发展前景;检查分析,进行专题分析研究。

二、确立分析标准

这一步骤要解决两个问题:一是站在何种立场进行分析;二是以何种标准进行分析、比较。财务报表使用者因为立场不同,其分析目的也各有差异。没有比较,就不能称其为分析。因此,财务报表分析注重比较。对企业财务报表进行比较时,必须有一个客观的标准,并以此为标准来衡量企业财务报表中的有关资料,从而较为客观地确定企业的财务状况和经营成果。

一般来说,有以下四种分析标准。

(一)历史标准

历史标准是指本企业在过去某段时期内的实际值,根据需要,可以选择历史平均值、最佳值,或是企业正常经营条件下的业绩水平(如上期实际、上年同期、历史先进水平等)作为基准。在财务分析实践中,较多采用历史标准的情况是以本年数据与上年实际业绩作比较。历史标准对于评价企业自身经营状况和财务状况是否得到改善是非常有用的。

(二)预算标准

预算标准是指企业根据自身经营条件或经营状况所制定的目标标准。预算标准有利于企业完成既定目标和战略计划,对于企业内部财务分析,预算标准具有显著优势,可考核和评价企业各级、各部门经营者的经营业绩,以及对总体目标实现的影响。预算标准比较适合企业成本与费用的控制管理。

(三)经验标准

经验标准是依据大量的实践经验制定的标准。一些财务指标的经验值通常是根据长期的实践总结出来的,比如,流动比率的经验值是2以上,速动比率的经验值是1以上等。经验标准简单、直观,使用起来比较方便。但要注意的是,这些经验标准主要是依据制造业的平均水平得出的,而且随着时间的推移会有所变化,因此并非放之四海而皆准。企业在参考这些标准时,应结合自身所在领域及具体情况综合考量。

(四)行业标准

行业标准一般是指行业平均水平,有时也指行业中的先进水平。将企业的财务状况与行业标准进行对比,可以衡量企业在行业中所处的地位和水平(竞争分析),也可以判断企业的发展趋势。但是,行业标准在应用上的限制性较大,这些限制包括:其一,可比性的限制,即使处于同一行业内的两家企业也可能因为生产规模、经营策略等不同而不具备可比性;其二,多样化经营的限制,有的企业同时经营多种业务,难以判定企业的行业属性,也不方便与单一经营的企业相比;其三,会计政策差异的限制,同一行业的两家企业可能采用不同的会计政策,即使采用同一会计政策,也可能因为一方改变会计政策而使两家企业无法相比。

三、制定分析方案

分析目标和分析标准确定之后,要根据分析量的大小和分析问题的难易程度制定分析方案,比如是全面分析还是重点分析,是协作进行还是分工负责等。要列出分析项目,安排工作进度,确定分析的内容、标准和时间。

四、收集数据信息

分析方案确定后,根据分析任务,收集分析所需的数据资料。企业的各项经济活动都与内外部环境的变化相关联,会计信息只反映经济活动在某一时期的结果,并不反映经济活动发生发展的全过程;财务报表能部分地反映产生当前结果的原因,但不能全面揭示所分析的问题。因此,需要分析者收集相关资料信息。

信息收集内容一般包括:宏观经济形势信息;行业情况信息;企业内部数据,如企业产品市场占有率、销售政策、产品品种、有关预测数据等。

信息收集可通过查找资料、专题调研、座谈会或相关会议等多种渠道。

五、核实并整理信息资料

在财务报表分析中,需要核对并确认报表是否真实反映情况,以及其内容与所收集资料是否存在较大差异。企业内部分析人员若发现资料或数据存在不真实、不全面的问题,可进一步查对,寻求真实情况。然而,对于企业外部分析者来说,要做到这一点则相对困难。在具体资料整理方面,首先要将资料分类,如可以分成经济、产业和个别企业三大类,按时间先后顺序排列。资料分类后,对于重复的、过时的、矛盾的资料予以剔除,从而减少不必要的负担,在此基础上,再进行企业概况整理。分析报表的前言部分通常应对所分析企业的概况进行介绍,所以要整理诸如企业历史、业务范围、股东人数、职工人数、研究发展等方面资料,以便于日后撰写报告。

六、分析现状

分析现状是指根据分析目标和内容,评价所收集的资料,寻找数据间的因果关系,联系企业客观环境情况,解释形成现状的原因,揭示经营失误,暴露存在的问题,提出分析意见,探讨改进的办法和途径。

七、作出分析结论

由于企业经济活动的复杂性和企业外部环境的多变性,在撰写财务报表分析报告并得出分析结论时,需要遵守一定的原则。这些原则一般都是实践经验的总结,具体要求如下。

(一)尽可能地收集所需资料,掌握真实情况

财务报表分析的依据是所掌握的信息资料。由于各项财务报表分析目标之间具有相关性,所以在进行分析前,既要掌握分析目标所需指标的资料,又要了解相关指标的因果关系;既要收集企业内部的报表资料,又要掌握企业环境的变化情况;既要有客观数据资料,又要有文字意见材料。只有充分地占有信息资料,才能作出正确的分析结论。一个新情况、新信息的出现,都有可能改变分析结论。

(二)指标对比,综合判断

企业的经济业务是相互制约和相互促进的,指标数值也具有相对性。同一指标数值,在不同的情况下反映不同的问题,要通过指标对比与综合分析的方式,来剖析问题、揭露矛盾。比如,企业拥有大量银行存款,这可能是企业销售量剧增的结果,也可能是企业业务闲散、资金利用效率低下的体现。因此,需结合相关指标,进行综合分析与判断,进而得出分析结论。

(三)点面结合,抓住重点

在进行财务报表分析时,往往一两个指标不能全面说明问题,既要对指标本身的数值作出分析解释,又要对该指标数值对其他方面所产生的影响进行分析,通过一个指标的变化,追溯其他指标的变化。要既见树木又见森林,不能就指标论指标。比如,企业资金流转情况的恶化,往往要与企业实现利润情况、企业资金增减情况结合分析,判断是否会导致企业财务状况恶化,通过分析抓住关键和本质。

(四)定性分析和定量分析相结合

任何事物都是质和量的统一体,财务报表分析同样需要定性和定量分析相结合。由于现代企业面临复杂而多变的外部环境,而这些外部环境有时难以量化,但这些环境变化却对企业的产业发展、投资目标的实现及企业销售情况等产生重要影响。因此在定量分析的同时,要做出定性判断,在定性判断的基础上,再进一步进行定量分析和判断。

(五)静态与动态相结合

企业的生产经营活动是一个动态的发展过程。然而所收集到的信息资料,一般是企业过去经营情况的反映。在新的形势下,同样的投入可能会有不同的产出。因此,

要时刻注意数据的时间性,在弄清企业过去情况的基础上,分析当前情况下的可能结果。要联系企业和投资者、决策者的实际情况,静态与动态相结合,对指标值的水平和原因作出判断,以便为决策服务。不结合实际情况,就不可能提出建设性的分析意见。

八、进行反馈

反馈强调将新资料投入下一个资料处理系统,希望能改善产出,并且使分析结果及决策更为准确。由于经济发展充满不确定性,随着时间的推移,新资料产生了,原来重要的资料可能已变得次要,原来次要的或被忽略的资料,却变得非常重要。因此,财务报表分析是一个连续的过程,新资料的反馈工作不可忽视。例如,今年所做的财务分析,等到明年再分析时,应补充今年增加的资料,并剔除不合时宜的旧资料。

第五节　财务报表分析的方法

财务报表分析方法是实现财务报表分析目的、完成分析过程所采用的手段。运用多种财务报表分析方法,能够适应不同的分析目的和要求。尽管分析方法在不断发展,但一些基本方法仍是财务报表分析中不可或缺的。常见的财务报表分析方法包括趋势分析法、比较分析法、结构分析法、因素分析法、财务比率分析法。

一、趋势分析法

(一) 含义

趋势分析法是根据企业连续若干会计期间的财务分析,运用指数或动态比率的计算,比较和研究不同会计期间相关项目的变动情况和发展趋势的一种分析方法。用于趋势分析的数据既可以是绝对值,也可以是比率或百分比数据。首先,计算定比趋势或环比趋势;其次,根据计算结果,评价和判断企业该指标的变动趋势和合理性;最后,预测未来的发展趋势,即根据企业对该项目的分析,研究其变动趋势或总结其变动规律,从而预测出企业该项目的未来发展状况。

(二) 分析方式

不同时期财务数据的比较,可以计算成百分比指标,根据采用的基期不同,所计算的百分比指标可以有两种:定比百分比和环比百分比。

$$定比百分比=\frac{分析期数据}{固定基期数据}\times100\%$$

$$环比百分比 = \frac{分析期数据}{前期数据} \times 100\%$$

在定比百分比中,所有期间的项目与一个固定期间的项目数据进行比较,计算比率,然后观察每期之间比率的差异;在环比百分比中,每期项目都对上期项目的数据进行比较,然后对比每期比率之间的差异。通过定比百分比,可以分析企业当期数据的变动趋势;通过环比百分比,可以明确数据的变动速度。所以,在实际工作中,应当结合定比百分比和环比百分比两种分析方式,综合考察相关财务数据或指标的变化趋势。

（三）例题

【例题1-1】 爱尔眼科(300015)2019—2023年连续5年的营业收入、营业成本、毛利额项目如表1-1所示。

表1-1 爱尔眼科2019—2023年营业收入、营业成本、毛利额情况表 单位:亿元

项目	2019年	2020年	2021年	2022年	2023年
营业收入	99.901	119	150	161	204
营业成本	50.646	58.338	72.119	79.804	100
毛利额	49.255	60.662	77.881	81.196	104

（资料来源:新浪财经）

根据以上资料,进行趋势分析,计算出爱尔眼科2019—2023年中营业收入、营业成本、毛利额项目的定比、环比分析情况如表1-2所示。

表1-2 爱尔眼科2019—2023年毛利额趋势分析表

项目	2019年		2020年		2021年		2022年		2023年	
	定比	环比	定比	环比	定比	环比	定比	环比	定比	环比
营业收入	—	—	19.12%	19.12%	50.15%	26.05%	61.16%	7.33%	104.20%	26.71%
营业成本	—	—	15.19%	15.19%	42.40%	23.62%	57.57%	10.66%	97.45%	25.31%
毛利额	—	—	23.16%	23.16%	58.12%	28.39%	64.85%	4.26%	111.15%	28.09%

从表1-2的定比趋势结果来看,爱尔眼科2019—2023年营业收入、营业成本及毛利额总体实现了较快增长。除了2019年、2022年,其余几年每年营业收入的定比百分比、环比百分比都大于营业成本的定比百分比、环比百分比,说明营业收入增长速度快于营业成本的增长,因此导致毛利额得以快速增长。

视频
运用趋势分析法的注意事项

二、比较分析法

(一)含义

比较分析法又称水平分析法。比较分析法是通过主要项目或指标数值的变化对比,确定差异,进而分析和判断企业的经营及财务状况;通过比较,发现差距,寻找产生差异的原因,进一步判定企业的经营成绩和财务状况;通过比较,确定企业生产经营活动的收益性和企业资金投向的安全性,说明企业是否在健康地向前发展;通过比较,既要看到企业的不足,也要看到企业的潜力。比较的对象一般有计划数、上一期数、历史最高水平、国内外先进水平、主要竞争对手情况等。

(二)分析方式

比较分析法按方法不同,分为绝对数比较和相对数比较;按比较对象不同,分为横向比较和纵向比较。

绝对数比较是将各报表项目的绝对数与比较对象的绝对数进行比较,判断其数量差异,如今年的销售额比去年增长了400万元就是绝对数比较;相对数比较是将财务报表中具有相关关系的相对数进行对比,以百分比、比率的方式来表达数量差异,如今年的销售额比去年增长了40%就是相对数比较。

在财务报表分析中,横向比较是将同一时期同一行业中不同企业的数据进行比较;纵向比较是将同一企业在不同时期的数据(通常是连续几个时期的数据)进行比较。

(三)例题

【例题1-2】 根据爱尔眼科2019—2023年营业利润比较分析表(表1-3)计算并分析该企业这几年的营业利润变动情况及原因。

表1-3 爱尔眼科2019—2023年营业利润比较分析表　　　　单位:亿元

项目	2019年	2020年	2021年	2022年	2023年
营业利润	20.218	26.742	34.94	35.345	49.479

(资料来源:新浪财经)

根据以上资料,进行比较分析,计算出爱尔眼科2019—2023年营业收入、营业成本、毛利额项目的增长金额、比上年增长百分比分析情况,如表1-4所示。

从绝对数比较可得知,爱尔眼科2019—2023年营业利润都比上年度有增长,但2022年增长金额最少。从相对数比较中,可以看出除了2022年,其他年度的营业利润比上一年的增长幅度都在30%以上,增长明显。这说明2022年是异常时期,值得重点关注。

Note

表1-4　爱尔眼科2019—2023年营业利润比较分析表　　　　单位:亿元

项目	2019年		2020年		2021年		2022年		2023年	
	增长金额	比上年增长百分比	增长金额	比上年增长百分比	增长金额	比上年增长百分比	增长金额	比上年增长百分比	增长金额	比上年增长百分比
营业利润	—	—	6.524	32.27%	8.198	30.66%	0.405	1.16%	14.134	39.99%

（资料来源:新浪财经）

三、结构分析法

（一）含义

结构分析法又称垂直分析法,是指将当期的有关会计资料和上述水平分析中所得的数据,与本企业过去时期的同类数据资料进行对比,以分析企业各项业务、绩效的成长状况及发展趋势。通过结构分析,可以了解企业的经营是否取得发展进步,以及发展进步的程度和速度。因此,必须把上述比较分析与结构分析结合起来,才能充分发挥财务分析的积极作用。

（二）分析方式

结构分析法的第一种运用方式是以某一关键项目作为100%的对比项目,第二种方式是以总指标为100%的对比项目,研究其他所属项目占总指标的结构比例。第二种方式是最普遍适用的。

（三）例题

【例题1-3】　根据表1-5中爱尔眼科2019—2023年营业收入情况,计算出营业收入的组成百分比并分析变动趋势。

表1-5　爱尔眼科2019—2023年营业收入表　　　　单位:亿元

项目	2019年	2020年	2021年	2022年	2023年
医疗行业收入	99.74	119.00	149.73	160.68	203.13
其他行业收入	0.16	0.12	0.27	0.41	0.54
营业收入	99.90	119.12	150.00	161.09	203.67

（资料来源:新浪财经）

根据以上资料,进行结构分析,计算出爱尔眼科2019—2023年营业收入的组成情况及组成情况变动趋势,如表1-6所示。

表 1-6　爱尔眼科 2019—2023 年营业收入结构分析表

项目	2019年		2020年		2021年		2022年		2023年	
	占收入比例	占比增长	占收入比例	占比增长	占收入比例	占比增长	占收入比例	占比增长	占收入比例	占比增长
医疗行业收入	99.83%		99.90%	0.06%	99.82%	−0.08%	99.74%	−0.08%	99.73%	−0.01%
其他行业收入	0.27%		0.10%	−0.06%	0.18%	0.08%	0.25%	0.08%	0.27%	0.01%
营业收入	100%		100%		100%		100%		100%	

从爱尔眼科 2019—2023 年的营业收入组成情况来看,医疗行业收入占据营业收入的绝大多数比例,而且每年所占比例的变动幅度很小。说明爱尔眼科的主营业务优势地位突出,比较稳定;但同时也说明其业务较为单一。

【例题 1-4】　可以将比较分析法与结构分析法综合运用起来进行比较,爱尔眼科 2022—2023 年流动负债结构分析表如表 1-7 所示。

表 1-7　爱尔眼科 2022—2023 年流动负债结构分析表　　　　单位:亿元

项目	2022年		2023年		结构变动		增减幅度
	金额	比例	金额	比例	增长金额	增长比例	
短期借款	5.73	10.67%	8.504	14.15%	2.774	3.48%	48.41%
应付票据			0.6243	1.04%	0.6243	1.04%	
应付账款	14.657	27.3%	18.093	30.1%	3.436	2.8%	23.44%
合同负债	2.252	4.19%	1.834	3.05%	−0.418	−1.14%	−18.56%
应付职工薪酬	7.358	13.71%	9.072	15.09%	1.714	1.38%	23.29%
应交税费	1.552	2.89%	2.613	4.35%	1.061	1.46%	68.36%
应付股利			0.028	0.05%	0.028	0.05%	
其他应付款	16.749	31.20%	11.664	19.4%	−5.085	−11.8%	−30.36%
一年内到期的非流动负债	5.39	10.04%	7.681	12.78%	2.291	2.74%	42.5%
流动负债合计	53.688	100%	60.1133	100%	6.4253		11.97%

(资料来源:新浪财经)

由表 1-7 可知,爱尔眼科 2022—2023 年其他应付款、应付账款占流动负债结构比例较大,占流动负债比例增长最快的是短期借款,增长幅度最大的是应交税费。说明该企业的流动负债主要由经营活动中的应付未付款项产生,主动向金融机构举借的短期债务占比较小,但增长较快。应交税费的增长幅度最大则可能是该企业 2023 年营业收入增长较快导致的。综合来看,爱尔眼科2022—2023年的短期债务成本较低,财务风险较小。

四、因素分析法

(一)含义

因素分析法是依据分析指标与其影响因素之间的关系,按照一定的程序和方法,确定各因素对分析指标差异影响程度的一种分析方法。因素分析法是现代统计学中一种重要而实用的方法,它是多元统计分析的一个分支。运用因素分析法的核心逻辑在于,当有若干因素对分析指标发生作用时,假定其他因素都无变化,按照顺序确定每一个因素单独变化所产生的影响。

(二)分析方式

按技术方法不同,因素分析法可分为连环替代法和差额分析法。

1.连环替代法

(1)含义。

连环替代法是根据因素之间的内在依存关系,依次测定各因素变动对经济指标差异影响的一种分析方法。连环替代法的主要作用在于分析计算综合经济指标变动的原因及其各因素的影响程度。应用连环替代法的前提条件是经济指标与它的组成因素之间有着因果关系,能够构成一种代数式。

(2)分析步骤。

连环替代法是先分析财务指标由哪几个因素组成,再按照替代顺序,在假设其他因素不变的情况下对某因素进行替代变动,最后推测出该因素变动对总指标变动的影响程度。

连环替代法是有几个指标就替代几次。替代的顺序是先数量因素,后质量因素,再价格因素;总指标由几个因素组成就替代几次;每次替代都必须在上次替代的基础上完成;最后一次替代应得到实际指标数或本期指标数。

下面举例说明连环替代法的应用步骤:

假设

$$N = A \times B \times C$$

基期指标数

$$N1 = A1 \times B1 \times C1$$

实际指标数

$$N2 = A2 \times B2 \times C2$$

第一次替代

$$N2 = A2 \times B1 \times C1$$

第二次替代

$$N3 = A2 \times B2 \times C1$$

第三次替代

$$N4 = A2 \times B2 \times C2 = N2$$

A因素变动对N总指标的影响程度 $= N2 - N1$

B因素变动对N总指标的影响程度 $= N3 - N2$

C因素变动对N总指标的影响程度 $= N2 - N3$

2. 差额分析法

差额分析法也称绝对分析法,是直接利用各因素的预算(计划)与实际的差异来按顺序计算,确定其变动对分析对象的影响程度。它是连环替代法简化而成的一种分析方法,是利用各个因素的比较值与基准值之间的差额,来计算各因素对分析指标的影响。差额分析法通过分析财务报表中有关科目的绝对数值的大小,据此判断发行企业的财务状况和经营成果。

假设

$$N = A \times B \times C$$

基期指标数

$$N1 = A1 \times B1 \times C1$$

实际指标数

$$N2 = A2 \times B2 \times C2$$

A因素变动对N总指标的影响程度 $= (A2 - A1) \times B1 \times C1$

B因素变动对N总指标的影响程度 $= A2 \times (B2 - B1) \times C1$

C因素变动对N总指标的影响程度 $= A2 \times B2 \times (C2 - C1)$

（三）例题

【例题1-5】 假设A企业资料如下(表1-8),请用连环替代法分析各因素变动对材料费用的影响程度。

表1-8   A企业相关资料

项目	计划数	实际数
产品产量/件	200	220
单位产品材料耗量/千克	30	28
材料单价/元	500	480
材料费用/元	300万	295.68万

计划材料费用 $= 200 \times 30 \times 500 = 300$ 万元   ①

实际材料费用 $= 220 \times 28 \times 480 = 295.68$ 万元

第一次替代

$$220 \times 30 \times 500 = 330 万元 \qquad ②$$

第二次替代

$$220 \times 28 \times 500 = 308 万元 \qquad ③$$

第三次替代

$$220 \times 28 \times 480 = 295.68 万元（实际材料费用）\qquad ④$$

②－①：产量变动对材料的影响为 $330 - 300 = 30$ 万元

③－②：材料单耗变动对材料费用的影响为 $308 - 330 = -22$ 万元

④－③：材料单价变动对材料费用的影响为 $295.68 - 308 = -12.32$ 万元

三个因素对材料费用的总影响为 $30 - 22 - 12.32 = -4.32$ 万元，即 $295.68 - 300 = -4.32$ 万元。

由于最终材料费用节约了4.32万元，因此三个因素中应是材料单耗变动对材料费用的影响最大，产量变动使材料费用增加，是负相关因素，不能作为最主要的影响因素。

【例题1-6】 假设B企业资料如下，请用差额分析法分析各因素变动对材料费用的影响程度。

表1-9 B企业相关资料

项目	计划数	实际数	差异数
产品产量/件	1000	1100	100
单位成本/元	400	380	－20
总成本/元	400,000	418,000	18,000

总成本＝产品产量×单位成本

产品产量的影响＝$(1100 - 1000) \times 400 = 40,000$元

单位成本的影响＝$1100 \times (380 - 400) = -22,000$元

两个因素对总成本的影响＝$40,000 - 22,000 = 18,000$元

五、财务比率分析法

（一）含义

财务比率分析法是常用的财务分析方法之一。它通过各种比率的计算，对企业在一定时期的财务状况和经营业绩进行评价。财务比率分析法适用于对不同企业进行评价，因为它在一定程度上排除了企业规模上的不可比性。财务比率分析法主要包括获利能力比率、偿债能力比率、成长能力比率和营运能力比率四大类。

（二）比率的类型

财务比率一般是以相对数方式出现,即表现为百分比或比率。

按反映的内容,财务比率可分为反映偿债能力的财务比率、反映盈利能力的财务比率、反映营运能力的财务比率。反映偿债能力的财务比率有流动比率、速动比率、资产负债率等;反映盈利能力的财务比率有销售毛利率、资产报酬率等;反映营运能力的财务比率有总资产周转率、流动资产周转率等。

按各数据的关系,财务比率可分为相关比率、构成比率和效益比率。相关比率的分子与分母是不同的性质类别,但两者有一定的关联,比如资产负债率、流动比率;构成比率的分子一般是分母的一部分,如货币资金占总资产比率等;效益比率的分子与分母放在一起可说明投入与产出的关系,反映企业的效益,如资产报酬率。

财务比率分析法广泛应用于第二篇企业财务能力分析中,相关例题将在后面的章节中具体呈现。

思考题

1.不同财务报表分析主体的分析目的为什么会有差异?

2.财务报表分析内容与其分析目标是否有联系?

3.财务报表分析的步骤有哪些?

4.财务报表分析方法各有什么优缺点?

5.为什么说财务报表附注是财务报表的重要补充?

练习题

1.某投资股份有限公司2022—2024年利润表相关数据如下所示。

某投资股份有限公司2022—2024年利润表　　　　　　　单位:元

年份	2022年	2023年	2024年
一、营业收入	249,574,480.00	246,882,032.00	225,864,880.00
减:营业成本	163,508,096.00	161,137,360.00	141,137,040.00
税金及附加	3,587,579.00	3,338,386.50	3,621,020.00
销售费用	18,854,950.00	19,298,110.00	20,370,252.00
管理费用	23,870,732.00	26,880,504.00	25,471,534.00
财务费用	14,030,747.00	12,935,688.00	10,003,557.00
加:投资收益	−703,345.63	−1,086,359.50	−1,159,623.88
二、营业利润	25,019,030.37	22,205,624.00	24,101,853.12

续表

年份	2022年	2023年	2024年
加:营业外收入	3,731,927.75	6,015,001.50	3,961,381.50
减:营业外支出	257,955.36	221,185.36	1,904,122.63
三、利润总额	28,493,002.76	27,999,440.14	26,159,111.99
减:所得税费用	4,205,844.00	3,660,285.00	3,269,846.75
四、净利润	24,287,158.76	24,339,155.14	22,889,265.24

要求:

(1)根据上述资料采用趋势分析法计算该企业这三年各项收入、成本及费用、利润的定比百分比和环比百分比,总结各项目变化的规律及原因。

(2)预测2025年该企业利润总额的发展趋势。

2.某企业生产铸铁件,有关直接材料成本如下所示。

某企业生产铸铁件材料明细表

项目	2022年	2023年
产量/件	3000	3500
单耗/千克	2	1.8
单价/元/千克	6	5.9
材料成本/元	36,000	37,170

要求:根据以上资料,采用因素分析法分别计算产量、单耗和单价的变动对材料成本的影响。

第二章
财务战略与财务报表分析

学习目的与要求

　　通过本章的学习,使学生掌握财务战略与财务报表分析的基本知识。了解财务战略的含义;熟悉财务战略的特征、类型、制定方式;掌握财务战略的选择及与财务报表分析的联系。

关键知识点

　　财务战略;企业生命周期;扩张型财务战略;稳定型财务战略;收缩型财务战略;投资战略;筹资战略;股利分配战略。

重要概念

　　财务战略;企业生命周期;战略决策。

引言

　　财务是企业管理实务的重要构成要素,企业要管理好财务必须具有相应的战略理念和战略思维。财务战略是指导企业财务活动的战略方向,财务报表是企业执行财务战略的结果。企业的财务战略制定受到企业生命周期、资源优势、行业竞争状况等多个因素的影响,进而形成不同类型。不同类型的财务战略又会促使企业采取不同的经营策略,使得企业财务报表呈现出不同的财务能力。从财务战略视角对财务报表进行分析有助于报表分析者更深入地了解企业的经营态度、经营策略,更客观地评价企业的经营状况。

　　财务战略与财务报表分析究竟有何联系? 不同的财务战略如何影响企业的经营,并导致财务报表数据出现不同的变化? 我们如何通过财务报表分析判断企业的财务战略? 如何看待企业生命周期对财务战略与财务报表分析的影响? 这将是本章所要讲述的主要内容。

第一节　财务战略的内涵

一、财务战略的含义

财务战略是战略理论在财务管理中的应用与发展。因此,财务战略既具有一般战略的某些共性,又具有自己的特殊性。科学的财务战略定义,应该既能反映它的战略属性,又能体现它的财务属性。财务战略的特殊性源于财务管理的对象——资金运动的特殊性。

拥有一定数额的资金,是企业开展生产经营活动的必要条件。企业的资金处于不断运动之中。企业的生产经营过程,一方面表现为物化运动,另一方面则表现为资金运动,二者是一体两面的关系。财务管理正是从价值的角度对企业的生产经营活动进行控制。企业资金均衡、有效地流动是其生存和发展的重要前提。因此,财务管理的核心内容就是如何保持企业资金均衡、有效地流动,以及如何确保企业资本的保值增值。而资金流动的起点和终点是现金,其他资产只是现金在流动过程中的转化形式,即资金流动的本质是现金流动,实现资金均衡、有效地流动,其实就是实现现金均衡、有效地流动。所谓现金均衡、有效地流动,主要是指现金流入与流出之间适当的匹配。当企业出现现金需求时,必须有足够数量的现金流入以供使用,否则,就会出现资金流转链条中断,企业的盈利、发展甚至存续就会受到威胁。另外,当企业有大量闲置的现金时,应及时为这些现金寻找增值的渠道,否则就会出现资金时间价值的损失,影响企业的盈利能力。由此可见,企业要生存和发展,就必须实现现金流转上的均衡——现金流入等于现金流出。

美国战略管理研究大师威廉·纽曼(William Newman)曾指出,在制定资本运用和来源战略时,最需要关注的是现金流动。而实现资本的保值增值,是资本属性的要求,是企业存在的根本目的,也是财务管理的基本目标。如果不能实现资本增值,则企业必将在资本市场上失去投资者的信任,在产品市场上失去竞争力,上述两者都会影响企业的存亡。所以资本的保值增值,同现金均衡、有效地流动一样,都具有关系到企业生死存亡的战略意义。然而,现金均衡、有效的流动以及资本的保值增值并不能轻而易举地实现。由于企业受到外部和内部各种环境因素的影响,如经济周期、金融市场状况、竞争状况、政治法律状况、技术发展、消费者行为等因素,要保持现金均衡、有效地流动以及资本的保值增值,就必须运用战略思想,努力增强企业的财务活动对未来环境的适应性。由此可见,财务战略关注的焦点应该是其现金流转及资本增值,尤其是关注在环境复杂多变的条件下,如何从整体上和长期上实现这一目标。

综合以上分析,财务战略可以定义为:在企业战略的统筹下,在分析内、外部环境对企业价值创造活动影响的基础上,为谋求企业现金均衡地流动并最终实现企业长期财务价值的最大化,而对企业现金流转和资本运作所进行的全局性、长期性和创造性的筹划。

二、财务战略的特征

财务战略的特征主要表现在以下几个方面。

(一)支持性

财务战略的支持性,首先表现在它是企业整体战略的一个组成部分,其次表现在财务战略是企业战略的执行与保障体系。企业战略是全局性战略,它以对竞争对手的分析为出发点,以谋求企业竞争优势为目标,凭借企业所拥有的技术优势、产品差别优势、成本优势等实现上述目标。因此,企业战略指导着财务战略及其他职能战略的制定。财务战略通过合理地安排企业的财务资源规模、期限、成本和结构,提高资金运转效率,建立健全风险与危机预警系统,从而为企业整体战略目标的实现提供良好的财务环境和保障基础。

(二)相对独立性

企业战略具有多元结构特征。也就是说,企业战略不仅包括企业整体意义上的战略,而且也应该包括事业部层次和职能层次上的战略。财务战略是企业诸多职能战略之一,与其他职能战略的区分往往并不是那么绝对。从企业战略的角度看,财务战略的相对独立性取决于以下两个基本事实。第一,财务管理使财务战略具有相对独立的内容。在现代市场经济条件下,财务管理不再是企业生产经营过程的附属职能,而是具有其自身特定的内容,主要包括投资管理、融资管理与股利分配。第二,财务战略与其他职能战略间既相对独立又密切联系。由于资金的筹集取决于企业发展和生产经营的需要,资金的投放和使用更是与企业的生产过程密不可分。即便是股利分配,也绝不是单一、纯粹的财务问题,而是在一定程度上取决于企业内部融资的需要。所以,企业财务活动的实际过程总是与企业活动的其他方面相互联系,财务战略与企业战略其他方面的关系亦然。

(三)动态性

财务战略必须保持动态的调整。一般认为,战略立足于长期规划,从而具有超前性。但战略是环境分析的结果,环境变动是经常的,因此战略的作用在于以变制变。这种以变制变的结果表现在:当环境出现较小变动时,一切行动必须按战略行事,体现战略对行动的指导性;当环境出现较大变动并影响全局时,企业战略必须做出相应调整,财务战略也应随之调整。

Note

（四）综合性

所谓综合性是指企业财务战略以统一的价值尺度，综合反映企业在战略期间供、产、销各环节对资金的需求、资金的使用方向、资金的耗费水平，以及企业生产经营预期达成的总体效益目标。财务战略的综合性是由财务管理的对象——资金运动的综合性所决定的。

（五）全员性

尽管财务战略的制定和实施主要是由财务职能部门来完成的，但并不意味着企业中的其他管理层次在财务战略的制定与实施中不起作用。企业财务战略的全员性是由其综合性决定的。从纵向维度看，财务战略的制定与实施是企业高层主管、企业财务部门主管、事业部财务及下属子企业财务等多层级协同参与的管理过程。从横向维度看，财务战略必须与其他职能战略相互配合，并依据企业发展阶段和方向明确各职能战略的主次关系。同时，财务战略意识要渗透到横向职能的各个层次，并最终由企业财务部门负责协调。财务战略的全员性，意味着财务战略管理是以企业经营战略为主导、以财务职能战略为核心、以其他部门的协调为依托所进行的全员管理。

第二节　财务战略的类型、制定及选择

一、财务战略的类型

从不同角度对财务战略进行分类，既能加深对财务战略内涵的理解，也能为财务战略的制定提供基本框架。按照不同的标准，可以将财务战略进行如下分类。

（一）基于企业生命周期的财务战略类型

企业生命周期是指从进入到退出经济活动所经历的过程。企业生命周期分析首先需要借助行业生命周期来考虑。一般认为，行业生命周期分为投入期、成长期、成熟期和衰退期四个阶段，且不同的阶段有不同的特点。识别一个行业处于哪一个阶段，主要取决于市场增长率、需求增长率、产品品种、竞争者数量及进入或退出壁垒等。行业周期在很大程度上决定了企业生命周期。不过，企业生命周期又在很大程度上取决于企业管理自身。与行业生命周期一样，企业的生命周期也分为四个阶段，即初创期、成长期、成熟期和衰退期。基于此，企业财务战略可分为初创期财务战略、成长期财务战略、成熟期财务战略和衰退期财务战略四种类型。由于不同时期有着不同的经营风险，从财务战略对企业战略的支持性，以及经营风险与财务风险的互逆性来看，各个时

期财务战略的重点是有所不同的。

(二)基于与企业战略匹配的财务战略类型

作为企业战略下属的一个职能战略,财务战略的制定应考虑对企业战略的支持,实现与企业战略的匹配。相应地,财务战略可以划分为扩张型财务战略、稳定型财务战略及收缩型财务战略。

1. 扩张型财务战略

此种类型的财务战略是为了实现与企业战略中的成长战略相匹配。这一战略模式的确定有赖于对以下重大决策事项的判断:第一,扩张的方式,即实现自我积累式发展还是对外实施兼并或收购,前者是内涵式扩张,后者则是外延式扩张;第二,扩张的方向,即实施一体化扩张还是实施多元化扩张,前者又进一步分为纵向一体化扩张与横向一体化扩张;第三,扩张的速度,即实现低速扩张、适度扩张还是高速扩张,财务战略必须确保企业扩张之路的财务稳健性;第四,扩张的资本来源,即采用债务融资还是采用股权资本融资,企业财务战略必须在风险与收益之间做出权衡。

2. 稳定型财务战略

此种类型的财务战略是为了实现与企业战略中的稳定战略相匹配。稳定型财务战略的基本特征主要表现在:第一,根据企业自身经营状况来确定最佳发展速度,不急于冒进;第二,从财务上追求稳健,如控制负债额度与负债比率、强调税后利润的留存,并正确处理好内部积累与股利发放的关系;第三,慎重从事企业并购,并确定拟进入领域的财务要求与标准,如资本报酬率的"底线"等;第四,慎重进入与企业核心能力或核心业务经营并不相关的领域,走专业化、规模化的发展战略;第五,根据企业发展规模与市场变化,对组织结构进行微调,而不进行大的变革,以保持管理上的连续性。

3. 收缩型财务战略

此种类型的财务战略是为了实现与企业战略中的收缩战略相匹配。收缩型财务战略主要应用于财务状况不佳、运营效率低下的企业。该战略通过资产剥离、股份回购、出售子公司等财务手段,实现企业的战略性收缩。

(三)基于企业财务具体领域的财务战略类型

投资管理、筹资管理与股利分配管理是企业财务的三个具体领域。基于此,可将财务战略划分为投资战略、筹资战略、股利分配战略。

1. 投资战略

投资战略是有关投资方向确定与投资组合、投资决策标准、投资所需资本筹集、资本预算、并购行为与管理等一系列的方略,它是企业步入成长期、成熟期以及衰退期的战略重点,投资战略是企业财务战略的重要内容。同样,投资决策权的划分是保证企业投资战略正常落实的重要基础。

2. 筹资战略

筹资战略是企业初创期和成长期的战略重点,它包括筹资总量的确定、资本结构的决策、筹资方式的选择等一系列内容。

3. 股利分配战略

股利分配战略可以是从属性的,但有时也是主动性的。从属性是指股利分配在很大程度上是筹资及投资管理的补充,如剩余股利政策即强调股利分配多少与潜在投资机会有关,从而与筹资战略有关。另外,它又是主动性的,这是因为当企业分配政策有利于协调生产经营时,企业壮大的速度就快;反之,不合理的政策则可能制约企业成长。由此可见,股利分配战略不再是单一的股利分配政策的确定,而是站在企业发展的高度对企业各利益相关关系的协调与处理。

上述三种分类方法是相互联系的,主要表现为企业所处的生命周期阶段决定着财务战略与企业战略的匹配方式,而这一匹配方式又进一步决定了投资战略、筹资战略及股利分配战略的具体内容。

二、财务战略的制定

企业的财务战略制定需要综合考虑市场环境、行业竞争、企业内外部资源和能力等因素。一方面,财务战略要与企业的战略目标相一致,确保财务决策能够为企业的发展提供支持。另一方面,财务战略要能够适应外部环境的变化,及时调整策略以保持企业的竞争力。

财务战略包括财务目标的确定、财务规划和预算的制定,以及财务风险管理等方面。财务目标的确定应与企业的经营目标保持一致,如实现盈利增长、控制成本、提高股东回报率等。财务规划和预算的制定则是将战略目标转化为具体的财务指标和行动计划,确保企业能够按照计划进行资金调配和资源配置。财务风险管理则是防范和管理与财务活动相关的各种风险,以确保企业的财务安全和稳定。

三、财务战略的选择

企业财务战略的选择,决定着企业财务资源配置的取向和模式,影响着企业理财活动的行为与效率。企业财务战略的选择,必须着眼于企业长期稳定的发展、经济周期的波动情况、自身发展方向及增长方式等因素,通过及时调整财务战略,动态保持企业的核心竞争力。企业在选择财务战略的过程中要注意以下问题。

(一)企业财务战略的选择要与经济周期相适应

从财务的观点看,经济的周期性波动要求企业顺应经济周期的过程和阶段,通过制定和选择富有弹性的财务战略,减少它对财务活动的影响,尤其要减轻经济周期在上升与下降阶段对财务活动产生的负面抑制作用。财务战略的选择和实施要与经济运行周期相配合。在经济复苏阶段应采取扩张型财务战略,包括增加厂房设备、采用融资租赁、继续建立存货、提高产品价格、开展营销筹划,以及增加劳动力等。繁荣后期采取稳定型财务战略。在经济衰退阶段应采取收缩型财务战略,比如停止扩张、出售多余的厂房设备、停产不利的产品、暂缓长期采购、削减存货、减少雇员等。在经济萧条阶段,特别是在经济处于低谷时期,企业应保持市场份额、压缩管理费用、放弃次要的财务利益、削减存货、减少临时性雇员。

(二)企业财务战略选择必须与产品生命周期相适应

企业生命周期理论认为,企业发展具有一定的规律性,大多数企业的发展可分为初创期、成长期、成熟期和衰退期四个阶段,企业在每个发展阶段都有其独特的阶段特征,因此,正确把握自身所处的发展阶段,制定与之相适配的财务战略,显得尤为重要。在企业初创期和成长期,主要财务特征是资金短缺,尚未形成核心竞争力,财务管理的重点应是筹措资金,通过企业内部自我发展来实现企业增长。在企业成熟期,资金相对充裕,企业已拥有核心竞争力和一定的规模,可以考虑通过并购实现外部发展。在企业衰退期,销售额和利润额已明显下降,企业应考虑改制、变革企业组织形态和经营方向,实现企业蜕变和重生。由此可见,企业在初创期和成长期应采取扩张型财务战略,在成熟期则一般采用稳定型财务战略,而在衰退期应采用收缩型财务战略。

(三)企业财务战略的选择必须与企业经济增长方式相适应

企业经济增长方式客观上要求实现从粗放增长向集约增长的根本转变。为适应这种转变,企业财务战略需要从以下两方面进行调整。一方面,调整企业财务投资战略,加大基础项目的投资力度。企业真正的长期增长要求提高资源配置能力和效率,而资源配置能力和效率的提高取决于基础项目的发展。虽然基础项目在短期内难以带来较大的财务利益,但它为长期经济的发展提供了重要的基础。所以,企业在财务投资的规模和方向上,要实现基础项目相对于经济增长的超前发展。另一方面,加大财务制度创新力度,可以强化集约经营与技术创新的行为取向;可以通过明晰产权,从企业内部抑制掠夺性经营的冲动;可以通过以效益最大化和本金扩大化为目标的财务资源配置,限制高投入、低产出对资源的耗用,使企业经营集约化、高效率得以实现。

第三节　财务报表分析与企业战略

一、通过财务报表分析可以了解企业战略的方向与执行情况

企业从初创到发展壮大需经历多个环节与阶段,商业环境对企业战略选择具有重

要影响甚至起决定性作用。在相同的外部环境下,企业采取不同的应对方案,即战略。企业综合考量外部商业环境,结合自身竞争优势等因素,制定的短、中、长期战略目标与规划,能明确并指引长远发展方向,推动企业实现快速、健康且可持续的发展。可以说,战略是企业可持续发展的重要支撑。

企业战略规划的目的是提升企业价值,而企业通过执行战略创造价值的过程,实质上对应着财务报表的生成过程。马克思在《资本论》中论述了经典的商品价值和劳动价值,而在企业层面,企业价值通过一系列经济活动得以实现与积累,持续创造正向价值才能使企业实现长远发展。财务报表中"利润"和"现值"等概念,就是企业价值最直观的量化体现。

如果说财务报表生成过程是自上而下的动态记录,那么财务报表分析则是自下而上的,通过剖析财务数据,洞察企业经营的方方面面。财务报表是企业最综合的数字结果,可以反映企业所处的商业环境、行业竞争格局、企业治理和战略、企业经营效率及质量。

具体地讲,企业战略需要通过经济活动来贯彻执行。这些经济活动在财务报表中主要体现在经营活动、投资活动和筹资活动三个方面。产生的现金流动计入现金流量表中,产生的盈利计入利润表中,期末结果则表现资产负债表上。简言之,以提升企业价值为目的的企业战略制定过程,以及创造企业价值的战略执行结果,往往通过量化财务报表来加以体现。

二、财务报表分析在企业战略决策中的作用

(一)评估企业财务状况

财务报表分析是对企业财务报表进行审查和分析,评估企业的财务状况,包括企业的偿债能力、盈利能力和现金流量状况等。这些信息对企业制定战略决策至关重要,不仅能帮助企业认清自身在市场中的竞争力,还能为后续的战略规划提供依据。

(二)评估企业经营绩效

财务报表分析能够帮助企业评估经营绩效,通过分析企业的利润、销售额和市场份额等指标,判断企业是否在行业中具有竞争优势。这些信息对企业制定战略决策非常重要,可以帮助企业寻找增长机会,优化资源配置,提升竞争力。

(三)评估企业投资价值

财务报表分析通过对企业财务数据的详细分析,评估企业的投资价值。具体而言,通过分析企业的盈利能力、持续增长能力和现金流量状况,来判断企业未来的盈利潜力和投资回报率。这些信息对投资者和债权人来说非常重要,可以帮助他们做出投资决策。

三、财务报表分析在企业战略决策中的具体应用

（一）盈利能力分析

盈利能力是企业经营绩效的重要指标之一。通过对企业的营业收入、销售成本、利润和税前利润进行分析，可以评估企业的盈利能力。例如，通过计算企业的净利润率、毛利率和营业利润率等指标，可以了解企业的盈利能力和竞争力，从而为企业制定盈利增长的战略决策提供依据。

（二）偿债能力分析

偿债能力是企业财务健康状况的重要指标之一。通过对企业的流动比率、速动比率和资产负债率进行分析，可以评估企业的偿债能力和财务风险水平。例如，通过计算企业的利息保障倍数和偿债比率等指标，了解企业的偿债能力和财务风险，从而为企业制定债务管理的战略决策提供依据。

（三）现金流量分析

现金流量是企业财务稳定性和运营能力的重要指标之一。通过对企业的现金流入、现金流出和净现金流量进行分析，可以评估企业的现金流量状况和周转能力。例如，通过计算企业的现金流入比率和现金流出比率等指标，了解企业的现金流量状况，从而为企业制定现金流管理的战略决策提供依据。

财务分析是企业战略决策中必不可少的一部分。通过对企业财务数据进行分析，可以评估企业的财务状况、经营绩效和风险水平，为企业的战略决策提供依据和指导。同时，财务分析也可以帮助企业评估投资价值，吸引投资者和债权人的关注。在企业决策中，财务分析扮演着重要的角色，帮助企业实现持续增长和可持续发展。因此，企业应该重视财务分析，加强财务管理，提高决策的准确性和科学性。

第四节　财务战略与财务报表分析的关系

财务战略是指企业在长期经营过程中，为实现其战略目标而制定的财务规划和决策。财务报表分析则是对企业财务状况和经营绩效进行评估和解读的过程。

财务战略和财务报表分析是相辅相成的关系。财务战略为财务报表分析提供了基础和指引方向，而财务报表分析则为财务战略的制定和调整提供了依据和参考。

首先，财务报表分析可以帮助企业评估和调整财务战略。通过对财务数据进行分析，企业可以了解自己的财务状况和盈利能力，找出问题的根源和改进的方向。例如，

当利润率下降时,企业可以通过成本控制和效益提升等手段来提高盈利能力,进而调整财务战略。

其次,财务报表分析可以用来监控财务战略的执行效果。企业在实施财务战略过程中,需要不断地进行财务数据的监控和分析,以了解战略目标的达成进度,及时发现实施过程中存在的问题。通过对财务数据的及时分析,企业可以调整战略执行计划,确保战略能够顺利实施。

最后,财务报表分析还可以为财务战略的选择和决策提供依据。企业在制定财务战略时,需要综合考虑各种因素,并进行风险评估和收益预测。财务报表分析可以帮助企业评估不同战略方案的可行性和风险水平,从而选择最适合企业的财务战略。

综上所述,财务战略的制定与财务报表分析是企业财务管理中不可或缺的两个环节。财务战略的制定需要充分考虑市场环境和企业内外部资源,而财务报表分析则为财务战略的制定和调整提供了基础和依据。通过有效地运用财务报表分析工具和方法,企业可以优化财务决策,实现可持续发展。

思 考 题

1. 如何描述财务战略与战略之间的关系?
2. 生命周期理论对财务战略的形成有哪些影响?
3. 与企业战略相匹配的财务战略类型有哪些?
4. 举例说明,如何通过财务报表分析了解企业战略的方向与执行情况。
5. 为什么财务报表分析可以用于监控财务战略的执行效果?

练 习 题

1. 安井食品(603345)自2004年上市以来,实现了总营收由34.8亿元增至2023年的140亿元,其核心业务包括速冻米面制品及火锅料,销售额分别达到9.3亿元和25.5亿元。无论是营收规模还是增长速度,安井食品均堪称速冻食品行业的翘楚和领军者。财报显示,安井食品在2023年实现了营业收入140.45亿元,较上年同期增长15.29%,净利润达到14.78亿元,同比增长34.24%。此外,企业基本每股收益达到5.04元,同比增长29.56%。

对于未来的发展规划,安井食品表示将继续加大对研发投入的力度,不断推出满足消费者需求的优质产品,并加强与上下游合作伙伴的协同效应,共同推动预制菜产业的健康、可持续发展。值得注意的是,安井食品在2023年成功抓住了烤肠这一品类的发展机遇,推出了安井甄选火山石烤肠这一全新产品。自2018年起,安井食品便开始涉足预制菜业务,如今已然成为该细分领域的领军企业之一。2023年,企业预制菜制品的营业收入达到39.27亿元,同比增长29.84%。另外,安井食品在海外市场的开拓已经初见成效。企业 2024 年第一季度报告显示,其当期境外收入达到 4108 万元,同比增长 67.22%。

请问:安井食品近几年采取了什么样的财务战略?可以从财务报表分析的哪些内容中判断它采取了这样的财务战略?

2.2023 年 11 月 20 日,贵州茅台(600519)公告,企业拟在 2023 年度内以实施权益分派股权登记日企业总股本为基数实施回报股东特别分红,每股派发现金红利 19.106 元(含税)。截至 2023 年 9 月 30 日,企业总股本为 12.56 亿股,以此计算合计拟派发现金红利 240.01 亿元。

据悉,这是贵州茅台继 2022 年首次实施特别分红后,连续第二年进行特别分红。也是 2023 年内,贵州茅台第二次披露分红方案。数据显示,2022 年、2023 年,贵州茅台已累计分红 1113.01 亿元(含本次拟分红金额)。

有分析人士表示,贵州茅台大手笔分红一方面来自经营业绩和盈利能力稳健增长的支撑,另一方面作为国企,响应监管层的分红要求,为上市公司树立标杆。

请问:贵州茅台采取这样的股利分配战略的目的是什么?企业为何选择了这样的股利分配战略?

第二篇

基于战略视角的主要
财务报表分析

从财务报表看贵州茅台的财务战略

作为中国最久负盛名的白酒企业,贵州茅台的融资战略、投资战略、股利分配战略都反映出企业稳步前行、稳妥经营的特点,体现出这家企业已经进入了战略管理中的生命成熟期。从其2022—2023年资产负债表中的资产布局来看,2023年比2022年资产有所增长,但主要是货币资金、应收账款、存货、固定资产、无形资产等经营性资产的增长,其投资性资产中只有2023年交易性金融资产有少量份额,仅占资产的0.15%,长期股权投资则在两年中都为0,这说明该企业是坚守传统产品经营的经营主导型战略的企业,遵循的是比较保守稳妥的经营策略。从资金来源看,金融性负债较少,其中短期借款、长期借款、交易性金融负债、应付债券在这两年中均为0,这在上市公司中都属于非常少见的;一年内到期的非流动负债在2022年只占负债的0.22%,2023年只占负债的0.12%,说明它采用的是经营驱动型战略,注重生产经营能力的提高,期望在产品市场上获得更大的经营优势。再从它的所有者权益结构来看,其盈余公积和未分配利润所占份额在2022年、2023年都达到了90%以上。以留剩资源为主的利润驱动型企业发展战略,能实行这种战略的企业往往是发展到一定阶段并累积了相当规模利润的结果,结合前面从资产布局中看出它采用的经营主导型战略,从负债中看出它采用的经营驱动型战略,基本可以得出结论,该企业还是聚焦自己的产品生产经营活动,稳步经营,没有太多扩张的战略意图。

再从它2023年的年报中可以得知,其营业收入只来自一个行业,即酒类行业,及其他行业收入,属于专业化战略。这也与很多大型上市公司的经营战略方式不同。其产品只分为茅台酒和其他系列酒,其中茅台酒为其贡献了80%以上的营业收入。从营业收入的地区销售情况、销售模式来看,它以国内市场和批发代理销售为主。综合来看,它采取的是以茅台酒为主,以其优势地位满足消费者需求的差异化战略,经营方式上也是比较稳妥的。

从其2022—2023年的现金流量表来看,贵州茅台的现金流量以经营活动现金流量为主,不仅经营活动现金流入和流出量比投资活动、筹资活动规模大很多,而且这两年投资活动、筹资活动的现金净流量都小于0,企业的现金运转都要依赖经营活动,但经营活动提供的净现金流量仍然足够满足企业的现金需求。在经营活动现金流入量中,2022年、2023年销售商品、提供劳务所收到的现金所占比例均达到97%以上。说明其产品销售能力非常强,不仅利润率高,还可以通过销售获得大量现金。在经营活动可以获取大量现金的情况下,企业加大了投资,导致这两年对外投资活动支付的现金较多,投资活动现金净流量为负数,是提高资金使用效益的表现。贵州茅台的筹资活动现金净流量小于0,而筹资活动现金流入量为0,这也是在上市公司中非常少见的。而其筹资活动现金流出量较多,则主要是由于执行了倾向于向投资者分配的股利分配政策,每年向股东分红的比例都较高,而且近10年来都在稳步增长,这是只有经营稳定、经营状况良好的成熟企业才能做到的。

从资产负债表、利润表、现金流量表中可以看出,贵州茅台已经进入了生命周期中的成熟期,采取的是稳步经营的策略,整个战略实施都比较稳妥,属于稳定型财务战略,即追求资产规模的稳步扩张和财务绩效的稳步增长的财务战略。

那么,应该如何根据财务报表分析企业采取的财务战略类型,判断企业所处的生命周期,理解企业的战略选择,判断企业的战略绩效,这是我们在本篇将要探讨的内容。

第三章
基于战略视角的资产负债表分析

学习目的与要求

通过本章的学习,使学生掌握资产负债表分析的内容和方法;了解资产负债表分析的目的与内容;熟悉资产负债表的一般项目分析,尤其是一些重点项目的分析评价;掌握资产结构与资本结构的质量分析,以便分析企业的资产配置与资金来源情况。

关键知识点

资产质量分析;负债质量分析;所有者权益质量分析;资产结构类型;资产结构弹性分析;资本结构的含义;资本结构的类型。

重要概念

资产负债表;资产结构;资本结构。

引言

资产负债表是反映企业某一时点静态财务状况的财务报表。它列示了企业拥有或控制的能以货币表现的经济资源的规模及分布形态,反映了企业全部资金的来源及构成,是企业对外编制的主要报表之一。通过资产、负债与所有者权益的对比,可以对企业的偿债能力及举债能力进行评价;通过不同时点资产负债表的比较,可以判断企业财务状况的未来发展趋势;通过对资产负债表、利润表、现金流量表有关项目的分析,可以对企业各种资源的利用情况作出评价,进而对企业财务状况和经营成果作出整体评价。会计人员要利用资产负债表所说明的信息,积极为企业理财提供决策依据。

资产负债表究竟能够提供哪些信息?如何处理和利用这些信息?这将是本章所要讲述的内容。

第一节　资产负债表概述

一、资产负债表的含义

资产负债表，又称为财务状况表，是表示企业在一定时期的财务状况（即资产、负债和所有者权益状况）的主要会计报表。资产负债表反映企业资产构成及其状况、某一日期的负债总额及其结构，揭示企业资产来源及其构成，解释、评价和预测企业短期偿债能力。它是反映企业在某一特定日期全部资产、负债和所有者权益情况的会计报表，是企业经营活动的静态体现。资产负债表的编制原理是"资产＝负债＋所有者权益"的会计恒等式。

二、资产负债表的项目

（一）资产项目

资产分为流动资产和非流动资产。

流动资产包括：货币资金、交易性金融资产、应收票据、应收账款、预付账款、其他应收款、存货、合同资产、持有待售资产和一年内到期的非流动资产。

非流动资产包括：固定资产、在建工程、使用权资产、无形资产、商誉、递延所得税资产、长期应收款、长期股权投资、其他权益工具投资、其他非流动金融资产、投资性房地产、开发支出、长期待摊费用和其他非流动资产。

（二）负债项目

负债分为流动负债和非流动负债。

流动负债包括：短期借款、交易性金融负债、应付票据、应付账款、预收账款、合同负债、应付职工薪酬、应交税费、应付利息、应付股利、其他应付款、一年内到期的非流动负债等。

非流动负债包括：长期借款、租赁负债、递延收益、递延所得税负债、应付债券、长期应付款、预计负债和其他非流动负债。

（三）所有者权益项目

所有者权益一般包括实收资本（或股本）、资本公积、盈余公积、未分配利润、其他权益工具和其他综合收益。

三、资产负债表的格式

资产负债表的格式一般有两种:账户式和报告式。

(一)账户式

账户式资产负债表是左右结构,左边列示资产,右边列示负债和所有者权益。账户式资产负债表的资产项目按照流动性大小排列,而负债和所有者权益项目则按要求清偿时间的先后顺序排列。无论采取什么格式,资产各项目的合计等于负债和所有者权益各项目的合计,即资产负债表左方和右方平衡。我国的资产负债表一般采用账户式格式,这种格式清晰直接、一目了然,便于编制、检查、阅读和理解。账户式资产负债表可以反映资产、负债、所有者权益之间的内在关系,即"资产=负债+所有者权益"。这种格式有助于清晰地展示企业资产的来源以及所有者权益的结构,从而更好地理解企业的财务状况。资产负债表(账户式)如表3-1所示。

表3-1　资产负债表(账户式)

编制单位:C医疗有限公司　2023年12月31日　　　　　　　　　　　　　　单位:亿元

资产	金额		负债和所有者权益	金额	
	期末数	年初数		期末数	年初数
流动资产:			流动负债:		
货币资金	12.664	9.572	短期借款	—	—
交易性金融资产	8.32	7.677	应付票据	—	—
应收票据	0.3583	2.786	应付账款	2.255	2.378
应收账款	4.059	4.887	预收账款	—	—
预付账款	0.108	0.127	合同负债	1.496	0.8568
其他应收款	0.0035	0.0068	应付职工薪酬	0.8972	0.6972
存货	4.345	2.599	应交税费	0.6152	0.5355
其他流动资产	0.1962	0.1362	应付利息	—	—
流动资产合计	30.054	27.791	应付股利		
非流动资产:			其他应付款	0.6631	0.7251
			一年内到期的非流动负债	0.0122	0.0068
			其他流动负债	1.8274	0.726
固定资产	3.129	2.783	流动负债合计	7.7661	5.9254
在建工程	1.501	1.851	非流动负债:		
使用权资产	0.0207	1.382	长期借款	—	—
无形资产	1.363	—	租赁负债	0.0053	0.0062
			递延收益	0.8379	0.8576

续表

资产	金额		负债和所有者权益	金额	
	期末数	年初数		期末数	年初数
			递延所得税负债	0.0933	0.0788
商誉	0.1336	—	非流动负债合计	0.9365	0.9426
递延所得税资产	0.2763	0.2576	所有者权益：		
非流动资产合计	6.426	6.2736	实收资本	3.836	3.843
			资本公积	10.448	10.4406
			盈余公积	1.816	1.546
			未分配利润	12.675	11.367
			所有者权益合计	28.775	27.1966
资产总计	37.4776	34.0646	负债及所有者权益总计	37.4776	34.0646

（二）报告式

报告式资产负债表是上下结构，上半部列示资产，下半部列示负债和所有者权益。具体排列形式有两种：一是按"资产＝负债＋所有者权益"的原理排列；二是按"资产－负债＝所有者权益"的原理排列。资产负债表（报告式）如表3-2所示。

表3-2　资产负债表（报告式）

编制单位：C医疗有限公司　2023年12月31日　　　　　　　　　单位：亿元

项目	金额	
	期末数	年初数
流动资产：		
货币资金	12.664	9.572
交易性金融资产	8.32	7.677
应收票据	0.3583	2.786
应收账款	4.059	4.887
预付账款	0.108	0.127
其他应收款	0.0035	0.0068
存货	4.345	2.599
其他流动资产	0.1962	0.1362
流动资产合计	30.054	27.791
非流动资产：		
固定资产	3.129	2.783
在建工程	1.501	1.851

续表

项目	金额	
	期末数	年初数
使用权资产	0.0207	1.382
无形资产	1.363	—
商誉	0.1336	—
递延所得税资产	0.2763	0.2576
非流动资产合计	6.426	6.2736
资产总计	37.4776	34.0646
流动负债:		
短期借款	—	—
应付票据	—	—
应付账款	2.255	2.378
预收账款	—	—
合同负债	1.496	0.8568
应付职工薪酬	0.8972	0.6972
应交税费	0.6152	0.5355
应付利息	—	—
应付股利	—	—
其他应付款	0.6631	0.7251
一年内到期的非流动负债	0.0122	0.0068
其他流动负债	1.8274	0.726
流动负债合计	7.7661	5.9254
非流动负债:		
长期借款	—	—
租赁负债	0.0053	0.0062
递延收益	0.8379	0.8576
递延所得税负债	0.0933	0.0788
非流动负债合计	0.9365	0.9426
所有者权益:		
实收资本	3.836	3.843
资本公积	10.448	10.4406
盈余公积	1.816	1.546

续表

项目	金额	
	期末数	年初数
未分配利润	12.675	11.367
所有者权益合计	28.775	27.1966

四、资产负债表的作用

（一）揭示了资产结构与资产质量

资产负债表向人们揭示了企业所拥有或控制且能用货币表现的经济资源，即资产的总规模及具体的分布形态。由于不同形态的资产对企业的经营活动有不同的影响，通过分析企业的资产结构，能够对企业的资产质量做出一定判断。

（二）反映偿债能力

把流动资产（一年内可以或准备转化为现金的资产）、速动资产（流动资产中变现能力较强的货币资金、债权、短期投资等）与流动负债（一年内应清偿的债务）联系起来分析，可以评价企业的短期偿债能力。这种能力对企业的短期债权人尤为重要。

通过对企业债务规模、债务结构及与所有者权益的对比，可以对企业的长期偿债能力及举债能力（潜力）作出评价。一般而言，企业的所有者权益占负债与所有者权益的比重越大，企业清偿长期债务的能力越强，企业进一步举借债务的潜力也就越大。

（三）有助于报表使用者分析企业的财务状况

通过对企业不同时点资产负债表的比较，可以对企业财务状况的发展趋势作出判断。可以肯定地说，企业某一特定日期（时点）的资产负债表对信息使用者的作用极其有限。只有把不同时点的资产负债表结合起来分析，才能把握企业财务状况的发展趋势。同样，将不同企业同一时点的资产负债表进行对比，还可对不同企业的相对财务状况作出评价。

（四）评价企业资源的利用情况

通过对资产负债表与损益表有关项目的比较，可以对企业各种资源的利用情况作出评价，如可以考察资产利润率、运用资本报酬率、存货周转率、债权周转率等。

五、资产负债表的局限性

（一）资产负债表以历史成本为报告基础

资产负债表以历史成本为报告基础，所以它不反映资产、负债和所有者权益的现行市场价值。因而表中信息虽有客观、可核实的优点,然而,由于通货膨胀的影响,账面上的原始成本与编表日的现时价值已相去甚远。比如账面上登记入账的资产,可能由于市场行情,其价格已经上涨了很多倍,但报表上仍然以当初购买时的历史成本来表现它的价值。许多会计人员纷纷指出原始成本信息在通货膨胀时期的种种缺陷,提出用重置成本、可变现净值、清算价值等计量属性取代原始成本,或者用一般物价指数调整原始成本会计信息作为原始成本信息的补充,以提高会计信息的决策有用性。

(二)资产负债表以货币计量

货币计量是会计的一大特点,会计信息主要是能用货币表述的信息,因此,资产负债表难免遗漏许多无法用货币计量的重要经济资源和义务的信息。如企业的人力资源(包括人数、知识结构和工作态度),固定资产在全行业的先进程度,企业所承担的社会责任(如退休金和职工家属的医疗费支出)等。诸如此类的信息对决策均具有影响力,然而因无法数量化,或至少无法用货币计量,现行实务并不将其作为资产和负债纳入资产负债表中。

(三)资产负债表中存在大量的会计估计

会计估计本身是对会计不确定事项所作出的会计职业判断。例如,坏账准备、固定资产累计折旧和无形资产摊销,分别基于对坏账百分比、固定资产使用年限和无形资产摊销期限等因素的估计。此外,诸如预提修理费用、或有负债等均需估计。估计的数据难免主观,从而影响信息的可靠性。

(四)预测性的信息很少

资产负债表中反映的大多是已经发生过的会计事项,加上谨慎性原则的要求,对于还未发生的预测性信息则很少披露。

(五)理解资产负债表的含义必须依靠报表阅读者的判断

资产负债表有助于解释、评价和预测企业的长、短期偿债能力和经营绩效,然而此表本身并不直接披露这些信息,而要靠报表使用者自己加以判断。不同企业所采用的会计政策存在差异,由此产生的信息自然会有所不同。如果简单依据报表数据来评价和预测企业的偿债能力与经营绩效,并以此评判企业优劣,难免有失偏颇。所以,要理解资产负债表的含义并作出正确的评价,并不能仅仅局限于资产负债表信息本身,而要借助其他相关信息。因此,对于资产负债表所提供信息的完全充分理解主要依赖于报表使用者自身的判断,如流动比率、速动比率的计算,并不直接反映在资产负债表中,这就对报表使用者提出了较高的要求。

第二节 资产负债表项目的质量分析

一、资产质量分析

（一）货币资金的分析

货币资金（money funds）是指在企业生产经营过程中处于货币形态的那部分资金，按其形态和用途不同可分为库存现金、银行存款和其他货币资金。

1. 货币资金的真实性分析

真实性是评价货币资金质量的基础。货币资金的真实性意味着财务报表中所反映的货币资金数据必须真实、准确地反映企业的实际情况。这要求企业在日常运营中严格遵循会计准则，确保货币资金的核算准确无误。同时，通过定期的审计和账目核对，可以进一步保证货币资金数据的真实性和准确性。

2. 货币资金的流动性分析

流动性是评价货币资金质量的重要指标。货币资金的流动性反映了企业资金变现的能力，即企业持有的货币资金能够随时用于支付、投资等目的的程度。评价货币资金的流动性时，需要关注企业资金的来源和用途，分析资金的周转速度和使用效率。健康的货币资金流动性意味着企业能够在需要时迅速变现资金，满足企业的短期支付需求。

3. 货币资金的安全性分析

在评价货币资金质量时，安全性同样不容忽视。货币资金的安全性要求企业资金的风险控制能力得到有效保障，确保企业持有的货币资金不会因意外事件而遭受损失。这要求企业在日常运营中加强内部控制和风险管理，建立健全的资金管理制度，防止货币资金被盗、丢失或滥用。

4. 货币资金的盈利性分析

盈利性也是评价货币资金质量的一个重要方面。货币资金的盈利性主要体现在企业利用货币资金进行投资、筹资等活动所获得的收益。评价货币资金的盈利性时，可以通过计算货币资金收益率、投资回报率等指标来分析。一个健康的货币资金盈利性意味着企业能够在保证资金安全的前提下，实现资金的最大化利用，为企业创造更多的价值。

（二）交易性金融资产的分析

交易性金融资产（held for trading financial assets）是指企业为了近期内出售而持有

的债券投资、股票投资和基金投资,如以赚取差价为目的从二级市场购买的股票、债券、基金等。

1. 交易性金融资产的风险分析

交易性金融资产的价格易受市场波动的影响,企业需要密切关注市场变化,采取适当的风险管理策略,以减少潜在的损失。交易性金融资产风险分析可关注交易性金融资产的规模、品种等。分析交易性金融资产占用水平,通过计算交易性金融资产占用率来实现。交易性金融资产占用率是交易性金融资产与特定基准(如现金、流动资产或总资产)的比率。

2. 交易性金融资产的收益分析

交易性金融资产的收益率分析是交易性股票、基金、权证取得的投资净收益与交易性权益投资余额的比率。

3. 交易性金融资产的透明度分析

企业持有的交易性金融资产必须按照公允价值计量,并在资产负债表中披露。这提高了财务报告的透明度,使投资者和利益相关者能够更好地了解企业的财务状况。如果交易性金融资产的公允价值低于其成本,那么企业需要根据相关准则进行资产减值测试,并将减值损失计入损益表。分析中应注意企业是否对交易性金融资产进行真实、详细的披露。

(三)应收票据的分析

应收票据(notes receivable)是指企业持有的、尚未到期兑现的商业票据。商业票据是一种载有一定付款日期、付款地点、付款金额和付款人的无条件支付的流通证券,也是一种可以由持票人自由转让给他人的债权凭证。

在我国,应收票据、应付票据通常是指商业汇票,包括商业承兑汇票和银行承兑汇票两种。商业承兑汇票是付款人签发并承兑,或由收款人签发交由付款人承兑的汇票。银行承兑汇票是由在承兑银行开立存款账户的存款人出票,由承兑银行承兑的票据。银行承兑汇票基本不存在拒付的可能,故应收票据一般认为比较可靠,但商业承兑汇票有到期不能收回的可能性,应关注企业债务人的信用情况。

(四)应收账款的分析

应收账款(accounts receivable)是企业对外销售产品、提供劳务等应向购货单位或接受劳务方收取的款项。一般而言,应收账款的数额与企业营业收入数额呈正相关关系。对应收账款质量的判断应从以下几方面着手。

1. 应收账款的账龄分析

(1)分析不同客户的账龄情况。

将应收账款按照客户进行分类,分析不同客户的账龄情况,发现哪些客户的账龄比较长,需要加强催收。

(2)计算账龄段的平均天数。

对于每个账龄段的应收账款,可以计算出账龄段的平均天数,以更好地了解企业的收款周期。

(3)分析账龄段的趋势变化。

可以比较不同时间段的应收账款账龄分析结果,以了解账龄段的趋势变化,发现哪些账龄段的变化较大,需要引起注意。

(4)比较行业平均水平。

可以将企业的应收账款账龄情况与同行业其他企业进行比较,以了解企业在行业中的竞争力和收款效率。

(5)分析不同产品或业务线的账龄情况。

可以将应收账款按照产品或业务线进行分类,分析不同产品或业务线的账龄情况,发现哪些产品或业务线的账龄较高,需要优化。

下面以博汇科技(688004)2023年应收账款账龄进行分析,如表3-3所示。

表3-3　博汇科技(688004)2023年应收账款账龄分析表

账龄	应收账款计提比例
1年以内	5%
1~2年	10%
2~3年	20%
3~4年	50%
4~5年	100%
5年及以上	100%

从博汇科技2023年应收账款账龄分析表中可以看出,该企业按照应收账款的账龄长短进行了账龄计算,期限短的,能被收回的可能性较大,比如1年以内的计提比例最低,只有5%。而4年以上未收回的应收账款被收回的可能性已经很小,其计提比例则高达100%。

2.应收账款的债务人分析

(1)债务人的行业构成。

不同行业的成长性差异可能很大,处于同一行业的企业往往在财务质量方面有较大的相似性。因此,对债务人的行业构成进行分析至关重要,这有助于评估债务人的支付能力和风险水平。

(2)债务人的区域构成。

不同地区的债务人由于经济发展水平、法治建设条件以及特定的经济环境等方面的差异,在企业自身债务的偿还心态以及偿还能力方面有很大差异。经济发展水平较高、法治建设条件较好,以及特定的经济环境较好地区的债务人,一般具有较好的债务清偿心理,因而企业对这些地区的债权的可回收性较强。

(3)债务人的所有权性质。

从债务人的所有权性质来看,不同所有制的企业在自身债务的偿还形态以及偿还能力方面也有较大的差异。

(4)债务人与债权企业的关联状况。

从债务人与债权企业的关联状况来看,债务人可分为关联方债务人与非关联方债务人。由于关联方彼此之间在债权债务方面的操纵色彩较强,因此,对关联方债务人的偿还状况应足够重视。

(5)债务人的稳定程度。

稳定的债务人的偿债能力一般较好把握,但同时也要关注其近期是否出现了财务困难。

3. 坏账准备的计提分析

对于坏账准备应当关注其计提方法和计提比率,观察企业应收账款计提方法是否在不同期间保持一致,企业是否对计提方法的改变做出了合理解释,企业计提比率是否恰当,是否低估了坏账比率,是否有利用坏账调节利润的行为等。

4. 应收账款周转率分析

应收账款周转率是反映企业应收账款周转速度的比率,它用来衡量一定期间内企业应收账款转化为现金的平均次数,其计算公式为:

$$应收账款周转率(次) = \frac{销售收入}{平均应收账款}$$

用时间表示的应收账款周转速度称为应收账款周转天数,也称平均应收账款回收期或平均收现期,其计算公式为:

$$应收账款周转天数 = \frac{360}{应收账款周转率} = \frac{平均应收账款 \times 360}{销售收入}$$

下面以绿地控股(600606)按欠款方归集的期末余额前五名的应收账款情况为例进行分析,如表3-4所示。

表3-4   绿地控股(600606)按欠款方归集的期末余额前五名的应收账款情况   单位:元

企业	2023年	
	金额	占应收账款总额比例
A企业	353,102,194.40	0.43%
B企业	358,748,077.80	0.44%
C企业	295,759,506.77	0.36%
D企业	387,506,273.56	0.48%

续表

企业	2023年	
	金额	占应收账款总额比例
E企业	298,617,382.11	0.37%
前五名合计	1,693,733,434.64	2.08%
应收账款合计	81,333,832,069.12	

2023年绿地控股按欠款方归集的期末余额前五名的应收账款占全年应收账款总额的2.08%，而这前五家企业占应收账款总额的比例也都在0.4%左右，比例很低，而且也没有出现哪一家企业的欠款所占比例较高的现象，而是相对比较平均。这说明绿地控股2023年应收账款的债务人比较分散，坏账风险也许较小，但收账成本可能由于债务人过于分散而加大。

（五）合同资产的分析

合同资产（contract assets）是指企业已向客户转让商品而有权收取对价的权利，且该权利取决于时间流逝之外的其他因素。如企业向客户销售两项可明确区分的商品，企业因已交付其中一项商品而有权收取款项，但收取该款项还取决于企业交付另一项商品的，企业应当将该收款权利作为合同资产。合同资产的分析要结合应收账款的分析思路。

下面以浩物股份（00757）2022—2023年合同资产情况为例进行分析，如表3-5所示。

表3-5　浩物股份（00757）2022—2023年合同资产情况表　　　　单位：元

项目	2023年	2022年
质保金	1,884,829.39	2,395,164.80

浩物股份主要从事整车销售、维修保养服务、车贷代理等综合服务。在此业务场景中，质保金是指质量保修金，即合同双方约定从应付合同价款中预留的资金，用于支付标的物（即车辆）出现质量问题时的修理费用。2023年质保金减少，是按合同确认质保金和坏账转回。

（六）存货的分析

存货（inventory）是指企业或商家在日常经营活动中持有的、以备出售的原料或产品、处在生产过程中的在产品，以及在生产过程或提供劳务过程中将要耗用的材料、物料等，还包括待销售的存仓商品等。

1.存货周转率分析

存货周转率，即销售成本与平均存货值的比率。较高的存货周转率通常表示企业存货管理较好，能够迅速将存货转化为销售货物，降低存货积压和过期风险。

2. 存货合理性分析

存货合理性是根据企业的行业特点和市场需求,判断存货的合理性。例如,对于季节性产品,存货持有量应适应市场需求的变化;对于新产品,存货持有量应适中,以避免过度积压。

3. 存货质量分析

企业应关注存货质量问题,如是否存在陈旧、损坏、过期等情况。企业应定期检查存货质量,及时处理不合格存货,以避免存货价值的损失。

4. 存货成本分析

存货成本分析,即审查存货成本的构成,包括原材料、直接人工和制造费用。通过比较不同成本项目的占比,找出成本过高或过低的问题,并采取相应的措施进行调整。

5. 存货分类分析

存货分类分析是将存货按照不同的属性进行分类,如产品类别、生产阶段、库龄等。通过对不同分类存货的分析,可以了解存货的种类结构和库存状况,进而优化存货管理。

6. 存货价值分析

存货价值分析,即评估存货价值是否准确反映实际情况。可以对存货进行定期盘点,并与财务报表中的存货价值进行比对,发现存货价值与实际情况存在的差异,并进行核实和调整。

7. 存货趋势分析

存货趋势分析是通过将不同时期的存货数据进行对比,分析存货的增长或减少趋势。这有助于评估企业的存货管理能力和市场需求的变化情况。

下面以良品铺子(603719)2021—2023年存货构成情况为例进行分析,如表3-6所示。

表3-6　良品铺子(603719)2021—2023年存货构成情况表　　　单位:亿元

项目	2023年		2022年		2021年	
	金额	占比	金额	占比	金额	占比
原材料						
在产品						
库存商品	5.76	90%	8.23	89.95%	10.14	89.73%
周转材料	0.31	4.84%	0.43	4.70%	0.67	5.93%
发出商品	0.33	5.16%	0.49	5.35%	0.49	4.34%
存货	6.40	100%	9.15	100%	11.30	100%

(资料来源:新浪财经)

良品铺子自2006年成立以来,一直致力于休闲食品的研发、加工、分装、零售服务,是一家专业品牌连锁运营企业。从良品铺子的存货构成情况来看,它不存在原材料、在产品等存货,表现出它作为企业的特点。2021—2023年库存商品占存货的比例一直很高,而且有略微上升趋势。因此,要控制其存货成本,主要目标是加快销售,控制库存商品成本。

(七)长期股权投资的分析

长期股权投资(long-term equity investment)是指通过投资取得被投资单位的股份。企业对其他单位的股权投资,通常视为长期持有,其目的在于通过股权投资实现对被投资单位的控制,或对被投资单位施加重大影响,又或是为了与被投资单位建立密切关系,以分散经营风险。

1.长期股权投资的盈利性分析

(1)注意长期股权投资目的和方向对盈利性的影响。

长期股权投资的目的可能是建立和维持与被投资单位之间稳定的业务关系,理顺上下游供销渠道;实现横向联合,提高市场占有率和行业内的竞争实力;增强企业多元化经营的能力,从而提高企业抗风险的能力或创造新的利润渠道。

(2)注意长期股权投资运用资产的种类对盈利性的影响。

如果选择货币资金对外投资,则投资方向上选择性强,有效满足多元化发展的需求;如果选择非货币资产对外投资,一般是服从资产重组战略,投资方向上可能与企业原有经营活动联系较为紧密。

(3)注意长期股权投资收益确认方法对盈利性的影响。

成本法:主要是对子企业的投资采用此方法。被投资方有分红,投资方就确认收益;无分红或是亏损,投资方不需确认。采用此方法不会导致利润和长期投资出现"泡沫"。

权益法:主要是对合营企业和联营企业的投资采用此方法。年终被投资方一旦有权益变动,投资方相应的权益也要按持股比例跟着变动,并不一定要投资方实现分红。不可避免地出现投资收益和长期股权投资的"泡沫",泡沫成分大小取决于被投资方分派现金股利的程度。

2.长期股权投资的保值性分析

被投资企业为有限责任公司时,由于可回收金额无法确定,长期股权投资的保值性可能出现较大幅度的不确定性。

通过分析长期股权投资减值准备计提的情况,可在一定程度上反映出该项目的保值性。

3.高质量长期股权投资的特征

投资的结构与方向体现或者增强企业的核心竞争力,并与企业的战略发展相符;

投资收益的确认导致适量的现金流入量减少；投资收益与企业所承担的风险相符；外部投资环境有利于企业的整体发展。

下面以良品铺子(603719)2023年长期股权投资情况为例进行分析，如表3-7所示。

表 3-7   良品铺子(603719)2023年长期股权投资情况表　　　单位：元

被投资单位	期初余额	追加投资	减少投资	权益法下确认的投资损益	期末余额
一、合营企业					
二、联营企业					
巢湖市亿弘食品有限公司	2,914,556.07	3,000,000.00		1,710,609.21	7,625,165.28
妈咪呀(上海)食品科技有限公司		7,500,000.00		−244,974.13	7,255,025.87
湖北千佰味食品有限公司		4,750,000.00			4,750,000.00
湖北百栗挑一食品有限公司		4,750,000.00			4,750,000.00
河南刘米雅食品科技有限公司		3,333,300.00		−172,983.09	3,160,316.91
湖北国宝良品有限公司		880,000.00		−88,754.62	791,245.38
合计	2,914,556.07	24,213,300.00			28,331,753.44

良品铺子2023年的长期股权投资涉及6家企业，全部属于食品企业，说明该企业的投资方向非常集中，这也符合该企业长期专注于食品领域的战略发展思路。2023年，良品铺子对这6家企业都有追加投资，但权益法确认的投资收益有3家食品企业出现了亏损。

(八) 固定资产的分析

固定资产(fixed assets)是指企业为生产商品、提供劳务、出租或进行经营管理等而持有的、使用寿命超过一个会计年度的有形资产。

进行固定资产质量分析时，应当注意以下几个方面：

1. 固定资产规模的合理性分析

企业固定资产反映了生产能力的强弱，但是并非固定资产数量越大越好，超量的固定资产占据企业资金，而且不能在短期内变现，造成企业转产困难。另外，固定资产数额与行业有很大关系，比如，制造企业的固定资产数额一般较大，其中，重工业大于轻工业。因此，需要查看企业固定资产的数额是否符合行业平均水平。

判断固定资产规模是否过大，可以通过将其与流动资产规模进行比较来衡量，一般用"固流结构＝固定资产÷流动资产"来考察。固流结构有三种：第一种是适中的固流结构策略（流动资产与固定资产保持1∶1的比例，偿债风险一般，获利能力一般）；第二种是保守的固流结构策略（流动资产占比高，偿债风险低，获利能力低）；第三种是冒险的固流结构策略（固定资产占比高，获利能力高，偿债风险高）。

选择固流结构策略应考虑盈利水平、风险程度、行业特点、经营规模等因素，比如盈利水平高、风险高的企业固定资产多；工业企业的固定资产比商业企业固定资产多；规模大的企业往往固定资产较多。

2. 固定资产的结构分析

企业持有的固定资产并非完全为生产所需，还有相当数量的非生产用固定资产，以及生产中不需要用的固定资产。据此可以评价企业固定资产的利用率及生产用固定资产的比率，如果这两个比率较低，应当降低对固定资产总体质量的评价。

3. 固定资产的折旧政策分析

固定资产的价值与其技术水平直接相关。对于具有同样用途的固定资产，如果在技术方面有差距，则价值差距将非常明显，比如，随着技术的不断发展，电脑的贬值速度很快，企业应当采用加速折旧的方式来使账面净值接近公允价值。财务分析人员应当分析企业哪些固定资产受技术发展的影响较大，判断是否应当采用加速折旧，同时考察企业折旧的计提是否充分等。

4. 固定资产原值的年内变化情况分析

固定资产原值在年内的变化可以在一定程度上反映企业固定资产的质量变化。各类固定资产在某一会计期间的原值变化，不外乎增加、减少（如投资转出、清理、转移类别等）。但是，由于不同企业生产经营状况存在差异，企业对各类固定资产的结构有不同的要求。企业在各个会计期间内固定资产原值的变化，应该向着优化企业内部固定资产结构、改善企业固定资产的质量、提高企业固定资产利用效果的方向努力。因此，从企业年度内固定资产结构的变化与企业生产经营特点之间的吻合程度，就可以对企业固定资产质量的变化情况作出判断。

5. 固定资产的变现性分析

固定资产的数量、结构、完整性和先进性都直接决定企业长期偿债能力，但其中固定资产的保值程度，即固定资产的变现性将直接决定企业长期偿债能力的大小。因此，从对企业偿债能力进行分析的角度来看，可以将固定资产分为具有增值潜力的固定资产和无增值潜力的固定资产两类，确定时需综合考虑特定固定资产的技术状况、市场状况和企业对特定固定资产的使用目的等因素。

（1）具有增值潜力的固定资产。

具有增值潜力的固定资产指那些市场价值的未来走向趋于增值的固定资产。这种增值，或是由特定资产的稀缺性（如西方国家的土地）引起，或是由特定资产的市场特征表现出较强的增值特性(如房屋、建筑物等)引起,还可能是源于会计处理的原因,即部分资产账面虽无净值,但对企业仍有后续利用价值(比如已提足折旧,企业仍可在一定时期内使用的固定资产),进而形成增值。

(2)无增值潜力的固定资产。

无增值潜力的固定资产,是指对特定企业而言,其价值未来走向无增值可能的资产。这种不能增值的状况,既可能是由与特定资产相关联的技术进步较快,原有资产因技术落后而相对贬值(如计算机等)引起;也可能是由特定资产本身价值状况较好,但在特定企业无法得到较充分利用(如不需要利用的固定资产)引起。

通常情况下,资产的专用性在一定程度上也决定了资产的变现性。资产的专用性越高,其变现的风险就越大,变现难度也至少会大大超过通过资产。

6. 固定资产的盈利性分析

固定资产是企业生存发展的基础,反映企业的技术装备水平和竞争实力,因此固定资产的盈利性会在很大程度上决定企业的整体盈利能力。对于制造业企业来说,固定资产的盈利性可以通过以下几个方面体现:一是固定资产技术装备的先进程度要与企业的行业选择和行业定位相适应;二是固定资产的生产能力要与企业存活的市场份额所需要的生产能力相符;三是固定资产的工艺水平要达到能够使产品满足市场需求的程度;四是固定资产的使用效率适当,闲置率不高。

在财务报表中,通过考察产品生产规模与固定资产的关系,可以在一定程度上反映企业固定资产的利用情况。可以将存货余额与销售成本的合计数与固定资产的原价进行比较,一般情况下,比值越高,说明固定资产的利用越充分。但具体还应结合企业各自的经营活动特点进行比较与分析。

此外,通过单独考察销售成本与固定资产的关系,可以在一定程度上反映企业固定资产的生产能力及生产工艺与市场需求之间的吻合程度,这是固定资产盈利性的重要体现。可以将销售成本规模直接与固定资产的原价进行比较,一般情况下,比值越高,说明固定资产对企业利润的贡献越大,固定资产的盈利性越高。当然,这还要结合企业各自的经营活动特点进行分析。

(九)在建工程的分析

在建工程(construction-in-progress),即正在建设尚未竣工投入使用的建设项目。具体而言,在建工程包括企业固定资产的新建、改建、扩建,以及技术改造、设备更新和大修理工程等尚未完工的工程支出。

1. 是否存在推迟在建工程转为固定资产的行为

在建工程最终是要转为固定资产的,在建工程无须计提折旧,但固定资产需要。这样一来,企业如果推迟将在建工程转为固定资产,相应就会推迟计提折旧,从而减少当期费用,虚增当期利润。

2.是否存在已经停工的在建工程继续财务费用资本化的情况

根据会计准则,符合资本化条件的资产在构建或者生产过程中发生非正常中断且中断时间连续超过3个月的,应该暂停借款费用的资本化。如发生质量纠纷或者安全事故等导致停工的,此时借款利息应该计入财务费用。此外,符合资本化条件的资产已经达到预定可使用或可销售状态时,借款费用也应当停止资本化。也就是说,在建工程继续将财务费用资本化,将这些财务费用直接计入在建工程,而没有恢复其费用的本质,从而减少当期费用,虚增当期利润。

3.是否存在通过在建工程套取资金的情况

通过在建工程将资金流出企业,再通过第三方将这笔钱以购买企业产品的方式流回企业,美化当期利润。当然,最终企业还得将在建工程转为固定资产,通过折旧,慢慢地转入产品成本中去消化掉这部分虚假利润。

4.是否存在混入产品成本及费用的情况

有些上市公司将在建工程项目当作一个"大杂烩",将费用化支出随意地进行资本化,甚至将一些毫无关联的成本费用也纳入"在建工程"科目中。

(十)无形资产的分析

无形资产(intangible asset)是指企业拥有或者控制的、没有实物形态的可辨认非货币性资产。

1.无形资产的会计披露特点分析

在资产负债表中,无形资产基本上是以外购方式取得(如土地使用权),反映的无形资产价值基本上是以取得成本为基础,在计提完减值准备后,账面价值是最低可以收回金额,而非实际价值(如土地使用权的增值空间很大,实际价值应大于购买价值)。

2.无形资产的盈利性分析

作为一项重要的盈利性资产,无形资产常常成为企业重要的发展潜力点和扩张发展的关键。对企业的贡献率超过有形资产,企业拥有及控制的无形资产越多,其发展能力及竞争力越强。

3.无形资产的保值性分析

由于无形资产是价值量和技术量很高的特殊资源,具有独一无二的排他性。在银行业务中,涉及无形资产的抵押贷款时,土地使用权抵押贷款是常用方式(企业申请流动资金借款时,抵押方案基本采用土地使用权抵押)。

(十一)商誉的分析

商誉(goodwill)是一种客观存在,它能让企业中的人、财、物等要素在经济活动中相互协同、相互作用,形成一种"最佳状态"。

商誉是一家企业在并购另一家企业的过程中,所涉及的收购对价大于或小于被并购对象的可辨认的对应净资产,即俗称溢价或折价的那部分差价。但商誉并非在并购后就有,而是在并购后形成的母子企业在合并报表的过程中产生的。所以,严格来说,商誉并非一个会计科目,而只是一个报表项目。

1. 分析商誉的规模

商誉占总资产比率及商誉占净资产比率,属于负向指标,其值越大,意味着企业面临的风险就越大,因此,通常情况下,商誉占总资产比率在5%以内,减值风险不大,如果超过10%,那就要注意风险偏大;而以商誉占净资产比率考量,如果该比率在10%以内,因商誉减值产生的风险相对较小,如果超过20%,对应为高风险水平。在分析时,如果商誉占总资产比率或商誉占净资产比率都很高,那就要注意风险。

2. 分析商誉的盈利性

从被收购企业盈利来分析商誉,通常是通过减值测试来判断它的变现价值。举个容易理解的例子,就好比你买了一套房,花了500万元,而现在同户型的房子市场价格只有400万元了,那么你的房子变现也只有400万的价值,需要做资产减值损失100万元,记入当年利润表作为利润的抵扣项。但对于企业,商誉减值判断就没那么简单,其依据主要有两方面:一是收购当时,被收购企业的业绩承诺有无如期或超额兑现;二是专业评估机构对被收购企业的评估值。由于多数人并非专业估值机构人员,只要留意到被收购企业未能完成业绩承诺,基本就可以判断可能存在商誉减值。这是因为此时资产的变现价值已降低,若管理层不对商誉进行减值处理,就可能存在对不良资产处置不当的嫌疑。要注意的是,商誉的形成,与被收购的主体紧密相连,表现差的被收购企业要处理的商誉不会影响表现好的被收购企业形成的商誉,所以,上市公司收购时,除了关注商誉的占比情况,还需要查看每次收购形成的商誉,以及对应的被收购企业的业绩表现。

二、负债的质量分析

(一)短期借款的分析

短期借款(short term loan)是指企业向银行或其他金融机构借入的偿还期限在一年以内的各种借款。短期借款主要有经营周转借款、临时借款、结算借款、票据贴现借款等。

1. 分析短期借款的数量

短期借款的金额越多,则负债金额就越大,存在的风险也就越高。短期借款的偿还时间短,还要支付利息,可能还附有抵押物、质押物,万一不能到期偿还,将会对企业的生产经营产生不利影响。一般可以通过短期借款占流动负债的比例来判断短期借款的数量。

2. 分析短期借款的抵押物

借款分为信用借款、保证金借款以及抵押借款。其中，抵押借款的质量是最"差"的，信用借款的质量则是最"好"的。当银行无需企业提供抵押物就愿意放款时，这表明该企业的经营状况较为稳定，具备良好的信用记录和还款能力；反之，如果企业需要提供抵押物才愿意放款，则可能意味着该企业的信用状况不佳或经营存在不稳定因素。

3. 分析借款的用途

如果企业通过短期借款来维持日常经营或进行短期生产活动，那么在短时间内这种做法是可行的，如果该企业完全依赖短期借款来维持生产，长时间下去该企业的经营状况难以保持稳定和正常。

下面以绿地控股（600606）2022—2023年短期借款构成情况为例进行分析，如表3-8所示。

表3-8　绿地控股（600606）2022—2023年短期借款构成情况表　　单位:元

项目	2023年		2022年	
	金额	占比	金额	占比
质押借款	4,471,824,092.95	14.38%	6,499,610,505.08	21.69%
抵押借款	5,320,316,288.66	17.10%	6,920,475,180.42	23.10%
保证借款	16,238,281,849.99	52.20%	12,076,755,224.65	40.31%
信用借款	5,074,892,324.95	16.32%	4,465,866,573.94	14.90%
合计	31,105,314,556.55	100%	29,962,707,484.09	100%

注:本期末已逾期未偿还的短期借款总额为435,277,000.00元

绿地控股2022—2023年的短期借款在增加，信用借款所占比例不高，说明短期借款的风险是较高的。在短期借款中保证借款占比较高，多半是关联方企业提供的担保借款。而质押借款、抵押借款一旦到期无法偿还，则可能导致企业失去抵押的房屋等不动产，风险和成本都比较高。本期末已逾期未偿还的短期借款总额为435,277,000.00元，加大了企业的偿债风险。

（二）应付票据的分析

应付票据（notes payable）是指企业购买材料、商品和接受劳务供应等而开出、承兑的商业汇票，包括商业承兑汇票和银行承兑汇票。

1. 分析应付票据的增减变化

应付票据的本质是企业无偿占用上游供应商资金的一种方式，是企业竞争力的表现。若应付票据占营业收入的比率逐年增加，需要分析原因。在应付款项一定的情况下，应付票据多，那么应付账款就少；应付票据少，那么应付账款就多。如果上下游的

企业只接受应付票据而不接受应付账款,这很可能意味着上下游的企业对该企业失去信心,只接受相当于准现金的应付票据,这无疑说明该企业的竞争力减弱了。

2. 分析应付票据的其他信息

财务分析人员应该关注应付票据是否带息;企业是否发生过延期支付到期票据的情况;企业开具的商业汇票是银行承兑汇票还是商业承兑汇票,若以商业承兑汇票居多,应当进一步分析企业是否存在信用状况下降和资金缺乏的问题;如果是关联方发生的应付票据,应当了解关联方交易的事项、价格、目的等因素,是否存在使用票据方式进行融资的行为。

(三)应付账款的分析

应付账款(accounts payable),应付账款是指企业因购买材料、物资和接受劳务供应等而应付给供货单位的账款。

1. 应付账款规模分析

应付账款规模是衡量企业与供应商关系紧密程度的重要指标。通过对企业应付账款的动态变化进行分析,可以了解企业与供应商之间的商业关系是否稳定。同时,应付账款规模的增长趋势也可以反映企业的销售增长和扩张战略的执行情况。

2. 应付账款周转率分析

应付账款周转率是评估企业应付账款管理效率的关键指标。应付账款周转率越高,说明企业能够更快地与供应商结清账款,体现了企业的资金周转能力和供应链管理能力。较低的应付账款周转率可能意味着企业面临资金压力或供应商关系紧张。

3. 应付账款结构分析

应付账款结构分析有助于了解企业与供应商间的付款条件及延期付款协议的具体情况。通过分析应付账款的分期安排、利率水平和付款方式,能够评估企业与供应商关系是否稳定,有无潜在风险。同时,该分析还可揭示企业的现金流管理策略与供应链融资状况。

4. 应付账款与营业收入比例分析

应付账款与营业收入比例可以反映企业的供应商付款能力和经营稳定性。较高的应付账款与营业收入比例可能意味着企业面临较大的供应商压力或供应链风险。相反,较低的比例可能表明企业的供应商关系较为稳定,但也可能意味着企业的资金运营能力较弱。

5. 应付账款与应收账款比例分析

应付账款与应收账款比例是评估企业与供应商和客户之间关系的重要指标。较高的比例可能意味着企业与供应商的关系紧张或存在供应链风险,同时也可能表明企业与客户的往来款项较为紧张。相反,较低的比例可能反映企业与供应商、客户之间保持着良好的合作关系,且企业具备较强的资金运营能力。

下面以绿地控股(600606)2022—2023年应付账款情况为例进行分析,如表3-9所示。绿地控股(600606)2022—2023年账龄超过1年或逾期的重要应付账款情况表如表3-10所示。

表3-9　绿地控股(600606)2022—2023年应付账款情况表　　　　单位:元

项目	2023年		2022年	
	金额	占比	金额	占比
1年以内(含1年)	227,392,627,713.92	59.83%	252,710,353,952.97	61.62%
1年以上	152,668,278,972.05	40.17%	157,413,741,904.98	38.38%
合计	380,060,906,685.97	100%	410,124,095,857.95	100%

表3-10　绿地控股(600606)2022—2023年账龄超过1年或逾期的重要应付账款情况表

项目	期末余额	未偿还或结转的原因
中建三局集团有限公司	1,259,138,808.44	未结算
上海域邦建设集团有限公司	954,870,556.41	未结算
浙江国泰建设集团有限公司	864,592,311.69	未结算
中建八局第二建设有限公司	863,365,439.03	未结算
北京建工集团有限责任公司	858,000,464.69	未结算
上海叠加建设发展集团有限公司	800,934,186.63	未结算
合计	5,600,901,766.89	

绿地控股2022—2023年的应付账款在减少,但这两年都出现了较高比例的一年以上未支付的应付账款,这两年账龄超过一年或逾期的重要应付账款的债权单位全为建设企业,应为业务往来单位,而且对于未偿还或结转的原因全部列为未结算,未做更具体、清楚的解释,说明企业的应付账款拖欠付款问题确实比较突出。

(四)预收账款的分析

预收账款(receipt in advance)指买卖双方协议商定,由购货方预先支付一部分货款给供应方而发生的一项负债。

1.分析预收账款占营业收入的比例

一般来说,如果预收账款占营业收入的比例逐渐增加,代表企业产品越做越好,盈利能力不断增强;如果预收账款占营业收入的比例逐渐下降,可能是企业盈利能力下滑的重要信号。

2. 分析预收账款的变动

预收账款的变动要与毛利率、存货周转率、营业收入等指标的变化结合比较。预收账款增加预示着企业产品销量越来越好,产品盈利能力越强,企业的毛利率、存货周转率、营业收入也会上涨,呈正相关关系。如果预收账款增加但毛利率、存货周转率或营业收入并没有增加,很有可能是虚增预收账款,要注意企业是否存在关联交易。

3. 分析预收账款的真实性

一是注意有没有以预收账款调整利润。企业会通过推迟或提前将预收账款确认为收入,调整营业收入以粉饰利润,比如,企业今年业绩很好,但是担心明年业绩会下滑,那么就通过推迟确认预收账款,待明年再确认为收入;反之亦然。

二是要注意预收账款长期挂账的问题。预收账款一般账龄都在一年以内,如果预收账款账龄中有很高比例是一年以上的,造假概率比较大。

下面以荣安地产(000517)2022—2023年预收账款情况为例进行分析,如表3-11所示。

表3-11　荣安地产(000517)2022—2023年预收账款情况表　　单位:元

项目	2023年	2022年
1年以内(含1年)预收账款	17,989,134.25	2,015,789.39
1年以上预收账款	0	0
营业收入	22,333,390,972.27	14,157,163,968.30
预收账款占营业收入的比例	0.08%	0.14%

注:预收账款全为预收租金。

荣安地产2022—2023年预收账款金额在下降,占营业收入的比例也在下降,说明企业预先收取的款项在减少,能无偿占用的资金在减少。

(五)合同负债的分析

合同负债是指企业为了履行未来可能发生的义务而提前收取的款项。这些义务可能包括提供商品或服务、租赁资产或发放贷款等。合同负债具有以下特点:一是时间性,合同负债通常是在合同规定的未来时间内支付的;二是确定性,合同负债的金额是确定的,因为它是在合同签订时预先收取的;三是强制性,合同负债的支付是强制性的,即必须按照合同约定支付。合同负债的相关问题主要包括合同的履行、合同的变更和违约等。合同的履行将直接影响企业的生产和销售,而合同的变更和违约则可能对企业的经营产生不利影响。此外,合同负债的规模和结构也会对企业经营产生影响。适度的合同负债规模可以促进企业经营发展,而过高的合同负债规模则可能对企业经营产生负面影响。

下面以春立医疗(688236)2022—2023年合同负债情况为例进行分析,如表3-12所示。

表3-12　春立医疗(688236)2022—2023年合同负债情况表　　　单位:元

项目	2023年	2022年
预收货款	137,003,716.86	69,957,337.31
销售返利	12,559,558.53	15,724,255.33
合计	149,563,275.39	85,681,592.64

春立医疗2022—2023年合同负债在上升,包括预收货款和销售返利两部分,主要是预收货款在增加,说明企业能通过预先收取的货款无偿占用更多的资金,企业的盈利能力可能有所上升。

(六)应付职工薪酬的分析

应付职工薪酬(employee benefits payable)是指企业为获得职工提供的服务而给予各种形式的报酬以及其他相关支出。职工薪酬包括:职工工资、奖金、津贴和补贴;职工福利费;医疗保险费、养老保险费、失业保险费、工伤保险费和生育保险费等社会保险费;住房公积金;工会经费和职工教育经费;非货币性福利;因解除与职工的劳动关系给予的补偿;其他与获得职工提供的服务相关的支出。在应付职工薪酬的分析中,注意应付非货币性福利、股份支付产生的应付职工薪酬这些隐性福利是否全部计入了应付职工薪酬,并核查相应的会计处理是否恰当。

(七)应交税费的分析

应交税费(taxes payable)是企业在生产经营过程中产生的应向国家缴纳的各种税费,包括增值税、消费税、营业税等。由于税收种类繁多,分析人员在开展分析时,需留意其具体内容,分析形成原因,同时关注该项目是否得到及时处理,以及是否存在已构成纳税行为但企业未入账的税费情况。例如,部分企业已完成销售行为,却拖延开具增值税发票,导致当期销项税额减少,这类问题需要分析人员重点关注。

(八)预计负债的分析

预计负债(estimated liabilities)是因或有事项可能产生的负债。根据或有事项准则的规定,与或有事项相关的义务同时符合以下三个条件的,企业应将其确认为预计负债:一是该义务是企业承担的现时义务;二是履行该义务很可能导致经济利益流出企业,这里的"很可能"指发生的可能性"大于50%,但小于或等于95%";三是该义务的金额能够可靠计量。

由于企业一般不愿意披露预计负债,分析人员在进行财务分析时应仔细排查是否存在未披露的预计负债,并关注企业对预计负债的计量是否准确,以及最佳估计数的估算是否合理等。

（九）长期借款的分析

长期借款（long-term loan）是指企业从银行或其他金融机构借入的期限在一年以上（不含一年）的各项借款。分析人员应该观察企业长期借款的用途，长期借款的增加与企业长期资产的增加是否相匹配，是否存在将长期借款用于流动资产支出，企业的长期借款的数额是否有较大的波动，波动的原因是什么，还应观察企业的盈利能力。与短期借款不同，长期借款的本金和利息的支付来自企业盈利，故盈利能力应与长期借款规模相匹配。

（十）应付债券的分析

应付债券（bonds payable）是指企业为筹集资金而对外发行的期限在一年以上的长期借款性质的书面凭证，约定在一定期限内还本付息的一种书面承诺。应付债券属于长期负债。其特点是期限长、数额大、到期无条件支付本息。

对于企业发行的债券，分析人员应关注债券的相关条款，明确其付息方式，是到期一次还本付息、分期付息到期还本，还是分期还本付息。需核查溢折价的摊销以及实际利息费用的确认是否准确。另外，还应关注债券是否存在可赎回条款，企业是否具有可用于赎回的资金准备。此外，还应关注债券是否具有可转换条款。

（十一）长期应付款的分析

长期应付款（long-term payable）是在较长时间内应付的款项，而会计业务中的长期应付款是指除了长期借款和应付债券以外的其他多种长期应付款。主要有应付补偿贸易引进设备款和应付融资租入固定资产租赁费等。

无论何种形式的长期应付款，由于企业都是先使用资产再形成负债，且形成的是长期负债，这在一定程度上减轻了企业的还款压力，可视为一种合理的理财行为。分析人员主要注意企业对于融资租入固定资产的会计处理是否恰当。

三、所有者权益质量分析

（一）实收资本的分析

实收资本（paid-in capital）是指投资者按照企业章程或合同、协议的约定，实际投入企业的资本。一个拥有较高实收资本的企业，通常意味着具备更强的资金实力和偿债能力。这样的企业在面对市场波动和风险挑战时，能够更加从容地应对，保持稳健的运营态势。因此，实收资本成为衡量企业实力和稳健性的重要标志。

1. 分析实收资本的会计处理

实收资本的会计处理对于企业来说至关重要。它不仅关系到企业财务报表的准确性和完整性，还直接影响企业的信誉和投资者信心。因此，企业必须遵循相关会计准则，对实收资本进行精确的会计处理。

在非股份制企业中,实收资本的会计处理相对简单。企业收到投资款项后,会按照投资金额增加实收资本的账面价值。而对于股份有限公司而言,实收资本的会计处理则更为复杂。企业需要根据股票的发行情况、股东的出资比例等因素,合理确定实收资本的金额,并反映在财务报表中。

2. 分析实收资本的增减

实收资本并非一成不变,它会随着企业的发展和市场环境的变化而增减。实收资本的增加通常意味着企业正在不断扩大规模、增强实力,而减少则可能意味着企业正在面临一些挑战或进行战略调整。

当企业决定增加实收资本时,这通常是为了满足业务拓展、技术创新或市场开拓等需求。通过增加实收资本,企业能够获得更多的资金支持,为未来的发展奠定坚实的基础。同时,实收资本的增加还能够提升企业的信誉和投资者信心,进一步吸引更多投资。

然而,实收资本的减少并非都是坏事。有时,企业为了优化资本结构、降低财务风险或进行业务转型,可能会主动减少实收资本。这种调整有助于企业更加灵活地应对市场变化,实现可持续发展。

3. 分析实收资本与企业战略的联系

实收资本不仅关系到企业的财务状况,还与企业战略紧密相连。在制定企业战略时,企业需要充分考虑实收资本的因素,确保战略的可行性和有效性。

其一,实收资本的大小直接影响企业的投资能力和扩张速度。拥有雄厚实收资本的企业在实施市场拓展、产品研发等方面更具优势。因此,在制定企业战略时,企业需要根据自身的实收资本情况来合理规划资金投入和资源配置。

其二,实收资本还关系到企业的风险承受能力。不同的实收资本水平意味着企业在面对市场波动和风险挑战时应对能力的不同。因此,在制定风险管理和应对策略时,企业需要充分考虑实收资本的因素,确保企业的稳健运营。

（二）资本公积的分析

资本公积(capital reserve)是指企业在经营过程中由于接受捐赠、股本溢价以及法定财产重估增值等原因所形成的公积金。资本公积是与企业收益无关而与资本相关的贷项。资本公积是指投资者或者他人投入企业、所有权归属于投资者,并且投入金额超过法定资本部分的资本。

1. 分析资本公积账户的金额

需要关注资本公积账户的金额,企业可以通过增资扩股、资产重组等途径进行注资,也可以通过资本公积转增股本等途径来使用这一账户。若资本公积在财务报表中占据较高比例,说明企业有较多的保留盈余,并有可能更加注重长期发展。

2. 资本公积账户的来源

考察资本公积账户的资金来源,能够发现部分企业是否存在"虚增注册资本以实际掌控控制权"的现象。同时,还需关注企业对资本公积账户的使用是否符合法规政策,以及是否存在违规操作。

3. 资本公积的合理性

需要审查资本公积的合理性,如果企业通过人为手段"注水"资本公积账户,则可能存在虚假财务的行为。同时,资本公积的使用是否符合企业的战略规划和长远发展,以及是否能够为股东带来实际的利益。

4. 关注资本公积转增股本的情况

在转增股本的情况下,需要关注其是否符合法规政策,是否满足转增条件,转增比例是否适当。同时,资本公积转增股本的行为是否会导致股权结构的改变,以及对股东权益的影响等。

(三)留存收益的分析

留存收益(retained earning)作为企业财务管理中的重要概念,是指企业在特定会计期间内未分配给股东的利润部分。留存收益既可以用于企业未来的扩张、投资和发展,也可以作为企业财务稳定和股东权益保护的重要手段。它来源于企业的生产经营活动所实现的净利润,包括企业的盈余公积金和未分配利润两个部分,其中盈余公积金是有特定用途的累积盈余,未分配利润是没有指定用途的累积盈余。对于留存收益的分析,应结合企业历年的利润及其分配情况。

第三节 资产结构分析

一、资产结构的含义

资产结构是指企业资本总额在不同资产形态上的分布状况与分配比例。无论企业所属行业、规模大小、管理机制及经营水平如何,客观上都存在各自的资产结构。这种结构从特定时点来看,属于静态结构;从特定时期来看,则属于动态结构。

二、影响企业资产结构的因素

(一)内部因素

1. 经营管理水平

经营管理水平主要指管理者本身的素质及其对风险的态度。管理能力在不同企业间的分布存在差异,其高低直接制约企业的资源配置效率。管理水平高的企业抵抗风险的能力强,一般会采用高风险、高收益的扩张型资产结构。在一定的销售量上,包括现金在内的收益能力较低的流动资产的比例会较小,企业流动资产维持在较低的水平,以提高资金周转率,降低机会成本。固定资产或长期资产所占用的资金会不断上升,使企业达到规模经济或范围经济。相反,经营管理水平低的企业承受风险能力差,一般采用低风险、低收益的保守型资产结构。在一定销售量上,企业拥有大量货币资金、存货等流动资产,以保证及时偿还到期的债务。固定资产或长期资产在企业总资产中的比例不断下降,企业生产规模萎缩。

企业经营者的风险态度对企业资产结构的选择同样至关重要。对企业来说,负债经营已经是一种惯常现象,几乎不存在完全没有负债的企业。作为理性的经营者,按时履行债务契约是其需要重点考量的内容。在负债规模相同的情况下,为保证债务契约的履行,风险规避型的管理者倾向于保留更多的流动资产用于满足债务需求,使资产结构保持流动性。而风险偏好型的管理者则可能保留较少的流动资金来满足偿债要求,使资产结构保持盈利性。如果管理者是风险中庸型,即呈现中庸型资产结构模式。

2. 资本结构

资本结构有广义和狭义之分。广义的资本结构,指企业全部资本的构成,既包括长期资本,也包括短期资本(主要指短期债务资本)。狭义资本结构主要指企业长期资本的构成,而不包括短期资本。本书所谈到的资本结构是广义上的资本结构。

资本结构可以在一定程度上反映企业整体融资环境的状况。融资环境对企业资产结构的安排有重要影响,是企业资源配置的重要约束变量。股权融资无论是来自资本市场投资者还是来自银行等金融机构,这些资金在企业存续期间内一般无需偿还,从而股权融资对企业资产结构的安排不会产生实质性影响,债权融资则会对企业形成固定约束,这种约束又因融资对象的不同而具有不同的伸缩性。

如果企业从资本市场上的众多投资者中获取资金,则对企业的资产结构形成一种强约束。这是因为融资涉及众多人的利益,国家一般会对这种融资方式进行适当干预以保障广大投资者的利益。在资本市场监管部门监督下,债权契约一般不允许修改。如果企业债权融资以资本市场为主导,则其资本结构往往会呈现一定程度的保守性,流动性强但盈利性不足。

对于采用以银行借款为主的债务融资,其对企业资产结构的约束力较弱。因为无论企业向多少家银行等金融机构融资,债权人的数量也会远远少于资本市场上的投资者的数量,从而在企业到期无法偿还债务的情况下,与人数较少的债权人谈判和协商的成本较低,企业遭受危机的可能性较小。所以,如果企业采用以银行借款为主的债务融资模式,企业资产结构在某种程度上可能会更具冒险精神,流动性相对较低,但盈利性可能较高。

企业的资产结构不仅会受到企业已存在资本结构的影响,而且会受到预计要实现的资本结构的影响。在企业资本一定的情况下,如果短期举债增多,企业会面临在短时间内偿还本金及利息的压力,财务风险较大。此时,企业会留存大量的偿债能力较强的流动资产,以保证短期债务的偿还。因此,企业的流动资产所占比例增大,资产多表现为现金、商品存货、应收票据、应收账款等形式。反之,如果企业增加长期举债或权益资本融资,由于资金的使用期限长,财务风险小,企业会将资金用于占用资金多、收益时间长的投资项目。此时,企业的固定资产或长期资产所占比例增大。

3. 盈利状况

当企业盈利能力强、销售顺畅时,商品存货资产能迅速转变为货币资金,货币资产的比重会相对提高,存货资产的比重相对下降。企业流动资金周转速度快,流动资产的数量会相对减少,其在总资产中的比重也会随之下降。与此同时,企业的销售规模会不断扩大,并带动生产规模扩大,进而使固定资产规模持续扩大,在总资产中的比重相对上升。

相反,如果企业经营不景气,销路不畅,大量商品卖不出去造成存货大量积压,存货资产的比重会相对提高,货币资产的比重相对下降。企业资金周转速度会变慢,流动资产的数量会相对增加,比重会相对上升。同时企业销售规模会不断缩小,并使生产规模也相应萎缩,从而使企业固定资产规模不断缩小,比重相对下降。

4. 企业规模

企业规模的大小会影响企业的资产结构,一般通过总资产的自然对数值来衡量。国外学者如 Simunic(1980)、Talor 和 Baker(1981)、Brinn(1994)、Firth(1997)等均采用此方法来衡量企业规模。此外,也有学者如 Haskins 和 Williams(1988)、Chan 等(1993)用上市公司审计年度的销售额来衡量企业规模。一般情况下,规模较大、自有资本实力雄厚、与银行保持着良好的长期信贷关系并且销售渠道和资金周转比较顺畅的企业,流动资产的比重小一些,企业通过固定资产投资,获取企业收益的增长。反之,规模小、债务负担重、对外筹资能力不足和经营困难的企业,为防范和减少企业风险(特别是财务风险),会增加流动资产比重,尤其是变现能力强的流动资产。

我国企业资产规模越大,就越有可能利用资产的规模效应来扩大生产能力,从而使企业的长期资产投资增多。相比之下,如果企业能够相应地提高流动资产周转率,则流动资产的投资不需要按比例增加,从而使流动资产与长期资产的比率降低。

5. 企业战略规划

企业战略规划发展的不同阶段需要相应的资产结构对其战略目标的实现提供支撑。而企业的资产结构有一个历史惯性问题,某一时点的投资决策决定后续资源使用的自由程度。尽管企业可以利用资产重组盘活闲置资产,但资产本身往往伴随大量的成本和不应有的损失。所以企业应根据企业所处的不同战略发展阶段,选择不同的资产结构,以便为企业战略目标的实现提供良好的支撑。

如果企业处于快速扩张期,市场份额不断扩大,产品销量不断上升。为了满足产品销售的需求,企业需要大量投资机械设备等固定资产以提高产量。此时固定资产占资产的比率会变大,而流动比率相应会变小。如果企业处于平稳发展期,此时企业的资产结构将会表现出较为稳定的态势。

(二)外部因素

1.行业特征

行业特征是影响企业资产结构的关键外部因素,是企业所在产业对企业经济行为或资源配置的综合要求。企业所在行业不同,资产有机构成往往存在重大差异,可以从行业性质与季节性两个方面对企业资产结构进行分析。

不同企业因所处的行业不同,资源分配会有不同侧重点。处于制造行业的企业,主要通过降低产品成本获取利润,企业一般通过扩大生产规模,获得规模经济和范围经济,以成本优势来获取盈利。由于在企业中,固定资产占据着重要位置,所以生产规模的扩大使企业固定资产的规模也相应扩大。处于流通行业的企业,主要通过商品的进销差价获取利润,所以在企业中,货币资产、商品存货等流动资产会占据重要位置,企业固定资产比例一般较小。处于服务行业或高科技行业的企业,主要通过产品差异获取利润,所以企业一般通过投资无形资产或其他科技含量高、其他企业无法模仿的资产来获取超额利润。在这些企业中,无形资产和其他科技含量高的资产在企业中的比重较大,固定资产在企业中的比重相对较小。

如果企业处于季节性较强的行业,企业的资产结构一般会根据市场需求和市价的变化做相应调整。为了保障生产经营的顺利进行,在企业资产结构中,临时波动性较高的资产比重相对较大,永久固定的资产比重相对较小。而行业需求季节性变化不明显的行业,企业资产结构和规模相对比较稳定,临时波动资产比重较小,永久固定资产比重较大。此外,处于季节性行业的企业,其资产结构还会因季节的变化而变动。一般在销售淡季,企业货币资产比重较小,而存货资产比重较大。在销售旺季,企业货币资产比重较大,而存货资产比重较小。

2.投资收益率

企业资产中包括短期投资和长期投资,企业到底更多地选择哪种投资,主要取决于市场上的投资收益率。如果市场上投资收益率的曲线是随投资时间的延长而呈上升趋势,企业就会较多地选择长期投资,这时长期资产的比重将会上升;如果市场上投资收益率的曲线是随投资时间的延长而呈下降趋势,企业就会较多地进行短期投资,这时短期资产的比重将会上升。

3.经济的波动

长期来看,经济发展态势都会有波动,而处于经济大环境下的企业,其资产结构必然会受到影响。经济的周期性波动对财务管理有非常重要的影响。在经济萧条阶段，由于宏观经济整体不景气，企业很可能处于紧缩状态中，产量和销售量下降，投资锐减；在经济繁荣阶段，市场需求旺盛，产品销售量大幅度上升，企业为扩大生产而加大设备投资。

当经济衰退时，企业产品销售量下降，进而生产和采购减少，整个循环中的资产减少了，企业有过剩的货币资产。如果企业预知不景气的时间很长，还会推迟固定资产的重置，折旧积存的现金会增加，所以，在经济收缩期，企业的货币资产大幅增加，在总资产中的比重显著上升，而固定资产的比重则相对降低。

当经济繁荣时，受繁荣时期乐观情绪的鼓舞，企业生产规模不断扩大，企业不断对存货资产和固定资产进行投资，现金需求量大大增加。从而存货资产和固定资产规模迅速扩大，在企业资产中的比重增加，而货币资产的比重则下降。

三、资产结构的类型

（一）资产的占用形态结构

资产的占用形态结构，即企业全部资产中有形资产与无形资产两者的比例关系，以及有形资产中实物资产和金融资产各自所占的比重。资产的占用形态结构不仅揭示了不同资产的实物存在性质，还反映了企业的生产经营能力、收益能力和风险大小。

一般来说，企业总资产中有形资产所占比重越大，表明企业生产经营能力、收益能力、偿债能力（或借款物资保证程度）越强，反之则越弱。有形资产中保有一定的金融资产是保持企业良好的资产弹性和流动性的基础，尽管实物资产的市场实现相对较为困难，但它直接决定了企业生产经营能力，有着较高的收益能力。无形资产要发挥作用必须以有形资产为基础，支出的无形资产（如开办费等）的价值必须依靠有形资产的周转收益才能得到补偿。收益性无形资产（像专利权、专有技术等）与有形资产的有机结合往往会使企业获得高于同业平均水平的资产报酬率，但在增加无形资产收益力的同时可能会约束资产的流动性和弹性，并伴随着较高的资产经营风险。

（二）资产的风险程度结构

企业在进行资产结构决策时，往往关注资产的流动性问题，特别是流动资产占总资产的比重。根据比重的大小，可以将企业的资产结构按不同风险程度分为以下三种类型。

1. 保守型资产结构

保守型资产结构的流动资产占总资产的比重偏大。在这种资产结构下，企业资产流动性较好，从而降低了企业的风险，但因为收益水平较高的非流动资产比重较小，企业的盈利水平同时也降低。因此，企业的风险和收益水平都较低。

下面以滨江集团(002244)2019—2023年流动资产情况为例进行分析,如表3-13所示。

表3-13　滨江集团(002244)2019—2023年流动资产情况表　　　单位:亿元

项目	2019年	2020年	2021年	2022年	2023年
流动资产	1197	1569	1900	2503	2582
资产总额	1296	1720	2117	2762	2900
流动资产占资产比例	92.36%	91.22%	89.75%	90.62%	89.03%

(资料来源:新浪财经)

滨江集团的流动资产占资产比例在2019—2023年中长期保持在90%左右,比例较高,可被认为是保守型的资产结构,风险较低,收益水平也较低。

2. 风险型资产结构

风险型资产结构的流动资产占总资产的比重偏小。在这种资产结构下,企业资产流动性和变现能力较弱,从而提高了企业的风险,但因为收益水平较高的非流动资产比重较大,企业的盈利水平同时也提高。因此,企业的风险和收益水平都较高。

下面以中国东航(600115)2019—2023年流动资产情况为例进行分析,如表3-14所示。

表3-14　中国东航(600115)2019—2023年流动资产情况表　　　单位:亿元

项目	2019年	2020年	2021年	2022年	2023年
流动资产	197	225	279	280	258
资产总额	2829	2824	2865	2862	2826
流动资产占资产比例	6.96%	7.97%	9.74%	9.78%	9.13%

(资料来源:新浪财经)

中国东航的流动资产占资产比例在2019—2023年中长期保持在10%以下,比例较低,可被认为是风险型的资产结构,风险较高,收益水平也较高。

3. 中庸型资产结构

中庸型资产结构是介于保守型和风险型之间的资产结构。

下面以神奇制药(600613)2019—2023年流动资产情况为例进行分析,如表3-15所示。

表3-15　神奇制药(600613)2019—2023年流动资产情况表　　　单位:亿元

项目	2019年	2020年	2021年	2022年	2023年
流动资产	18.79	14.313	14.459	17.699	17.723
资产总额	35.561	30.98	31.49	33.861	32.793
流动资产占资产比例	52.84%	46.20%	45.91%	52.27%	54.04%

(资料来源:新浪财经)

神奇制药的流动资产占资产比例在2019—2023年中长期保持在50%左右,可被认为是比较中庸的资产结构,风险一般,收益水平一般。

四、资产结构弹性的分析

（一）资产结构弹性的含义

资产结构弹性,即资产内部结构调整或改变的可能性,进行资产结构弹性分析是为了确定具有弹性的金融资产的比例是增加还是减少,以此确定企业资产规模是扩张还是收缩以及企业经营的稳定性状况。

由于资产总量和结构调整是建立在资产中具有可调节或可收缩资产的基础上,当这类资产的比例增加时,资产结构弹性增加;反之,资产结构弹性下降。资产结构弹性反映企业现金及现金等价物这种具有弹性的金融资产占全部资产的比例关系,在资产负债表中,属于金融资产项目的有货币资金、交易性金融资产、应收票据等。

（二）资产结构弹性的公式

资产结构弹性的公式为:

$$资产结构弹性 = \frac{货币资金 + 交易性金融资产 + 应收票据}{总资产}$$

要调整企业资产规模或优化内部结构,就必须在企业资产中保有一定量的金融资产,因为只有金融资产可以随时用于清欠、退还融资,也只有金融资产可以随时用于购买其他各种实物资产,从而改变各类实物资产的比例。

资产结构弹性的变动范围在0至1之间。如果弹性为0,则企业的资产规模和结构难以随时调整,缺乏总量弹性。在既定的资产规模下,资产的内部结构不易被调整,即缺乏结构弹性。同时,企业难以满足临时支付的需要,以致带来不能及时清偿债务的风险。如果弹性为1,企业资产不能投入生产经营,从而丧失周转利益,给企业带来过高的机会成本,而且企业经营中的不稳定性增强,资产获利性受影响。

（三）举例说明

假设某企业资产结构弹性分析如表3-16所示。

表3-16　某企业资产结构弹性分析表

项目	2022年		2023年		差异	
	金额	占比	金额	占比	金额	占比
有弹性的资产	8000	25%	10,000	27.78%	2000	2.78%
其他资产	24000	75%	26,000	72.22%	2000	−2.78%
总资产	32000	100%	36,000	100%	4000	0

从表3-16可以看出,该企业资产结构弹性在0~1之间,基本合理;2022—2023年,该企业的资产结构弹性增加,企业资产流动性增强,资产规模和结构被改变的可能性增强;但经营中的不稳定性也增强,资产的潜在获利性可能受到影响。

第四节　资本结构分析

一、资本结构的含义

(一)资本的含义

在经济学意义上,资本是指用于生产的基本生产要素,即资金、厂房、设备、材料等物质资源。在金融学和会计学领域,资本通常用来代表金融财富,特别是用于经商、兴办企业的金融资产。广义上,资本也可作为人类创造物质和精神财富的各种社会经济资源的总称。

资本代表资金来源,包括负债和所有者权益;资产则代表资金占用。两者性质不同,但在数量关系上两者应当相等。

(二)资本结构的概念

最佳资本结构是使股东财富最大化或股价最大化的资本结构,即使企业资金成本最小化的资本结构。资本结构是企业各种资本的价值构成及其比例,是企业融资结构的直观体现,反映了企业债务与股权的比例关系,直接影响企业的偿债和再融资能力,决定着企业未来的盈利能力,是衡量企业财务状况的一项重要指标。合理的资本结构可以通过降低融资成本、发挥财务杠杆的调节作用,使企业获得更高的自有资金收益率。

二、资本结构理论的发展

资本结构理论是西方国家财务理论的重要组成部分。资本结构理论经历了旧资本结构理论和新资本结构理论两个阶段。

旧资本结构理论以一系列严格假设为研究基础,涵盖传统理论、MM 理论和权衡理论等,主要研究成果如下:

(1)在理想条件下,MM 理论得出资本结构与企业价值无关的结论;

(2)存在企业所得税的条件下,MM 理论得出企业价值随负债的增加而增加的结论;

(3)存在破产成本的条件下,权衡理论得出实现企业价值最大化要权衡避税利益和破产成本的结论。

新资本结构理论则基于非对称信息展开研究，包含代理理论、控制权理论、信号理论和啄序理论等，其核心研究成果是分析了非对称信息条件下资本结构的治理效应及其对企业价值的影响。

三、资本结构的类型

（一）保守型资本结构

在这种资本结构下，企业的财务风险相对较小，资本成本较高。在选择融资方式时，会更多使用权益融资，即使在负债融资中，也以中长期债务为主。

下面以健帆生物（300529）2019—2023年资本情况为例进行分析，如表3-17所示。

表3-17   健帆生物（300529）2019—2023年资本情况表   单位：亿元

项目	2019年	2020年	2021年	2022年	2023年
所有者权益	21.705	28.336	33.836	35.905	31.529
负债与所有者权益总额	24.947	32.167	48.101	54.165	55.433
所有者权益占负债与所有者权益总额的比例	87.00%	88.09%	70.34%	66.29%	56.88%
流动负债	2.626	3.308	3.863	7.172	8.294
负债	3.241	3.831	14.265	18.261	23.904
流动负债占负债的比例	81.02%	86.35%	27.08%	39.27%	34.70%

（资料来源：新浪财经）

健帆生物在2019—2023年的资本中所有者权益占比较高，说明它的资金来源以权益资本为主，财务风险较低；且负债结构逐渐向以非流动负债为主转变，负债带来的财务风险也较低。因此，其资本结构属于保守型。

（二）风险型资本结构

在风险型资本结构下，企业权益资金较少，负债率较高，同时，企业还较多地使用流动负债作为主要资金支持。这种结构的特点在于，企业可以承担较少的资本成本，如果其投资收益足够高，可以使用这种资本结构最大化股东利润。

下面以滨江集团（002244）2019—2023年资本情况为例进行分析，如表3-18所示。

表3-18   滨江集团（002244）2019—2023年资本情况   单位：亿元

项目	2019年	2020年	2021年	2022年	2023年
所有者权益	224	280	374	527	585
负债与所有者权益总额	1296	1720	2117	2762	2900
所有者权益占负债与所有者权益总额的比例	17.28%	16.28%	17.67%	19.08%	20.17%

续表

项目	2019年	2020年	2021年	2022年	2023年
流动负债	851	1123	1418	1837	2027
负债	1072	1440	1743	2235	2136
流动负债占负债的比例	79.38%	77.99%	81.35%	82.19%	94.90%

（资料来源：新浪财经）

滨江集团在2019—2023年的资本中所有者权益占比较低,说明它的资金来源以负债资本为主,财务风险较高;而负债中又以流动负债为主,这也是财务风险较高的模式。所以它属于风险型的资本结构。

（三）适中型资本结构

在适中型资本结构下,企业一般使用流动负债解决流动资金需求,使用权益资金或长期债务支持长期资金需求。

下面以神奇制药（600613）2019—2023年资本情况为例进行分析,如表3-19所示。

表3-19   神奇制药（600613）2019—2023年资本情况   单位:亿元

项目	2019年	2020年	2021年	2022年	2023年
所有者权益	26.615	23.277	23.925	23.718	23.906
负债与所有者权益总额	35.561	30.98	31.49	33.861	32.793
所有者权益占负债与所有者权益总额的比例	74.84%	75.14%	75.98%	70.05%	72.90%
流动负债	5.835	4.574	4.798	7.743	6.86
负债	8.946	7.703	7.565	10.143	8.888
流动负债占负债的比例	65.22%	59.38%	63.42%	76.34%	77.18%

（资料来源：新浪财经）

神奇制药在2019—2023年的资本中所有者权益占比较高,说明它的资金来源以权益资本为主,风险较低,但资金来源的使用成本较高;而在负债中又以流动负债为主,财务风险相对较高。所以,它属于适中型的资本结构。

四、影响资本结构的因素

影响资本结构的因素很多,包括企业面临的筹资环境、资本成本与融资风险、行业因素、企业生命周期、获利能力和投资机会等各个层面。

（一）企业面临的筹资环境

企业筹资环境决定了企业可选择的筹资方式。比如我国在20世纪90年代以前,股票市场规模较小、交易形式较为初级，企业很难通过直接融资手段取得股权资金，企业资金来源只能是国家投入、自身积累和银行贷款。随着证券市场的发展，企业融资手段逐渐增加，一些企业已经可以直接发行股票筹集资金。但所有企业面临的筹资环境并不相同，上市发行股票融资需要企业自身已经具备较强的实力，同时还要经过审批。许多企业因为筹资条件和时间的问题不能通过股票市场取得资金。即使是从银行借贷，企业所面对的机会也不相同，一些民营中小企业因为自身实力和所有制问题，很难从银行等外部机构借到所需要的资金。随着我国资本市场的逐渐完善，创业板市场和债券市场不断发展，我国企业可利用的筹资渠道不断增加。

（二）资本成本与融资风险

在企业拥有多种筹资方式可供选择时，资本成本就成为选择具体筹资方式的重要因素。一般而言，负债的资本成本相对较低，同时债务利息还可以抵税。因此，从资本成本考虑，负债融资就成为企业的首选，但负债融资导致企业财务风险上升，如果未来企业盈利能力下降，不能按时还本付息，企业将陷入财务危机。企业内部融资和外部股权融资的资本成本较高，但因为不需要归还本金，同时现金股利也不是法定义务，所以这些融资方式的风险较小。企业适合利用这些融资来源积累的资金进行长期投资，扩大自身的规模和产能，增强综合实力。因此，企业在选择资本结构时需要综合考虑各种筹资方式的风险和成本，并进行权衡。

（三）行业因素

行业因素对企业资本结构有重要的影响。每个行业的盈利模式不同，现金流状况差异较大，同时行业因素也会影响企业的资本结构。因此，企业依据自身的现金流量状况以及自身的资本结构，做出相应的资本结构决策。

（四）企业生命周期

在企业生命周期的四个阶段，企业的资本结构会呈现相应的变化。在成长期，企业迅速扩张需要大量的外部资金，此时企业会更多地依赖银行等金融中介，因而债务融资比率相对较高。随着企业财富的不断积累，必然用成本较低的内部资金来替代外部资金，从而降低债务融资比率。另外，在成熟期，企业一般更偏好风险较低的投资项目，这使企业的经营风险降低，使债权人的资产更有保障，降低了债务融资的代理成本，因而处于成熟期的企业会有较高的债务融资比率。

（五）获利能力和投资机会

企业的获利能力是决定资本结构的重要因素之一。如果企业的收益率持续高于借款利率，企业会考虑采用资本成本较低的借款融资方式；但如果企业收益率低于借款利率，则借款将增加企业财务负担和财务风险。另外，企业的投资机会也会影响资本结构。如果企业长期投资机会较多,则应采用与之相匹配的长期融资方式;若企业目前没有长期投资计划,而是为了维持现有生产规模,则可以采用短期融资方式,以降低资金使用成本。

五、资本结构决策

综合上述影响因素,企业将做出资本结构决策。在有多种筹资渠道可供选择时,企业的资本结构决策将重点考虑以下问题。

(一)资金需要量

这是资本结构决策的第一步,企业一般按照自身的资金需求来设定融资规模。资金需要量分析的主要方法是结合销售百分比与长期投资分析。具体步骤如下:第一,依据销售增长状况,确定未来的销售收入金额;第二,根据未来销售状况,确定发生的销售成本和期间费用,并在此基础上编制预计利润表;第三,根据未来的利润分配政策,确定留存在企业内部的利润数额;第四,在前一年资产负债表的基础上,依据销售增长数额,以及流动负债和流动资产之间的历史比率关系,通过敏感性分析来估计流动资产数额;第五,根据长期投资结果,确定需要增加的长期投资资金;第六,编制年度资产负债表,确定资产总额与负债和所有者权益总额之间的差异,即资金需要量。

(二)资本成本

不同的融资方式所对应的资本成本称为个别资本成本。如果企业准备用一种融资方式解决资金需求,则需要比较不同融资方式中的个别资本成本,并从中选择较低的一个;如果企业准备选择几种融资方式,则应当在股东价值最大化的目标下关注综合资本成本。

(三)企业的风险态度

在确定了资金需求量和资本成本后,企业管理层的风险态度将决定企业选择何种资本结构。负债的资本成本低,但对应的风险水平高;股权资金反之。

第五节　从资产负债表看企业战略

一、基于战略视角的资产结构分析

企业的资产结构受到企业战略规划与制定情况的影响。基于战略视角,按照资产对利润的贡献方式,可将资产分为经营性资产和投资性资产。

（一）经营性资产

经营性资产是指企业因常规性的产品经营与劳务提供而形成的资产。典型的经营性资产包括货币资金、应收票据、应收账款、存货、固定资产、在建工程、无形资产等。经营性资产对企业利润的贡献，一般是先使企业的营业收入增加，最终带动企业营业利润增加。

（二）投资性资产

投资性资产是指企业以增值为目的持有的股权和债权。投资性资产所利用的资源除了反映在直接占用的以公允价值计量且其变动计入当期损益的金融资产、衍生金融资产、持有至到期投资、长期股权投资等项目外，还反映在以提供经营性资金方式对子企业投资的其他应收款项目上。

投资性资产对企业利润的贡献方式较为复杂：零星性投资对利润的贡献主要表现为转让价差；债券投资对利润的贡献主要表现为债券利息收益与债券溢价或折价摊销后的净额；非控制性股权投资对利润的贡献，依据成本法和权益法核算确认；控制性股权投资对利润的贡献方式比较特殊，其所带来的利润首先表现为对子企业利润的贡献，体现在企业的合并利润表中，只有子企业分配的现金股利部分，才引起投资方投资收益的增加。

二、经营性资产、投资性资产与企业的资源配置战略

（一）经营主导型企业的发展战略内涵

资产结构中以经营性资产为主的企业，其战略内涵十分清晰：以特定商业模式和行业选择的产品（或劳务）的生产与销售为主营业务的总体战略为主导，以一定的竞争战略（如低成本战略、差异化战略和聚焦战略等）和职能战略（如研发、采购、营销、财务、人力资源等战略）为基础，以固定资产、存货的内在联系及其与市场的关系管理为核心，为企业的利益相关者持续创造价值。经营主导型企业能够最大限度地保持其自身的核心竞争力。

下面以民丰特纸（600235）2023年资产情况为例进行分析，如表3-20所示。

表3-20　民丰特纸（600235）2023年资产情况　　　　　　　　单位：亿元

项目	金额
货币资金	1.954
应收账款	2.547
应收款项融资	1.708
预付款项	0.4806

续表

项目	金额
其他应收款	0.0974
存货	4.128
其他流动资产	0.0075
长期股权投资	0.4071
其他非流动金融资产	0.6356
在建工程	0.5761
固定资产	9.459
无形资产	0.7981
长期待摊费用	0.0165
其他非流动资产	1.478
资产合计	24.2929

（资料来源：新浪财经）

经营性资产包括应收账款、存货和无形资产、固定资产等。民丰特纸 2023 年经营性资产占所有资产比例较大，则说明企业是经营主导型战略的企业，风险低，盈利相对较少。经营主导型企业会持续获得经营效率和市场份额的提升，以达到持续发展的目的。

（二）投资主导型企业的发展战略内涵

资产结构中以投资性资产为主的企业，往往是规模较大的企业集团。投资主导型企业的发展战略内涵同样是清晰的：以多元化或一体化（或其他总体战略）的总体战略为主导，以子企业采用适当的竞争战略和职能战略，特别是财务战略中的融资战略（子企业通过吸纳少数股东入资、子企业自身债务融资和对商业信用的利用等融资战略可以实现在母企业对其投资不变情况下的快速扩张）为基础，以对子企业的经营性资产管理为核心，通过快速扩张为企业的利益相关者持续创造价值。投资主导型企业可以在较短时间内通过直接投资或者并购，实现企业集团做大做强的目的，或者在整体上保持财务与经营的竞争能力和竞争地位。

（三）经营与投资并重型企业的发展战略内涵

经营与投资并重型企业实施的往往是积极而稳健的扩张战略：企业既通过保持完备的生产经营系统和研发系统来维持其核心竞争力，又通过对外控制性投资的扩张，来实现企业的跨越式发展。

经营与投资并重型企业通过对自身经营性资产的保持，可以实现较好的规模效应和一定的市场竞争地位，从而最大限度地降低其核心资产的经营风险，使其固有的核心竞争力发挥到极致。与此同时,其对外控制性投资又可以通过投资产业与产品方向的多元化或投资地域的多样化来强化企业的竞争力或降低企业的风险。

三、基于战略的负债结构分析

(一)经营性负债

经营性负债包括应付票据、应付账款、预收账款、应付职工薪酬、预收账款,在会计核算上反映的是企业与上下游企业、员工等进行结算时产生的往来款项。但其实质是企业对商业信用资源的引入或者利用。一方面,企业在具有高于同类企业获得商业信用资源平均水平能力的条件下,通常具有较高的"两头吃"(一是"吃"企业的上游,往往是供应商;二是"吃"企业的下游,往往是经销商或者消费者)的能力,即企业具有较高的利用上下游企业的资金支持企业自身发展的能力;反之,企业在具有低于同类企业获得商业信用资源平均水平的能力的条件下,通常意味着企业"两头吃"的能力较弱,竞争地位较低。另一方面,商业信用资源通常具有综合成本低(综合成本往往低于贷款的平均成本)、综合偿还压力小于账面金额(与预收账款对应的偿还资源为商品或劳务的账面成本)以及固化上下游关系等特点,最大限度地利用与上下游关系所形成的资源就成了具有显著竞争地位企业的主要资源引入战略。因此,企业对于商业信用资源的利用,绝不是被动、自然形成的,而是积极主动、具有战略意义的,企业往往将最大限度利用商业信用资源作为其优先选择的经营战略与财务战略。这就是说,企业对于商业信用资源的引入或利用,不仅仅是企业上下游关系管理的局部问题,还是企业的战略选择问题。当然,企业利用商业信用资源的战略选择还取决于其竞争地位或竞争优势。

(二)金融性负债

金融性负债,一般是指企业从资本市场或者金融机构获得的债务融资。金融性负债除了其来源主要来自传统的金融机构外,还应该具有财务代价(即利息因素)的特点。这样,在长期负债中因融资租赁而引起的债务也应该属于金融性负债。因此,在资产负债表上,除了典型的金融性负债项目,如短期借款、交易性金融负债、一年内到期的非流动负债、长期借款、应付债券等外,还应该包括具有利息因素的长期应付款。

如果仅仅考察企业的金融性负债的规模和结构,就会很容易地被引入关注不同的来源结构所引起的资本成本的差异,以及其所支持的企业扩张的具体项目,而不会考虑金融性负债的结构和规模对企业发展的战略含义。

实际上,影响企业选择利用或者引入金融性负债来支撑企业发展的因素很多,包括融资环境、融资成本、企业自身盈利能力、企业集团的资金管理体制、企业负债的整体利益最大化。在企业具有较强的盈利能力、不能进一步利用商业信用资源或者经营性负债的规模不能满足企业扩张需求的情况下,企业会主动选择借款或发行债券。在一定的股东入资条件下,即使企业的经营性负债趋于零,引入金融性负债也可以保证企业在一定时期的扩张得以实现。企业在实行集中统一管理企业集团内部资金的体制下,为了整个集团的融资效率与效益(不是母企业自身的经营活动)而进行借款或发行债券,尽管会增加母企业自身利润表上的财务费用,但由于可能降低整个集团的整体融资成本,提高整个集团的融资效益而成为很多企业集团财务战略的首选。

四、经营性负债、金融性负债与企业战略

(一) 以经营性负债为主对应的经营驱动型企业发展战略

以经营性负债为主对应的经营驱动型企业的战略内涵主要包括以下几个方面。

1. 依靠经营能力获得竞争优势

以经营性负债为主对应的经营驱动型企业通常具有较高的盈利能力和现金流量,能够利用这些资源差异化经营、提高产品品质、降低成本等,从而塑造自己的竞争优势。

2. 优化资金使用,提高资金利用效率

这类企业在规划负债资本时,通常会根据自己的财务状况和经营情况,合理安排自己的资金和负债比例,避免流动性问题和过高的财务成本,从而提高资金使用效率。

3. 稳定和提高盈利能力

这类企业在经营过程中,注重提高资产周转率和盈利能力,并通过优化财务结构、合理配置资本和追求价值创造等手段,稳定和提高盈利能力。

4. 提高资本市场竞争力

这类企业在经营过程中,注重拓展服务范围、提高服务品质、掌握市场动态等,建立对抗风险的应急机制,提高资本市场竞争力,在面临市场不确定性或风险时,能够及时应对和调整自己的负债结构。

总之,经营驱动型企业需要注重经营能力的提高和稳定,优化资金使用效率和财务结构,提高盈利能力和市场竞争力,从而在市场上获得更多的竞争优势和更好的发展机会。

下面以森马服饰(002563)2023年负债情况为例进行分析,如表3-21所示。

表3-21　森马服饰(002563)2023年负债情况　　　　　　　　单位:亿元

项目	金额
短期借款	—
应付票据及应付账款	42.268
预收账款	—

续表

项目	金额
合同负债	1.732
应付职工薪酬	2.549
应交税费	3.318
应付股利	—
其他应付款	2.224
一年内到期的非流动负债	1.782
其他流动负债	8.938
长期借款	—
应付债券	—
租赁负债	1.330
长期应付款	
预计非流动负债	
递延收益	0.2111
递延所得税负债	0.1297
负债合计	64.4818

（资料来源：新浪财经）

经营性负债包括应付票据、预收账款、应付职工薪酬等。森马服饰2023年经营性负债占所有负债比例较大，则说明是经营驱动型企业发展战略的企业，风险低、成本低，但需要上下游企业的配合，而且这种企业通常发展偏慢。采用这种战略的企业依靠经营能力获得竞争优势。

（二）以金融性负债为主对应的债务融资驱动型企业发展战略

以金融性负债为主对应的债务融资驱动型企业发展战略的内涵是在一定融资环境下，最大限度地利用企业的融资能力获得资金支持企业的经营与扩张，使企业能够在较短时间内实现快速发展。其优点是发展速度较快，缺点是风险高、成本高。采用这种战略的企业往往正处于企业快速扩张、股东入资和经营性负债难以满足扩张资金需求的发展阶段。此时，企业的快速发展或扩张所需要的资金只能通过金融性负债来解决。债务融资驱动型企业发展战略通常容易增加企业的财务负担，也可能导致企业出现过度融资问题。

下面以杉杉股份（600884）2023年负债情况为例进行分析，如表3-22所示。

表 3-22　杉杉股份(600884)2023年负债情况　　　　　单位:亿元

项目	金额
短期借款	66.971
应付票据及应付账款	36.369
预收账款	0.2084
合同负债	0.1238
应付职工薪酬	1.424
应交税费	0.7918
应付股利	0.007
其他应付款	5.177
划分为持有待售的负债	4.272
一年内到期的非流动负债	30.734
其他流动负债	0.015
长期借款	80.637
租赁负债	7.769
长期应付款	4.971
预计非流动负债	0.7587
递延收益	4.673
递延所得税负债	3.927
负债合计	248.8287

(资料来源:新浪财经)

金融性负债包括短期借款、一年内到期的非流动负债、长期借款等。杉杉股份2023年金融性负债占所有负债比例较大,则说明企业是债务融资驱动型企业发展战略的企业,风险高、成本高,但能较快地集中资金实现企业发展。

五、基于战略的所有者权益结构分析

(一)股东入资形成的所有者权益

反映股东入资的项目包括股本(实收资本)、资本公积,它是企业发展的原动力,对企业的发展具有很强的战略意义。企业股东的入资规模、入资结构状况会约束、决定或影响企业的发展战略。

Note

（二）股东留剩资源形成的所有者权益

反映股东入资的项目包括盈余公积、未分配利润。股东留剩资源的规模形成,既取决于企业的盈利能力,也取决于企业的股利分配政策。比如企业可以通过不同的股利政策,改变企业的财务结构,对企业的战略尤其是融资战略形成支撑。

六、不同的所有者权益结构与企业战略

（一）以股东入资为主的股东驱动型企业发展战略内涵

如果实收资本(股本)和资本公积占所有者权益的比例较高,则对应的是股东驱动型企业发展战略。以股东入资为主的股东驱动型企业,往往处于企业发展的初级阶段。在这个阶段,企业债务融资活动和经营活动还难以带来企业经营与发展所需要的资金。这种发展战略经常在企业发展一段时期后消失。如果企业在经历了一段时期的经营之后,仍然表现为股东驱动型发展战略,则可能意味着企业的产品经营始终未能实现理想利润,企业的债务融资能力较低,或者企业在债务融资方面没有作为。

股东驱动型企业发展战略的效应如下:第一,为了维持企业的生存与发展,股东对企业的入资资产的实物形态必须符合企业发展战略对资源实物形态的要求;第二,在非现金入资的情况下,股东用于入资资产估价的公允性,既决定了企业未来资产的资产报酬率,还调节了股东间的利益关系;第三,股东入资资产的规模、实物形态及其结构,还显著影响着企业的治理结构以及企业的发展方向。

下面以浙文影业(601599)2023年所有者权益情况为例进行分析,如表3-23所示。

表3-23　浙文影业(601599)2023年所有者权益情况　　单位:亿元

项目	金额
实收资本	11.605
资本公积	12.907
其他综合收益	−0.1304
盈余公积	0.7097
未分配利润	−11.145
归属于母企业股东权益合计	13.9463
少数股东权益	0.2225
所有者权益合计	14.1688

（资料来源:新浪财经）

浙文影业2023年的所有者权益以实收资本和资本公积为主,属于股东驱动型企业发展战略,该战略以股东利益为中心,注重企业的长期发展,重视资本运作,主张建立健全的股东治理机制、激励机制。

（二）以留剩资源为主的利润驱动型企业发展战略内涵

以留剩资源为主的利润驱动型企业,其盈余公积与未分配利润的规模之和在企业负债与股东权益总额中通常占比较高。这种情况的出现,往往是企业发展到一定阶段并累积了相当规模的利润(至少其盈余公积和未分配利润的规模之和大于实收资本或者股本与资本公积之和)的结果。

从本质上来说,用留剩资源支持企业的发展,等同于股东对企业的再投资。因此,利润驱动型企业发展的战略内涵与股东驱动型企业发展战略内涵是一致的。

下面以中原传媒(000719)2023年所有者权益情况为例进行分析,如表3-24所示。

表3-24 中原传媒(000719)2023年所有者权益情况　　　　单位:亿元

项目	金额
实收资本	10.232
资本公积	27.625
其他综合收益	−3.774
盈余公积	4.552
未分配利润	70.611
归属于母企业股东权益合计	109.246
少数股东权益	0.6104
所有者权益合计	109.8564

(资料来源:新浪财经)

中原传媒2023年的所有者权益以盈余公积和未分配利润为主,属于利润驱动型企业发展战略。该战略以客户需求为中心,注重企业的利润增长,重视研发创新,注重内部管理制度的改进等。

思考题

1.如何看待资产负债表的作用?

2.企业经营者应该如何分析货币资金、应收账款和存货?

3.影响资产结构的因素有哪些?

4.是否存在最理想化的资本结构,能使财务风险和筹资成本均为零?

5.企业资本结构是否与企业发展阶段相关,是否与企业战略相关?

练习题

1.A企业某年度的流动资产是由货币资金、交易性金融资产、应收账款和存货构成的,该企业的流动比率为2,速动比率为1,现金比率为0.5,流动负债为200万元。

要求:计算该企业存货和应收账款的数额。

2.B企业2023年底资产负债表如下:

B企业2023年底资产负债表

编制单位:B企业　2023年12月31日　　　　　　　　　　　　　　　　单位:元

资产	金额		负债和所有者权益	金额	
	年初数	期末数		年初数	期末数
流动资产:			流动负债:		
货币资金	5200	6000	短期借款	16,000	10,000
应收账款	24,000	38,000	应付账款	6000	4000
存货	88,600	94,800	应付职工薪酬	20,000	28,000
流动资产合计	117,800	138,880	应交税费	12,000	14,000
非流动资产:			其他应付款	2800	3000
固定资产	490,000	810,000	流动负债合计	56,800	59,000
在建工程	6000	7000	非流动负债:		
无形资产	12,400	12,000	长期借款	40,000	380,000
商誉	1680	6240	非流动负债合计	40,000	380,000
非流动资产合计	510,080	835,240	所有者权益:		
			实收资本	500,000	500,000
			资本公积		
			盈余公积	14,000	26,000
			未分配利润	17,080	11,740
			所有者权益合计	531,080	537,740
资产总计	627,880	976,740	负债和所有者权益总计	627,880	976,740

要求:

(1)计算该企业2023年底的流动比率、速动比率、现金比率。

(2)计算该企业的资产负债率、有形资产负债率、产权比率。

(3)对该企业的短期偿债能力和长期偿债能力作出评价。

3.C企业资产结构分析表如下所示:

C企业资产结构分析表

项目	2022年		2023年	
	金额/万元	占总资产比率	金额/万元	占总资产比率
流动资产	17,200	43.25%	22,400	47.62%
长期性股权投资	350	0.88%	500	1.06%

续表

项目	2022年		2023年	
	金额/万元	占总资产比率	金额/万元	占总资产比率
固定资产	21,300	53.56%	21,500	45.71%
无形资产	920	2.31%	2,640	5.61%

要求:对该企业2022—2023年的资产结构情况予以分析说明。

第四章
基于战略视角的利润表分析

学习目的与要求

通过本章的学习,了解利润表的内容及作用等基本知识,熟悉利润表编制的基本思路与基本理论;掌握利润表的主要分析方法,熟练运用其特点开展分析,实现利润表分析目的。

关键知识点

共同比利润表的分析;收入与收益的分析;成本费用的分析;利润质量的分析。

重要概念

利润表;营业收入;利润质量。

引言

利润表是反映企业一定时期经营成果的财务报表。利润表分析不仅能够了解企业的盈利能力和发展趋势,而且结合资产负债表分析还能评价企业的营运能力、成长能力以及长期偿债能力。同时,将利润表有关项目与现金流量表的净流量比较,能了解企业盈利与收现的真实性,判断企业当期实现利润的含金量。因此,利润表是财务报表分析者极为关心的三大财务报表之一。会计人员要利用利润表信息,积极为企业经营决策提供分析依据。

利润表究竟能提供哪些信息?如何处理和利用这些信息?这将是本章所要讲述的主要内容。

第一节 利润表概述

利润表是反映企业在某一会计期间的经营成果的财务报表。企业在特定会计期间所获得的经营业绩,会反映在它的利润表上。利润表是企业财务报表中最重要的一项,通常在会计期间结束后进行制作和披露。利润表展示了企业经营状况的核心数据,包括营业收入、营业利润、利润总额和净利润等,反映了企业的盈利能力。

一、利润表的含义

利润表也称损益表,是反映企业在一定期间(月度、季度、年度等)内经营成果的财务报表。利润表是根据"收入－费用＝利润"会计平衡公式,表明企业一定期间内利润形成或亏损发生过程的动态报表。

利润表将一定期间的收入与取得收入而发生的费用相配比,计算出企业一定时期的净利润(或净亏损)。通过利润表提供的一定时期的收入、费用等信息,能够反映企业生产经营的收益和成本耗费等情况,表明企业的生产经营成果;通过利润表提供的不同时期的比较数据(本月数、本年累计数、上年数),可以分析企业今后利润的发展趋势及获利能力。

二、利润表的作用

利润表反映了某一特定时期企业的经营成果,其作用如下。

(一)有助于衡量企业一段时期的经营情况、盈利能力和投资价值

经营成果的信息直接由利润表反映,而获利能力的信息除利润表外,还要借助其他会计报表和注释附表才能得到。结合其他报表数据,有助于评估企业预期现金流量的金额、时间和风险。

(二)有助于评价和考核管理人员的绩效

比较前后期利润表上各项收入、费用、成本及收益的增减变动情况,并考察其增减变动的原因,可以较为客观地评价各职能部门、各生产经营单位管理人员的绩效。

(三)有助于管理人员作出经营决策

比较和分析利润表中各种构成要素,可知悉各项收入、成本、费用与收益之间的消长趋势,发现工作中存在的问题,揭露不足,找出差距,进而改善经营管理,作出合理的经营决策。

三、利润表的内容

利润表的编制基础为"收入－费用＝利润",一个期间内的收入和费用是不断发生的。将某个期间内的收入与费用配比相减,所得差额就是该期间的经营成果——利润。

利润表项目按利润构成和分配可分为两个部分。

利润构成部分先列示销售收入,然后减去销售成本得出销售利润,再减去各种费用后得出营业利润(或亏损),最后,加减营业外收入和支出,即为利润(或亏损)总额。

利润分配部分先将利润总额减去应交所得税后得出税后利润,其下即为按分配方案提取的公积金和应付利润,如有余额,即为未分配利润。利润表中的利润分配部分如单独划出列示,则为"利润分配表"。

四、利润表的结构

为了把利润表的信息恰当地反映出来,便于报表使用者理解和使用,需要把列入利润表的各个项目按照一定的顺序进行排列,以形成相当稳定的结构。由于不同国家或地区对利润表所提供的信息要求不完全相同,利润表的结构也不完全相同。目前常见的利润表结构主要有多步式和单步式两种。

(一)多步式利润表

我国企业利润表大多采用多步式。多步式利润表是将利润表中的内容进行多项分类,通过多个步骤完成利润计算,以提供有关形成最终净利润的中间性信息。多步式利润表如表4-1所示。

表4-1　多步式利润表

编制单位:天舟文化股份有限公司　年度:2023　　　　　　　　　　单位:万元

项目	本期金额	上期金额
一、营业收入	44,790	60,580
减:营业成本	30,630	41,650
税金及附加	77.45	103
研发费用	2079	4042
销售费用	4404	5200
管理费用	9274	8278
财务费用	－356	－133
利息费用	461	513
投资收益	192	319
对联营企业和合营企业的投资收益	－255	－1,929

续表

项目	本期金额	上期金额
其他收益	317	358
资产处置收益	21.80	71.96
营业利润	−4,583	−23,970
营业外收入	103	21.62
营业外支出	57.27	110
利润总额	−4,537	−29,450
所得税费用	859	997
净利润	−5,396	−30,450

（数据来源：新浪财经）

（二）单步式利润表

单步式利润表是将所有的收入和收益相加后减去所有的费用和损失，一步就可计算出本期净利润。单步式利润表一般分为收入（收益）、费用（损失）、净利润三部分。用收入减去费用即可计算出净利润。单步式利润表如表4-2所示。

表4-2　单步式利润表

编制单位：Z企业　　　　　　年度_____　　　　　　　　单位：元

项目	行次	本月数	本年累计数
一、收入			
营业收入			
其他业务收入			
投资收益			
营业外收入			
收入合计			
二、费用			
主营业务成本			
主营业务税金及附加			
营业费用			
其他业务支出			
管理费用			
财务费用			
投资损失			

续表

项目	行次	本月数	本年累计数
营业外支出			
所得税			
费用合计			
三、净利润			

第二节　利润表项目的质量分析

一、收入与收益的分析

（一）营业收入的分析

营业收入（operating revenue）是指企业在从事销售商品、提供劳务和让渡资产使用权等日常经营业务过程中所形成的经济利益的总流入。

1.看营业收入概况

（1）关注营业收入的产品结构。

关注营业收入的产品结构也就是找营业收入的来源。一般企业都有核心产品,比如,贵州茅台的核心产品就是茅台酒,营收占比在90%左右;格力电器的空调业务营收占比在80%左右。企业产品种类越简单,投资者越好预测,确定性就越高。

（2）关注营业收入的区域结构。

关注营业收入的区域结构,分析企业业务的核心市场在哪里,是国内还是国外,国内的话具体分布在华北还是华南。分析业务区域占比有助于评估企业的竞争力以及成长空间。关注营业收入的季节性,由于业务和商业模式不同,很多企业营收存在季节性差异。了解企业营收季节性规律之后,可以预防一些"黑天鹅"事件。

2.看营业收入增长率

了解企业的业务产品之后,要关注营收的增长率,因为投资者一般愿意投资那些利润能够长期保持稳定增长的企业,而收入是利润的先行指标,换句话说,基于营收增长的利润增长才是健康的。

企业营收增长主要有以下途径。一是行业需求增长、销量提升。如果行业本身在快速增长,比如目前的新能源、云计算、5G、医药等行业,那么企业的营收持续增长的确定性就高,但是要注意行业门槛的高度。二是企业产品价格提升。有较大定价权的企业会受益于价格提升,比如贵州茅台。但价格提升是把"双刃剑"——可能对销量产生抑制作用,如东阿阿胶、涪陵榨菜面临提价难题,因为售价提升已经到上限。三是企业开发新产品。市场对这一策略的看法存在分歧:一方面,企业开发新产品可能暗示原有产品已触及增长天花板,若新产品与原有业务关联性较低(如格力电器跨界造手机、造车),易引发投资者信心不足;另一方面,企业寻求变革的意愿值得肯定,尽管短期效果可能不显著。因此,若一家企业以上三条都不具备,那一般营收增长的持续性会出现大问题。

能否精准把控这三点,很大程度上取决于对企业业务本质的理解。这需要通过企业经营分析来预测营收增长率,当然,我们也可以从营收增长率看企业经营状况,此时一般结合净利润率。一般来说,若企业营收上升但利润未增甚至下滑,这可能是业绩向好的信号,一旦规模效应显现,业绩便会回升;与之相对,若收入下滑却伴随利润上升,则可能是业绩走弱的信号。

3. 看营业收入质量

企业营收有了增长,还得关注营收的质量问题。

由于利润表是基于权责发生制下的,漂亮业绩增长的背后不一定有真金白银的支撑,也就是徒有其表,含金量其实并不高。

检测企业营收质量有以下两种方式。

① 营业收入现金含量=[销售商品、提供劳务收到的现金/(1+增值税税率)]/营业收入。当该指标大于1时,一般说明企业营收的收现比率高,营收含金量高(由于现金流量表中的"销售商品、提供劳务收到的现金"包含增值税,要扣除)。

② 还有一个比率,即应收账款/营业收入,反映企业销售收到的现金比例情况,该比值越高说明营收含金量越低,但注意该公式只适用于同行业之间的比较,因为不同行业差别很大。

透过营业收入加深对企业业务的理解程度,然后合理分析并预测营收业务的增长率,最后关注营业收入的质量,这是分析营业收入科目的关键。

(二)公允价值变动收益的分析

公允价值变动收益(changes in fair value gains)是指资产或负债因公允价值变动所形成的收益。公允价值是指在公平交易中,熟悉情况的交易双方自愿进行资产交换或者债务清偿的金额。"公允价值变动收益"这个科目,是"以公允价值计量且其变动计入当期损益的交易性金融资产"的一个科目。在资产负债表中,"交易性金融资产"的公允价值高于其账面价值的差额,应借记"交易性金融资产——公允价值变动",贷记"公允价值变动损益",公允价值低于其账面价值的差额,则做相反的分录。

分析该项目时应注意公允价值计量是否规范,有无故意利用公允价值调节利润和资产的可能。

（三）投资收益的分析

投资收益（investment gain）是对外投资所取得的利润、股利和债券利息等收入减去投资损失后的净收益。严格地讲，所谓投资收益是指以项目为边界的货币收入等，它既包括项目的销售收入又包括资产回收（项目寿命期末回收的固定资产和流动资金）的价值。投资可分为实业投资和金融投资两大类，人们平常所说的金融投资主要是指证券投资。证券投资的分析方法主要有基本分析、技术分析、演化分析三种，其中基本分析主要应用于投资标的物的选择上，技术分析和演化分析则主要应用于具体投资操作的时间和空间判断上，作为提高投资分析有效性和可靠性的重要补充。

对投资收益的分析应注意投资收益对企业利润的影响程度、投资收益的明细内容及对投资所采用的会计核算方法等。

（四）营业外收入的分析

营业外收入（non-operating income）是指企业确认与企业生产经营活动没有直接关系的各种收入。营业外收入并不是由企业经营资金耗费所产生的，不需要企业付出代价，实际上是一种纯收入，不需要与有关费用进行配比。因此，在会计核算上，应当严格区分营业外收入与营业收入的界限。通俗一点讲就是，除企业营业执照中规定的主营业务以及附属的其他业务之外的所有收入视为营业外收入。

二、成本费用的分析

（一）营业成本的分析

营业成本（operating cost），也称运营成本，是指企业所销售商品或者提供劳务的成本。营业成本应当与所销售商品或者提供劳务而取得的收入进行配比。

营业成本是与营业收入直接相关的，已经确定了归属期和归属对象的各种直接费用。营业成本主要包括主营业务成本、其他业务成本。

营业成本的变动往往伴随着营业收入的变化而发生，因此，应将营业成本的变动紧密联系营业收入的变动进行分析。营业收入减去营业成本的余额为毛利额，毛利额与营业收入之比为毛利率，因此关注营业成本的分析主要应关注毛利率的分析。

（二）税金及附加的分析

税金及附加（tax and extra charge）反映企业经营主要业务应负担的消费税、城市维护建设税、资源税、土地增值税和教育费附加等。三资企业此项指标只含消费税和资源税。填报此项指标时应注意，实行新税制后，会计上规定应交增值税不再计入"主营业务税金及附加"项，无论是一般纳税企业还是小规模纳税企业均应在"应交增值税明细表"中单独反映。根据企业会计利润表中对应指标的本年累计数填列。

该支出不受企业决策影响,一般无须过多分析。分析时可计算税金及附加占营业收入的比重,若该比重过低,应进一步分析企业有无收入造假行为。

(三)期间费用的分析

1. 销售费用

销售费用(selling expense)是指企业在销售产品、自制半成品和提供劳务等过程中发生的各项费用。销售费用包括由企业负担的包装费、运输费、广告费、装卸费、保险费、委托代销手续费、展览费、租赁费(不含融资租赁费)和销售服务费、销售部门人员工资、职工福利费、差旅费、折旧费、修理费、低值易耗品摊销以及其他经费等。与销售有关的差旅费应计入销售费用。销售费用的增长应当带来营业收入的大幅增长。

销售费用分析指的是分析企业销售费用的数据,其主要目的是了解销售费用变动趋势的对比分析,及时发现异常费用;同时了解实际发生的费用与预算的差异,以便及时发现问题并调整管控策略。

一般来说,销售费用是期间费用中占比最高的费用,与企业的利润水平息息相关。对于销售费用的分析,可以从总体分析、费用构成分析、单项目分析几个维度进行。销售费用的总体分析是对整体销售费用的变动趋势进行分析。费用构成分析是对销售费用中各项目的比重趋势进行分析。单项目分析是对销售费用中占比较高、波动异常等重点项目单独进行专门分析,如市场推广费、业务招待费、运费、差旅费等。

在进行数据分析时,可以采用横向对比分析(与同行业标准水平进行对比)、纵向对比分析(对比不同期间的费用数据)、实际与预算差异分析等各项分析方法,也可以配合各项财务指标(如销售费用率、销售费用与研发费用率等)开展分析工作。

2. 管理费用

管理费用(administration expense)是指企业行政管理部门为组织和管理生产经营活动而发生的各项费用。管理费用属于期间费用,在发生的当期就计入当期的损益。若管理费用大幅度上升,应进一步分析原因,寻找管理费用控制的有效途径。

(1)管理费用与收入的分析。

通常以管理费用占营业收入之比,即管理费用率来说明管理费用的规模合理性。管理费用率越低,说明管理的效率越高。

(2)管理费用与预算数、历史数据的分析。

管理费用的实际发生数是否超过预算标准,可以判断和控制管理费用的发生情况。将管理费用的本期实际发生数与历史数据进行比较,可以分析管理费用的增减情况。

(3)管理费用的明细分析。

通过管理费用的明细科目,可以得知企业的管理费用主要发生在哪个环节,能够采取什么制度和方法进行控制。

3. 财务费用

财务费用（financial expense）是企业发生的费用，虽为取得营业收入而发生，但与营业收入的实现不存在明显的资金流动因果关系，因此不宜计入生产经营成本，只能作为期间费用。财务费用在会计中属于损益类科目。按实际发生额确认，计入当期损益。企业发生的财务费用，一般在"财务费用"科目进行核算，并按费用种类设置明细账。财务费用发生时，记入该科目的借方，期末将余额结转"本年利润"账户，结转后，该账户无余额。财务费用的多少与企业的负债规模有重要关系。

（四）其他支出的分析

其他支出是指企业发生的与企业日常生产经营活动无直接关系的各项支出。其他支出包括非流动资产处置损失、非货币性资产交换损失、债务重组损失、公益性捐赠支出、非常损失、盘亏损失等，其意义相当于企业的意外损失，应当严格控制。

三、利润质量分析

（一）利润的质量特征

利润质量是指利润的合规性和公允性。收益核算规范，能如实反映企业实际业绩，则认为收益的质量好；反之则认为收益的质量不好。高质量的利润至少应具有以下特征。

1. 合规性程度高

合规性程度高是指利润核算过程规范，这是认定高质量利润的首要条件。利润的核算应严格按照企业会计准则等的要求进行，不得造假，或是人为压低或拔高企业的利润水平。

2. 具有较高的现金含量

利润是根据权责发生制计算的，有利润并不代表一定有现金净流入，只有能带来现金流入的利润才是真正实现的利润。如果企业的利润没有相应的现金支持，必然导致资产虚增，盈利能力指标泡沫化，可能会出现企业账面有利润，却无钱支付到期债务，甚至破产。所以，利润的现金含量是利润质量的重要特征之一。高质量的利润应该有相应的现金支撑，如果有大额的利润，却没有相应的现金流入，则认为利润质量不高。

3. 具有较强的稳定性

利润具有稳定性和可持续性，则可认为利润质量较高。一般来说，来自日常活动的利润所占比例越大，说明利润的稳定性越强；反之，若利润主要来源于营业外活动，则认为利润的稳定性很差。

（二）利润质量的影响因素

1. 会计政策的制定与运用

企业管理层对会计政策有可选择的范围。企业制定会计政策时，可依据企业管理层和企业会计人员的职业判断操作，选择采取稳健的会计政策或是激进的会计政策。稳健的会计政策使得企业少计资产和利润，由此核算出的利润质量相对较高；反之，企业利润质量则会相对较低。

制定会计政策后，对如何运用该会计政策，企业管理层有一定的自由决定权，如坏账准备的计提方法与计提比例、长期股权投资的核算方法、固定资产的折旧计算方法及折旧年限确定等，这些都会直接影响企业的收益。为了掩饰业绩下滑，企业管理层可能采取不恰当的会计政策和会计估计，或通过会计政策和会计估计变更来调节企业利润。因此，对会计利润质量进行分析时应关注企业的会计政策和会计估计是否恰当、是否变更。

2. 信用政策的制定

宽松的信用政策会产生较高水平的应收账款，潜在的坏账风险增加，造成账面资产和利润虚增。同时，由于销售收入有较大部分没有形成现金流入，从而进一步加大了账面利润与净现金流量的差距，降低了利润的现金含量。因此，在关注利润的同时，还应关注企业的现金流量。

3. 非日常交易和关联交易

非日常交易产生的损益通常计入营业外收支，这种损益是不稳定的。因此，营业外收支占企业利润的比重过大，会影响利润的稳定性。关联交易是指发生在企业与其关联方之间的交易。一般认为，企业利润对关联交易的依赖性越大，说明企业的利润质量越低。

（三）利润质量的分析与评价

1. 合规性分析与评价

利润的合规性可通过会计资料的检查来进行分析和评价。对于已经经过注册会计师审计的财务报表，可以参照注册会计师的审意见计进行分析和评价。注册会计师的审计意见可分为四种，即无保留意见、保留意见、否定意见和拒绝表示意见。一般认为，无保留意见下的报表质量最高，保留意见下的报表质量次之。

2. 利润的现金含量分析与评价

利润的现金含量可通过经营利润现金保障指数进行分析与评价，其计算公式为：

$$经营利润现金保障指数 = \frac{经营现金净流量}{经营利润 + 非付现费用}$$

经营利润＝营业利润－投资收益－公允价值变动收益＋资产减值损失＋财务费用

一般来说,经营利润现金保障指数大于或等于1,说明日常经营活动的利润有足够的现金作保障,利润质量较高;反之,如果经营利润现金保障指数远低于1,说明现有的利润没有相应的现金支撑,利润质量较低。其常见的原因是信用政策过于宽松,导致大量应收账款产生。

3. 利润的稳定性分析

一般经营利润具有较强的稳定性与可持续性,因此利润的稳定性可通过经营利润占利润总额的比重来进行分析与评价,其计算公式为:

$$经营利润占利润总额的比重＝\frac{经营性利润}{利润总额}$$

一般来说,该比重应在1以上。若该比重远低于1,则意味着非经营收益在利润总额中所占比重过大,这会导致利润的稳定性和可持续性较差,利润质量较低。

(四)利润质量恶化的主要表现

利润质量恶化,必然会在企业的多个方面有所体现。对于信息使用者而言,可以从以下几个方面来判断企业的利润质量是否有可能正在恶化。

1. 企业扩张过快

企业发展到一定程度后,必然在业务规模、业务种类等方面寻求扩张。在企业的创业发展过程中,企业有自己熟悉的业务领域。正是由于对自己业务领域的熟悉,企业才有了发展的基础。但是,在向多样化经营转型的过程中,不可避免地会面临一个问题,就是企业需要对新开拓领域在技术、管理、市场等多个层面的规律,经历逐步适应和探索的过程。如果企业在一定时期内扩张过快,涉及的领域过多、过宽,那么企业在这个时期所获得的利润质量可能会出现恶化的迹象。

2. 企业反常压缩酌量性支出

酌量性支出是指企业管理层可以通过自身决策来改变其发生规模的支出,如研究和开发支出、广告费支出等。此类支出一般情况下对企业的未来发展非常有利。如果这类支出规模相对于营业收入的规模来说发生大幅度降低的情况,就应被认定是反常压缩。这有可能是企业为了避免当期利润规模大幅度下降,故意削减酌量性支出规模或推迟其发生的时间。这种迹象往往表明企业的利润质量有可能出现进一步的恶化。

3. 企业变更会计政策和会计估计

一般来说,当企业赖以进行会计估计的基础发生改变,或者因获取新的信息、积累更多经验,以及业务出现发展变化等情况时,企业可能会对会计估计作出修订或变更。

然而,企业也可能在不符合会计准则要求的条件下变更会计政策和会计估计,此时的目的有可能是改善企业的财务业绩。因此,在企业面临不良经营状况时,如果企业所作的会计政策和会计估计的变更恰恰有利于企业账面利润的改善,那么这种变更就可以看成企业利润质量恶化的一种信号,尤其是在企业管理层过去曾经有过利用会计手段粉饰财务业绩的"前科"时,更应警惕此类变更背后隐藏的风险。

4. 应收账款的不正常表现

应收账款是因为企业赊销而引起的债权。在企业赊销政策一定的条件下,企业的应收账款规模应该与企业的营业收入保持一定的对应关系,企业的应收账款平均收账期应该保持稳定。但是,必须注意,企业应收账款规模还与企业在赊销过程中采用的信用政策有关,放宽信用政策将会刺激销售,增加应收账款的规模,延长应收账款平均收账期。

因此,企业应收账款出现非正常增加、应收账款平均收账期异常延长的情况,有可能是企业为增加营业收入而放宽信用政策所导致的。过于宽松的信用政策虽能促使企业营业收入迅速增长,但同时也会使企业面临未来大量坏账发生的风险。

5. 企业存货周转过于缓慢

企业存货周转过于缓慢,表明企业在产品质量、价格、存货控制或营销策略等方面存在一些问题。在营业收入一定的条件下,存货周转越慢,企业在存货上占用的资金也就越多。过多的存货占用,除了占用资金、引起企业过去和未来的利息支出增加以外,还会使企业发生过多的存货损失以及存货保管成本。

6. 应付账款的不正常表现

应付账款是企业赊购商品而引起的债务。在企业供货商赊销政策一定的条件下,企业的应付账款规模应该与企业的采购规模保持一定的对应关系。在企业产销较为平稳的条件下,企业的应付账款规模还应该与企业的营业收入保持一定的对应关系。企业的应付账款平均付款期应该保持稳定。但是,如果企业的购货和销售状况没有发生很大变化,企业的供货商也没有主动放宽赊销的信用政策,则企业应付账款规模的不正常增加、应付账款平均付款期的不正常延长,就是企业支付能力恶化、资产质量恶化、利润质量恶化的表现。

7. 企业无形资产或开发支出的不正常增加

从对无形资产会计处理的一般惯例来看,企业自创无形资产所发生的研究和开发支出,一般应计入发生当期的利润表,冲减利润。在资产负债表上列示的无形资产主要是企业从外部取得的无形资产。如果企业出现无形资产或开发支出的不正常增加,则有可能是因为收入不足以弥补应当归于当期的花费或开支,企业为了减少研究和开发支出对利润表的冲击而利用这些虚拟资产将费用资本化。

8. 企业的业绩过度依赖非营业项目

一般来说,核心利润、投资收益以及利得项目形成企业利润总额的支点。正常情况下,上述三类应当在利润总额中占有一定的比例,而这种比例的形成也应当反映企业各类活动的实际。但是,在企业主要利润增长点潜力缺乏的情况下,企业为了维持一定的利润水平,就有可能通过非营业项目实现的利润来弥补核心利润、投资收益的不足。比如,通过对企业固定资产的出售利得来增加利润。显然,这种做法虽然能在短期内营造企业繁荣的表象,但从长远来看,会对企业的长期发展造成冲击。

9. 企业计提的各种资产准备过低

从目前的会计实践来看,企业应当在其对外披露的资产减值准备明细表上为应收账款、存货、投资性资产、固定资产、无形资产、在建工程等计提减值准备。此外,企业还要在资产负债表中披露对固定资产计提的折旧。但是,企业计提的各项资产减值准备和累计折旧,取决于企业对资产贬值的主观认识以及企业会计政策和会计估计的选择,在企业期望利润高估的会计期间,企业往往选择计提较低的减值准备和折旧,这就等于把本应在当期或前期负担的费用或损失,人为地推移到企业未来的会计期间,从而导致企业的后劲不足。因此,以计提过低的资产减值准备和累计折旧来使企业利润增加的业绩,不应该得到认可。

10. 销售费用、管理费用等出现不正常的降低

企业利润表中销售费用、管理费用等通常可以分为固定支出和变动支出。固定支出包括折旧费用、人工费用等不随企业业务变化而变化的费用;变动支出则是指那些随企业业务变化而变化的费用。这样,企业各个会计期间的总费用将随着企业业务变化而变化,不太可能发生随着企业业务增长而费用反而下降的情况。然而在实际业务中,经常会发现一些企业的利润表中收入项目增加但费用项目降低的现象。在这种情况下,信息使用者完全有理由怀疑那是企业在"调节利润"。

11. 企业过度负债

企业负债过多,除了发展、扩张性原因外,还有可能是企业通过正常经营活动、投资活动难以获得正常的现金流量的支持。在回款不利、难以支付经营活动所需要的现金流量的情况下,企业只能依靠扩大贷款规模来解决。

12. 注册会计师变更、审计报告出现异常

在所有权与经营权分离的情况下,企业的经营者应当定期向企业的股东报送财务报告。企业的股东也将聘请注册会计师对企业的财务报告进行审计,并出具审计报告。值得注意的是,注册会计师审计企业财务报告的核心任务是,就企业报表编制的合规性、公允性向股东发表专业意见。

对于注册会计师而言,企业是注册会计师的客户。注册会计师一般不会轻易失去客户。只有在审计过程中,注册会计师与企业管理者就报表编制出现重大意见分歧、难以继续合作的情况下,注册会计师才有可能主动放弃客户。因此,对于变更注册会计师的企业,会计信息使用者应高度关注企业管理者编制报表的行为是否符合企业会计准则要求。在审计报告方面,注册会计师将根据自己的审计情况,出具无保留意见的审计报告、保留意见的审计报告、否定意见的审计报告或拒绝表示意见的审计报告之中的一种。应该说,注册会计师出具无保留意见的审计报告,表明企业会计信息的

质量较高、会计信息的可信度较高。如果出现其他三种报告中的任何一种,或者审计报告篇幅异常冗长、措辞异常、提及重大不确定性、公布延迟、审计团队变更等情况,都表明企业与注册会计师在报表编制上出现重大分歧,或者注册会计师在审计过程中难以获取相关的审计证据。在这种情况下,会计信息的使用者很难对企业利润的质量做出较高的评价。

13.企业有足够的可供分配利润,但不进行现金股利分配

企业股东投资建立企业,或者出资购买企业的股权,主要目的包括获取现金股利、控制被持股企业以实现企业的战略目标、耐心持有以实现投资的增值等。企业经营者满足上述股东目的的主要手段就是支付现金股利。但是,企业要想向股东支付现金股利,必须具备两个条件:一是企业应该有足够的可供分配利润;二是企业要有足够的货币支付能力。显然,如果企业有足够的可供分配利润但不进行现金股利分配,无论其作何解释,首先应考虑两种可能:要么是企业缺乏现金支付能力,要么是管理层对未来发展前景信心不足。

第三节 从利润表看企业战略

利润表体现的是企业的经营成果,通过企业收入、费用、利润的形成和结果能分析企业的战略意图和效果。比如,企业如果采取增长型战略,则会有意扩大生产和销售规模,表现为一定时期内营业收入增长较快;企业如果采取防御型战略,则是更多地考虑保全自身的市场竞争地位,短时间内收入增长较慢。而从战略角度出发,企业的一些费用不但不应当控制,反而要鼓励投入,比如研发费用、培训费用等,如果企业此类费用显著增长,说明企业是有长远的战略规划的。

一、从利润表看企业层战略

可以从利润表中看出企业的收入、费用、利润来自哪些经营的业务,以此分析企业的企业层战略,比如采取的是专业化战略还是多元化战略。

专业化战略是指集中企业所有资源和能力于自身所擅长的核心业务,通过专注于某一点带动企业的成长。专业化战略的核心业务是指在企业从事的所有经营领域中占据主导地位的业务,核心业务构成了企业的基本框架。这里所说的专业化包括两方面的意思:一是行业专业化,即企业专注于某一个行业内经营;二是业务专业化,即企业专注于行业价值链中某一环节的业务。

多元化战略是指企业为了更多地占领市场和开拓新市场,或规避经营单一事业的风险而选择性地进入新的事业领域的战略。企业采用多元化战略,可以更多地占领市场和开拓新市场,也可以避免单一经营的风险。多元化包括产品的多元化(企业新生产的产品跨越了并不一定相关的多种行业,且生产多为系列化的产品);市场的多元化(企业的产品在多个市场,包括国内市场和国际区域市场,甚至是全球市场);投资区域的多元化(企业的投资不是集中在某一个区域,而是分散在多个区域甚至世界各国)。

下面以洪都航空(600316)2021—2023年营业收入分行业情况为例进行分析,如表4-3所示。

表4-3　洪都航空(600316)2021—2023年营业收入分行业情况　　　　单位:元

年份	分行业	金额
2023年	航空产品制造	3,693,642,558.80
2022年	航空产品制造	7,204,595,304.76
2021年	航空产品制造	7,063,408,585.91

洪都航空是专业化战略的企业,2021—2023年专注于航空产品制造领域,以教练机作为核心产品,销售市场主要集中在国内。作为国内教练机科研生产基地,洪都航空是国内唯一一家能够同时进行初、中、高级全谱系教练机研制开发与生产制造的专业企业。采用专业化战略有利于该企业在教练机这一产品生产领域实现专业化,拥有较强的竞争力、较高的知名度和良好的市场形象,并具有相对稳定的客户群体。

下面以晨曦航空(300581)2021—2023年营业收入分行业情况为例进行分析,如表4-4所示。

表4-4　晨曦航空(300581)2021—2023年营业收入分行业情况　　　　单位:元

年份	分行业	金额
2023年	航空机电产品	189,121,024.17
	专业技术服务收入	8,206,483.39
	其他业务	36,022,937.14
2022年	航空机电产品	217,761,322.80
	专业技术服务收入	12,824,105.77
	其他业务	2,496,904.59
2021年	航空机电产品	213,255,404.27
	专业技术服务收入	9,293,916.41
	其他业务	1,627,410.46

晨曦航空是多元化战略的企业,2021—2023年经营航空机电产品、专业技术服务及其他业务。作为具有自主研发能力、自主知识产权以及独立产品系列的企业,主要盈利模式有两种:一是产品销售模式;二是专业技术服务模式。产品销售模式是该企

业主要的盈利模式,专业技术服务模式是随之产生的其他盈利模式。两种盈利模式拓宽了该企业的盈利空间。

二、从利润表看业务层战略

可以从利润表中看出企业的收入、费用、利润状况及特点,分析企业的业务层战略,比如采取的是差异化战略、成本领先战略还是聚焦战略。

差异化战略,也称特色优势战略,是指企业力求在顾客广泛重视的领域,于行业内独树一帜。通过选择用户重视的一种或多种特质,并赋予其独特的地位以满足顾客的要求,既可以采用先发制人的战略,也可以采用后发制人的战略。

成本领先战略强调以低单位成本为用户提供低价格产品的经营战略。成本领先战略的标准包括相对标准化的产品(剔除附加功能、工艺,但符合行业基本要求)、具有多数顾客可接受的特点(设计、生产和销售考虑多数顾客的需求,争取被多数顾客接受)、最低的竞争价格(在保证品质的前提下尽量使价格最低)。

聚焦战略是指把经营战略的重点放在一个特定的目标市场,为特定的地区或特定的购买群体提供特殊的产品或服务,即企业集中资源,以快于过去的增速提升特定产品的销售额与市场占有率。该战略的前提是:企业通过业务专一化,以更高效率和效果服务细分市场,超越广泛竞争中的对手。这样可以使企业避免大而弱的分散投资,容易形成核心竞争力。

下面以航空企业2023年营业收入、营业成本情况为例进行分析,如表4-5所示。

表4-5　航空企业2023年营业收入、营业成本情况　　　　单位:元

航空企业	营业收入	营业成本	毛利率
春秋航空	17,575,719,656	15,349,337,599	12.67%
南方航空	154,609,000,000	143,889,000,000	6.93%
中国国航	141,100,234,000	134,014,682,000	5.02%
中国东航	113,741,000,000	112,461,000,000	1.12%

春秋航空在这几家航空企业里营业收入规模最小,但毛利率(毛利率＝(营业收入－营业成本)/营业收入)却是最高的,这应该与春秋航空长期采用成本领先战略有较大关系。春秋航空是中国首家由旅行社起家的低成本航空公司,也是国内较早采用低成本运营模式的民营航空企业之一。春秋航空通过多种方式节省成本、提升效率:采用统一的机型以降低采购价格;统一舱位,不设头等舱和公务舱,减少客舱乘务员编制数量,节约服务成本及机上餐食饮料成本;通过增设座位、缩短飞机在机场的停场时间、严格控制人力资源成本等方式尽量节省成本,提高了效率,增加了收益。

下面以小熊电器(002959)2022—2023年营业收入分行业情况为例进行分析,如表4-6所示。

表4-6　小熊电器(002959)2022—2023年营业收入分行业情况　　　　　单位:元

小熊电器(002959)	2023年		2022年	
	金额	占营业收入比重	金额	占营业收入比重
营业收入合计	4,711,887,394.90	100.00%	4,117,698,932.81	100.00%
分行业				
小家电行业	4,711,887,394.90	100.00%	4,117,698,932.81	100.00%
分产品				
厨房小家电:电动类	712,754,491.93	15.13%	602,803,689.97	14.64%
厨房小家电:电热类	309,280,017.86	6.56%	318,284,632.07	7.73%
厨房小家电:锅煲类	1,203,991,846.33	25.55%	1,004,689,600.01	24.40%
厨房小家电:壶类	849,328,870.01	18.03%	752,600,209.17	18.28%
厨房小家电:西式电器	568,378,509.90	12.06%	684,670,974.86	16.63%
生活小家电	485,372,660.71	10.30%	395,258,073.23	9.60%
其他小家电	545,625,844.22	11.58%	325,676,971.32	7.90%
其他业务	37,155,153.94	0.79%	33,714,782.18	0.82%

从小熊电器2022—2023年的营业收入情况看,小熊电器采取的就是聚焦战略,经营重点一直集中在小家电领域,产品比较集中于厨房小家电。这种战略能促进该企业占领小家电市场,尤其是在厨房小家电这一细分领域建立竞争优势。

三、从利润表看战略转型

可以从利润表中看出企业的收入、费用、利润的变化情况,分析企业的战略转型,比如采取的是顺势转型、产业跳跃式转型,还是优势转型、劣势转型。

战略转型是一场深刻的企业变革,当企业内外经营条件发生变化时就需要进行战略平衡与调整,选择新的成长与发展模式。顺势转型是在原有行业的上下游进行渗透的转型模式;产业跳跃式转型是几乎放弃原有行业,进入与原行业没有关联的转型模式;优势转型,即在企业经营高峰期提前研判机会与威胁、主动进行的转型模式;劣势转型是在企业经营困难期,重新培育企业的竞争优势进行的转型模式。

下面以朗姿股份(002612)2015—2019年营业收入分行业情况为例进行分析,如表4-7所示。

表4-7　朗姿股份(002612)2015—2019年营业收入分行业情况　　　　　单位:元

年度	行业名称	行业收入	各行业占收入之比
2015年	时尚女装	1,142,694,280.46	99.86%
	其他	1,558,532.62	0.14%

续表

年度	行业名称	行业收入	各行业占收入之比
2015年	营业收入总额	1,144,252,813.08	100%
2016年	时尚女装	977,120,169.17	71.44%
	绿色婴童	294,024,772.26	21.5%
	医疗美容	85,524,871.45	6.25%
	其他	11,068,517.78	0.81%
	营业收入总额	1,367,738,330.66	100%
2017年	时尚女装	1,109,967,018.48	47.17%
	绿色婴童	818,307,301.22	34.77%
	医疗美容	255,461,000.82	10.86%
	资产管理	144,264,842.52	6.13%
	其他	25,265,788.36	1.07%
	营业收入总额	2,353,265,951.40	100%
2018年	时尚女装	1,379,615,650.25	51.84%
	绿色婴童	660,693,853.12	24.82%
	医疗美容	479,227,688.48	18.01%
	资产管理	105,193,627.33	3.95%
	其他	36,819,083.60	1.38%
	营业收入总额	2,661,549,902.78	100%
2019年	时尚女装	1,512,057,257.98	50.28%
	绿色婴童	754,635,462.80	25.09%
	医疗美容	628,487,794.91	20.9%
	资产管理	39,323,966.19	1.31%
	其他	72,750,673.52	2.42%
	营业收入总额	3,007,255,155.40	100%

从行业收入来看,朗姿股份2015年主要是时尚女装和极少量的其他业务收入, 2016年开始进军绿色婴童和医疗美容,医疗美容与服装行业没有什么联系,这属于产业跳跃式转型。2017年又增加了资产管理方面的收入,与原有的服装行业也没什么联系,又是产业跳跃式转型。

2016—2019年该企业在医疗美容行业获得的收入占营业收入的比重不断增加,说明这个产业跳跃式转型还比较成功,也保持了一定的稳定性。

2016年新增医疗美容以及2017年新增资产管理后,该企业的营业收入总额不断增加,这可算是经营高峰期提前研判机会与威胁并主动进行的转型模式,即为优势转型。

思考题

1. 收入的构成分析应当从哪些方面进行?

2. 费用的水平分析和垂直分析的侧重点分别是什么?

3. 哪种利润结构被认为是不太稳定的?

4. 营业收入的变化对企业有什么影响?

5. 如何判断营业成本的上涨是否合理? 营业成本的上涨是否为战略选择的结果?

练习题

1. 复星医药(600196)销售费用明细资料如下。

复星医药(600196)2022—2023销售费用分析表　　　　单位:元

项目	2023年	2022年
人力成本	3,350,963,157.54	2,905,550,323.34
市场、学术及品牌推广等费用	4,556,817,393.81	4,684,654,750.51
办公、差旅及会务费	1,486,804,265.63	1,119,515,164.72
折旧及摊销	163,247,615.51	149,956,704.87
其他	154,405,004.79	311,499,138.79
销售费用合计	9,712,237,437.28	9,171,176,082.23
营业收入合计	41,399,539,588.42	43,951,546,895.23

要求:

(1) 应用水平分析法和垂直分析法计算销售费用各项目的构成比率。

(2) 结合营业额分析2023年营业费用上涨是否合理,并说明以后营业费用控制的重点。

2. 明牌珠宝(002574)2022—2023年的合并利润表资料如下。

明牌珠宝(002574)2022—2023年的合并利润表　　　　单位:元

项目	2023年	2022年
一、营业收入	3,937,373,603.51	3,473,583,612.68
减:营业成本	3,445,852,985.47	3,082,440,976.18
税金及附加	36,080,952.59	19,763,324.00
销售费用	300,875,763.67	268,956,882.54
管理费用	93,078,468.94	56,056,656.73
研发费用	2,517,413.06	917,470.53

续表

项目	2023年	2022年
财务费用	−2,580,880.77	−9,992,032.38
加：其他收益	33,150,093.88	2,033,043.26
投资收益	36,850,855.60	16,413,354.13
公允价值变动收益	203,520.00	178,260.00
信用减值损失	−17,855,558.73	−7,947,456.33
资产减值损失	0	−279,850,508.79
资产处置收益	4,957,111.58	234,164.82
二、营业利润	118,854,922.88	−213,498,807.83
加：营业外收入	91,016,292.15	419,450.89
减：营业外支出	2,174,960.92	328,951.44
三、利润总额	207,696,254.11	−213,408,308.38
减：所得税	49,133,753.93	−50,878,833.33
四、净利润	158,562,500.18	−162,529,475.05

要求：

(1) 计算该企业2022—2023年的利润增减变动趋势。

(2) 分析这两年的利润结构，说明哪一年的利润组成较为合理。

(3) 分析这两年的利润质量，说明该企业是否具有投资价值。

第五章
基本战略视角的现金流量表分析

学习目的与要求

通过本章的学习，了解现金流量表的内容及作用等基本理论，熟悉现金流量分析表的基本思路与基本理论；掌握现金流量表的主要分析方法，能够熟练运用现金流量表的特点进行分析，达到现金流量表的分析目的。

关键知识点

现金流量表的内容；现金流量表的特点；现金流量表的项目分析；现金流量表的结构分析；现金流量表比率分析。

重要概念

现金流量表；经营活动现金流量；投资活动现金流量；筹资活动现金流量。

引言

现金流量表是反映企业一定时期现金和现金等价物流入、流出信息的财务报表，是企业财务报表三大主表之一。通过列示企业获取现金和现金等价物的能力，可以评价企业经营活动及其成果的质量；通过现金及现金等价物流入、流出结构的变化，可以评价和预测企业的财务状况。在市场经济中，现金与现金流量与企业的生存、发展、壮大息息相关，"现金至上""现金为王"的观念深深影响着人们的理财观念。但是，要真正发挥现金流量表的作用，还需要对现金流量有深入的认识并掌握一定的分析技巧。

现金流量表究竟能提供哪些信息？如何处理和利用这些信息？这将是本章所要讲述的主要内容。

第一节　现金流量表概述

一、现金流量表的含义

现金流量表(statement of cash flow)是以收付实现制为编制基础,反映企业一定时期内现金及现金等价物流入和流出情况的财务报表。现金流量表将企业的现金按照经营、投资及融资活动分类,可用于分析企业在短期内有没有足够的现金去应对各项开支。

二、现金流量表中的基本概念

(一)现金及现金等价物的含义

现金流量表中的现金指的是广义上的现金,不仅包括库存现金,还包括可以随时用于支付的银行存款和其他货币资金及现金等价物。现金等价物是指企业持有的期限短、流动性强、易于转换为已知金额、价值变动风险很小的投资。其中,期限短通常是指从购入日至到期日在3个月或3个月以内能转换为已知现金金额的短期债券投资。

(二)现金流量的含义

现金流量是指企业某一期间内的现金流入和流出的数量,例如,销售商品、提供劳务、出售固定资产、收回投资、借入资金等会形成企业的现金流入,而购买商品、接受劳务、购建固定资产、现金投资、偿还债务等会形成企业的现金流出。现金流量是衡量企业经营状况是否良好、有无足够现金偿还债务以及资产变现能力等的重要指标。

1. 现金流入量、现金流出量和现金净流量

现金流入量是指企业在一定时期内从各种经济业务中收进现金的数量,而现金流出量是指企业在一定时期内为各种经济业务付出现金的数量。

在现金流量表中,现金流入量可分为经营活动现金流入量、投资活动现金流入量、筹资活动现金流入量;现金流出量可分为经营活动现金流出量、投资活动现金流出量、筹资活动现金流出量。

现金净流量是指现金流入量和与现金流出量的差额。现金净流量可能是正数,也可能是负数。如果是正数,则为净流入;如果是负数,则为净流出。现金净流量反映了企业各类活动形成的现金流量的最终结果,即企业在一定时期内,是现金流入量大于

现金流出量,还是现金流出量大于现金流入量。现金净流量是现金流量表的重要指标。

2. 经营活动、投资活动、筹资活动产生的现金流量

通常,按照企业经营业务发生的性质将企业一定期间内产生的现金流量归为以下三类。

（1）经营活动产生的现金流量。

经营活动是指企业投资活动和筹资活动以外的所有交易和事项,包括销售商品、提供劳务、经营性租赁、购买货物、接受劳务、制造产品、广告宣传、推销产品、缴纳税款等。经营活动产生的现金流量是企业通过运用所拥有的资产自身创造的现金流量,主要是与企业净利润有关的现金流量。但企业一定期间内实现的净利润并不一定都构成经营活动产生的现金流量,如处置固定资产净收益或净损失构成净利润的一部分,不属于经营活动产生的现金流量,处置固定资产净收益或净损失也不是实际的现金流入或流出。通过现金流量表中反映的经营活动产生的现金流入和流出,说明企业经营活动对现金流入和流出净额的影响程度。需要说明的是,各类企业由于行业特点不同,对经营活动性质的确认可能会存在一定的差异,企业在编制现金流量表时,应根据自己的实际情况,对现金流量进行合理的归类。

（2）投资活动产生的现金流量。

投资活动是指企业长期资产的购建以及不包括在现金等价物范围内的投资及其处置活动,包括取得或收回权益性证券的投资、购买或收回债券投资,以及购建和处置固定资产、无形资产和其他长期资产等。需要注意的是,作为现金等价物的投资属于现金自身的增减变动,如购买还有1个月到期的债券等,都属于现金内部各项目转换,不会影响现金流量净额的变动。通过现金流量表中反映的投资活动产生的现金流量,可以分析企业通过投资获取现金流量的能力,以及投资产生的现金流量对企业现金流量净额的影响程度。

（3）筹资活动产生的现金流量。

筹资活动是指导致企业资本及借款规模和构成发生变化的活动,包括吸收权益性资本、资本溢价、发行债券、借入资金、支付股利、偿还债务等。通过现金流量表中筹资活动产生的现金流量,可以分析企业筹资的能力,以及筹资产生的现金流量对企业现金流量净额的影响程度。

三、现金流量表的格式

现金流量表的格式有两种。一种是按全部现金流入量和流出量归类,最后用总流入量减总流出量,得出企业现金净流量。另一种是按经营活动现金流量、投资活动现金流量、筹资活动现金流量和特殊项目的现金流量分别归集其流入量、流出量和净流量,最后得出企业现金净流量。我国具体会计准则规定现金流量表采用后一种格式。

现金流量表如表5-1所示。

表5-1 现金流量表

编制单位:东风汽车股份有限公司　　年度:2023年　　　　　　　　　　　　　　单位:亿元

项目	行次	本期金额	上期金额
一、经营活动产生的现金流量	1		
销售商品、提供劳务收到的现金	2	139	150
收到的税费返还	3	0.2512	0.2295
收到其他与经营活动有关的现金	4	4.448	4.87
经营活动现金流入小计	5	144	155
购买商品、接受劳务支付的现金	6	121	134
支付给职工以及为职工支付的现金	7	10.264	10.045
支付的各项税费	8	7.286	7.153
支付其他与经营活动有关的现金	9	7.909	6.962
经营活动现金流出小计	10	147	158
经营活动产生的现金流量净额	11	−2.656	−2.9
二、投资活动产生的现金流量	12		
收回投资收到的现金	13	32.022	48.049
取得投资收益收到的现金	14	3.005	5.666
处置固定资产、无形资产和其他长期资产收回的现金净额	15	0.8461	1.167
处置子企业及其营业单位收到的现金净额	16	0.6008	0.0455
收到其他与投资活动有关的现金	17		
投资活动现金流入小计	18	36.474	54.927
购建固定资产、无形资产和其他长期资产支付的现金	19	2.032	2.031
投资支付的现金	20	37	45
取得子企业及其他营业单位支付的现金净额	21		
支付其他与投资活动有关的现金	22		6.5
投资活动现金流出小计	23	39.032	53.531
投资活动产生的现金流量净额	24	−2.558	1.396
三、筹资活动产生的现金流量	25		
吸收投资收到的现金	26		
取得借款收到的现金	27		
收到其他与筹资活动有关的现金	28		7.5
筹资活动现金流入小计	29		7.5
偿还债务支付的现金	30		

续表

项目	行次	本期金额	上期金额
分配股利、利润或偿付利息支付的现金	31	0.856	1.116
支付其他与筹资活动有关的现金	32	0.1325	0.1324
筹资活动现金流出小计	33	0.9885	1.248
筹资活动产生的现金流量净额	34	−0.9885	6.252
四、汇率变动对现金及现金等价物的影响	35	0.0043	0.0143
五、现金及现金等价物净增加额	36	−6.197	4.761
期初现金及现金等价物余额	37	54.838	50.076
现金的期末余额	38	48.64	54.838
现金的期初余额	39	54.838	50.076
期末现金及现金等价物余额	40	48.64	54.838

（资料来源：新浪财经）

四、现金流量表的意义

（一）现金流量表反映了企业的现金实际状况

通过分析现金流量表，可以了解企业在一定时期内的现金收入和现金支出情况，包括现金从何而来和向何处去，以便全面地评价企业的实际财务状况。通过现金流量表，投资者可以了解企业是否拥有足够的现金流来支撑企业长期发展，从而更精准地决策。

（二）现金流量表可以帮助判断企业的偿债能力和支付能力

作为一种财务报表，现金流量表展示了企业的经营活动、投资活动和筹资活动的各种现金流量对企业偿债能力和支付能力的影响。投资者可以通过比较企业现金流入和现金流出的情况，更好地评估企业的偿债能力和支付能力，从而做出更好、更明智的投资决策。

（三）现金流量表可以评估企业收益的质量

现金流量表比较经营活动所产生的现金流量和企业净收益之间的差异，并分析其变化的原因，以评估企业收益的质量。经营活动产生的现金流量是评估企业真实盈利状况的核心指标，在评估企业的收益质量时，该指标显得尤为重要。

（四）现金流量表可以帮助企业预测未来的现金流量

通过对过去现金流量的分析和总结，企业可以对自己未来的现金流量进行合理的预测，以更好地规划企业的未来发展战略和管理方针，为企业的可持续发展提供有力的支撑。

因此,现金流量表作为一份非常重要的财务报表,可以从现金的角度评估企业的偿债能力和支付能力,同时对企业的未来获取现金的能力进行预测。投资者和企业都需要通过对现金流量表的分析,更全面、更准确地了解企业的财务实际状况,以便更好地决策。

第二节　现金流量表分析的含义、作用及内容

一、现金流量表分析的含义

现金流量表分析是指对现金流量表上的有关数据进行比较、分析和研究,以此了解企业的现金来源和支付状况,从而判断企业的偿债能力、经营成果和发展前景,发现企业在财务方面存在的问题,预测企业未来的财务状况,为报表使用者科学决策提供依据。

二、现金流量表分析的作用

(一)评价企业利润质量

评价企业利润质量的关键在于观察利润受到现金流量的支撑程度,因为利润的确认、计量基础是权责发生制,其实现的时间与收取现金的时间往往存在一定差距。对企业而言,更重要的是取得现金的流入,而不是仅仅得到账面的利润。通过分析现金流量表补充资料中间接法将净利润调节为经营活动现金流量的计算过程,可以充分了解利润与现金流量之间差异的大小和原因,真实地评价企业利润质量。

(二)分析企业的财务风险

企业资金的主要来源之一是负债,负债水平过低会导致企业不能获得财务杠杆收益,但负债水平过高,又会引起较大的财务风险。这种财务风险的承担能力与企业现金流量状况直接相关,如果企业债务到期而没有足够的现金偿还负债,这种风险就会转化为真实的危机,甚至导致企业破产;反之,如果企业现金充实,现金流量状况稳定,则可以承担较高的负债水平,同时利用高负债获得高杠杆收益。因此,对现金流量表的分析可以满足会计信息使用者对企业未来偿债现金流量预测和判断的需要。

(三)预测企业未来现金流量

企业未来现金流量必然也来自经营活动、投资活动、筹资活动,这些方面的历史现

金流量信息都反映在现金流量表中,这就构成了未来企业现金流量预测的基础。分析现金流量表就是将历史现金流量与未来现金流量联系起来,满足会计信息使用者的要求。

三、现金流量表分析的内容

现金流量表可以从多个角度进行分析。

(一)结构分析

现金流量表的结构分析包括流入结构分析、流出结构分析和流入流出比分析。通过流入结构分析可以看出企业现金流入量的主要来源;通过流出结构分析可以看出企业当期现金流量的主要去向、有多少现金用于偿还债务,以及在企业经营活动、投资活动和筹资活动中,支付现金最多的方面;在流入流出比分析中,经营活动流入流出比越大越好,表明企业1元的流出可换回更多的现金,投资活动流入流出比小,表明企业处于发展时期,而衰退或缺少投资机会时此比例大,筹资活动流入流出比小,表明还款大于借款。通过流入和流出结构的历史比较和同业比较,还可以得到更有意义的信息。对于一个健康的正在成长的企业来说,经营活动现金流量应是正数,投资活动现金流量往往是负数,筹资活动的现金流量是正负相间的。

(二)偿债能力分析

在正常经营情况下,企业当期经营活动所获得的现金收放,首先要满足生产经营活动中的一些支出,如购买原材料与商品、支付职工工资、缴纳税费,然后才用于偿还债务,所以真正能用于偿还债务的是现金。分析企业的偿债能力,首先应评估企业当期取得的现金在满足了生产经营活动的基本现金支出后,是否还足够用于偿还到期债务的本息,如果不能偿还债务,必须向外举债,说明企业经营陷入财务困境。所以,通过现金流量和债务的比较,可以更好地反映企业偿还债务的能力,这点还可以通过现金到期债务比、现金流动负债比和现金债务总额比来反映。这些比率越高,说明企业承担债务的能力越强。

(三)支付能力分析

支付能力分析主要是对企业当期取得的现金与各项支出现金进行比较。企业取得的现金只有在支付了生产经营所需现金和本期应偿还的债务后,才能用于投资和发放股利,这表现在现金流量表中"现金流量净增加额"项目上,如果现金流量净增加额为正数,说明企业本期的现金与现金等价物增加了,企业的支付能力较强;反之则较差,说明企业财务状况恶化。但现金流量净增加额并非越大越好,若现金流量净增加额太大,则可能是企业现有的生产能力不能充分吸收现有的资产,使资产过多地停留在盈利能力较低的现金上,从而降低了企业的获利能力。

（四）获现能力分析

获现能力是指经营现金净流入与投入资源之间的比例关系，投入资源可以是销售收入、总资产、净营运资本、净资产或普通股股数等。具体财务指标包括销售净现率、每股净现金流量、全部资产现金回收率等。

第三节　现金流量表项目的质量分析

一、现金流量项目质量分析的含义

现金流量项目质量分析是按现金流量的项目或类别，分析识别各类业务活动的现金流入与流出状况是否正常、有无异常现象，并在此基础上进一步分析其产生原因的一种方法。具体而言，就是对经济活动、投资活动和筹资活动产生的现金流量进行分析。

现金流量表质量主要涉及现金流量的质量，现金流量的质量是指企业的现金流量能够按照企业的预期目标进行运转的质量。较好质量的现金流量应当具有如下特征：第一，企业现金流量的状态体现了企业发展的战略要求；第二，在稳定发展阶段，企业经营活动的现金流量应当与企业经营活动产生的利润有一定的对应关系，并能为企业的扩张提供现金流量的支持。现金流量表质量对企业的投资者、债权人或管理层的投资决策、信贷决策、经营管理决策都具有十分重要的意义。现金流量表分析的目的受分析主体以及服务对象差异的影响，不同分析主体，其分析目的各不相同，不同的服务对象所关注的问题也不同。

二、现金流量项目质量分析的内容

（一）经营活动现金流量质量分析

经营活动现金流量是企业经营活动中发生的现金流入和流出，其净流量是企业现金的首要来源，与净利润相比，经营活动现金流量能够更确切地反映企业的经营业绩。由于净利润是按权责发生制原则计算出来的，如果应收款项金额过多，且长期难以回收，净利润也就只是账面盈利而已，没有任何实际价值。

而经营活动现金流量则不同，当流量大于0时，意味着企业通过正常的商品购、产、销所带来的现金流入量不但能够支付因经营活动而引起的货币流出、补偿全部当期的非现金消耗性成本，而且有能力支付现金股利，或为企业的投资等活动提供现金流量的支持。金额越多，说明资金越充足，企业就有更多的资金用于扩大经营规模或偿还负债;反之,如果企业的经营活动现金流量长期小于0,必然难以支付日常开支,财务危机也随之而来。可见,充足稳定的经营活动现金是企业生存发展的基本保证。

1. 经营活动现金流量真实性分析

对比中报和年报经营现金流量,考察年度经营现金流量的均衡性,初步认定经营现金流量的真实水平。在正常经营情况下,企业的购销和信用政策比较稳定,销售业务也较少出现大起大落的情形,所以经营现金流量在年度内应保持一定均衡性;若未呈现这种均衡性,需警惕年报经营现金流量存在粉饰的可能。但需要指出的是,为了使结论更为准确合理,还应当同时考虑企业的会计行为(如是否存在年底结账的习惯)、结算方式,以及所属行业的具体特征(如是否具有季节性生产的特点)。

重点分析现金流量表有关明细项目,进一步明确经营现金流量的真实水平。对于"销售商品、提供劳务收到的现金"项目,要分析企业有无预收账款交易粉饰主营业务现金流量的可能。若企业大额预收账款缺少相关的销售或建造合同,则表明企业主营业务现金流入缺乏真实性。对于"收到的其他与经营活动有关的现金"项目,要分析判断企业有无借助下列事项粉饰其他经营活动现金流量的情况。

(1)关联方归还欠款。

(2)占用关联方资金。上市公司经常采取占用关联方往来款项的方式来虚增当期的经营现金流量,为此应特别关注上市公司与关联方进行期末大额款项往来的情况。

(3)现金流量项目类别归属。某些上市公司将一些非经营性现金流量项目(如票据贴现和临时资金拆借)归入"收到的其他与经营活动有关的现金"项目中,从而虚增了当期经营现金流量,掩盖了企业经营的真实面貌,对此应予以充分关注。

2. 经营活动现金流量充足性分析

经营活动现金流量充足性是指企业是否具有足够的经营现金流量满足正常运转和规模的扩张。现金净流量是指现金流入量与现金流出量的差额。如果当期经营活动产生的现金净流量小于0,则意味着通过正常的供、产、销所带来的现金流量不足以支付因经营活动引起的货币流出。不过据此提出经营现金流量质量不高的结论还为时过早。

从企业成长的过程来分析,如果企业处于初创期,一方面,生产的各个环节都还处在"磨合"状态,各种资源的利用率低,导致成本消耗较高,同时为了开拓市场,企业投入较多资金,采用各种手段将产品打入市场。例如,加大广告支出,从而使现金流出较多。另一方面,由于消费者未对企业的产品完全接受,导致以产品销售或劳务提供为主的经营活动产生的现金流入很少。基于上述原因,企业的经营活动现金流量表表现为"入不敷出"。

如果是上述原因导致经营活动现金流量"入不敷出",应认为这是企业在成长过程中不可避免的正常状态。但是如果企业并非处于初创期,仍然出现这种状态,则应当认为经营活动现金流量质量差。

如果经营现金流入正好补偿现金流出,仍然不能认为经营现金流量质量好,原因有两个。其一,企业的成本消耗中除了现金消耗性成本外,还有一部分属于按权责发生制原则的要求而确认的摊销成本和应计成本。只有这些非现金消耗性成本也被完全补偿,才能维持企业经营活动的"简单再生产"。其二,经营活动还承担着为企业投资活动提供货币支持,为筹资活动的风险规避贡献现金的任务。因此,只有当经营现金净流量大于0并且在补偿当期的非现金消耗性成本后仍有剩余时才能认为其比较充足,质量较好。

评估经营现金流量的充足程度还需要借助一些指标,主要评价指标如下。

(1)现金流量资本支出比率。

现金流量资本支出比率的计算公式为:

$$现金流量资本支出比率 = \frac{经营活动现金净流量}{资本性支出额}$$

其中,资本性支出额是指企业购建固定资产、无形资产及其他长期资产所发生的现金支出。该比率表明运用经营活动现金流量维持或扩大经营规模的能力。该比率大于1时,说明经营现金流量充足性较好,不仅可以满足资本支出的需要,还可以用于偿还债务、分派股利等。

(2)到期债务偿付比率。

到期债务偿付比率的计算公式为:

$$到期债务偿付比率 = \frac{经营活动现金净流量}{到期债务本金 + 本期债务利息}$$

该比率反映企业利用经营活动产生的现金流量偿付到期债务本息的实际水平。该比率小于1时,说明经营现金流量的充足性不够。为了解决资金缺口,企业或者对外融资,或者变现短期投资,或者拖延债务支付,给企业造成不利影响;该比率大于1时,则说明经营现金流量比较充沛,足以偿还到期债务,企业不存在支付风险。

3. 经营活动现金流量稳定性分析

持续稳定的现金流量是企业正常运营和规避风险的重要保证。要评价经营现金流量的质量必须考虑其稳定性,可以利用以下两个比率来分析。

(1)现金流量结构比率。

现金流量结构比率的计算公式为:

$$现金流量结构比率 = \frac{经营活动现金净额}{经营、投资、筹资活动产生的现金净增加额}$$

经营活动现金流量的主要构成是主营业务。主营业务突出、收入稳定是企业营运良好的重要标志,反过来,企业主营业务突出,经营越稳健,现金流越稳定。通过该比率可以大致了解企业主营业务当前的兴衰程度。如果计算连续数期的该比率更能了解主营业务发展变化的长期趋势,从而在一定程度上对经营现金流量的稳定持续性做出判断。

（2）现金销售能力比率。

现金销售能力比率的计算公式为：

$$现金销售能力比率=\frac{经营活动产生的现金流入量}{营业收入}$$

尽管当期现金流入中有可能包括前期应收款项的回收，但从较长一段时间来看，除非经营环境发生重大变化，否则应收账款各项平均收现率差异不会太大，这样当期现金流入在数量上就相当于当期所销售商品、提供劳务收到的现金。通过这一比率可以判断企业现金销售能力，较高的收现率表明企业产品定位准确，适销对路，并且已经形成卖方市场的良好经营环境，这些又保证了经营现金流的稳定。

（二）投资活动现金流量质量分析

投资活动现金流量质量分析目前还很难建立完善的指标体系，但可以通过比较投资活动现金流入量和流出量的大小并结合其他一些信息进行分析。

1. 投资活动现金流入量小于现金流出量

在这种情况下，投资活动现金流量表现为"入不敷出"，但不能据此简单做出判断。从企业的成长过程来看，如果企业处于开办阶段，投资活动活跃，而现金回收极少，或者是由于企业处于不断增长阶段，不断挖掘利润增长点、扩大投资行为的结果。所以，面对投资活动的现金净流量小于0的企业，首先应当考虑的是该企业的投资活动是否符合其长期规划和短期计划，如果符合其长期规划和短期计划，则表明这是企业经营活动发展和企业扩张的内在需要。成功的投入会带来新利润；反之，可能是资金被套牢，运转不灵，甚至导致破产。所以，还要结合产品的市场潜力、产品定位、经济环境等因素进行分析，结合企业未来获利能力对投资活动现金流量的质量做出判断。

2. 投资活动现金流入量大于现金流出量

这种情况的发生或者是由于企业在本会计期间投资回收活动的规模大于投资支出的规模，或者是由于企业在经营活动、筹资活动方面急需资金，不得不处理手中的长期资产以求变现等原因所引起。从企业的发展阶段来看，如果企业正处于成熟阶段，由于顾客对企业产品的需求增长缓慢，企业不需要在扩大生产方面再投入太多资金，常处于"负投资"状态。因此，必须对投资活动现金流量产生的原因进行具体分析。

（三）筹资活动现金流量质量分析

筹资活动现金流量质量分析同样可以通过比较筹资活动现金流入量与现金流出量的大小来进行。

1. 筹资活动现金流入量大于现金流出量

如前所述,处于开办阶段的企业往往需要大量的现金,各种投资活动对现金的需求量非常大,而销售收回的现金却较少,因而存在大量的对外筹资需求;处于衰退阶段的企业由于盈利能力低,微薄的净利润无法满足再投资所需要的资金,为弥补现金流量不足,企业常常要举债筹资,从而出现大额的筹资活动产生的现金流入量。所以分析企业筹资活动现金净流量大于0是否正常,先要看筹资活动是否体现了企业的发展规划,是管理层以扩大投资和维持经营活动为目标的主动筹资行为,还是因为投资活动和经营活动的现金流出失控而进行的不得已的筹资行为;然后要分析筹资活动现金流入对企业的影响是正面的还是负面的。

2. 筹资活动现金流入量小于现金流出量

这种情况的出现或是由于企业在本会计期间集中发生偿还债务、分配股利、偿付利息等业务,或者是因为企业经营活动与投资活动在现金流量方面运转较好,有能力完成上述各项支付。但是筹资活动现金净流量小于0也可能是企业在投资和企业扩张方面没有更多作为的一种表现。

需要说明的是,影响现金流量质量的因素很多,除了考虑上述因素外,同时还应考虑企业所属行业的特点、企业主要产品所处的生命周期,并充分利用现金流量表外的其他相关资料进行分析,才能更恰当地评价上市公司现金流量的质量。

三、案例分析

案例一　天齐锂业股份有限公司(简称天齐锂业,股票代码002466)是以锂为核心的新能源材料企业,公司深耕锂行业30余年,投资中国、澳大利亚和智利的锂产业链,在国内外多地已建成了8.86万吨/年的锂化工品产能。惠州亿纬锂能股份有限公司(简称亿纬锂能,股票代码300014)历经20多年的快速发展,已成为具有全球竞争力的锂电池平台公司,同时拥有消费电池、动力电池、储能电池核心技术和全面解决方案,产品广泛应用于物联网、能源互联网领域。

天齐锂业(002466)2020—2023年现金流量表简表和亿纬锂能(300014)2020—2023年现金流量表简表分别如表5-2、表5-3所示。

表5-2　天齐锂业(002466)2020—2023年现金流量表简表　　　单位:亿元

项目	2023年末	2022年末	2021年末	2020年末
经营活动现金流入	476	354	56.116	37.477
经营活动现金流出	249	151	35.172	30.513
经营活动现金净流量	227	203	20.944	6.964
投资活动现金流入	24.245	32.847	8.724	5.008
投资活动现金流出	44.472	25.407	10.10	10.057

续表

项目	2023年末	2022年末	2021年末	2020年末
投资活动现金净流量	−20.227	7.440	−1.376	−5.049
筹资活动现金流入	115	245	127	42.975
筹资活动现金流出	349	351	139	78.197
筹资活动现金净流量	−234	−106	−11	−35.222
三种活动现金净流量	−27.227	104.44	8.568	−33.307

（资料来源：新浪财经）

表5-3　亿纬锂能（300014）2020—2023年现金流量表简表　　　单位：亿元

项目	2023年末	2022年末	2021年末	2020年末
经营活动现金流入	375	303	151	77.313
经营活动现金流出	288	274	132	61.837
经营活动现金净流量	87	29	19	15.476
投资活动现金流入	15.855	7.292	20.869	1.187
投资活动现金流出	75.066	206	94.71	23.773
投资活动现金净流量	−59.211	−180.896	−73.841	−22.586
筹资活动现金流入	74.468	255	98.516	41.304
筹资活动现金流出	74.158	74.104	16.358	18.371
筹资活动现金净流量	0.31	180.896	82.158	22.933
三种活动现金净流量	28.0994	11.188	23.317	15.823

（资料来源：新浪财经）

从现金紧张程度来看，2020—2023年亿纬锂能这家企业三种活动带来的现金净流量都大于0，而天齐锂业只有2021年和2022年是大于0的，并且天齐锂业这几年只能依靠经营活动得到的现金来弥补其他两项活动现金的不足，而亿纬锂能能依靠经营活动和筹资活动两项现金弥补投资活动现金的不足，说明亿纬锂能的资金没有天齐锂业那么紧张。

从现金来源来看，这两家企业的现金流入都以经营活动现金流入为主，而且每年的经营活动净现金流量都大于0，说明经营情况都良好，能通过经济活动得到和结存现金。

从现金支出来看，天齐锂业的筹资活动现金流出在其三种活动现金流出中是最多的，而亿纬锂能的经营活动现金流出在其三种活动现金流出中是最多的。说明天齐锂业的筹资力度很大，而亿纬锂能是经营上比较保守稳妥的企业，主要现金支出集中于经营活动。

从现金结存情况来看，这两家企业的经营活动现金净流量都大于0，投资活动现金净流量基本小于0,说明两家企业经营情况良好,投资活动上则需要支付大量现金,两家企业都有扩大对外投资或扩大生产规模的想法。天齐锂业的筹资活动现金净流量一直小于0,而亿纬锂能的筹资活动现金净流量一直大于0,说明天齐锂业在这几年筹资力度较大,而且一直处于还款期,亿纬锂能的筹资力度则相对较小,因此筹资活动的现金开支也不大,能保持筹资活动现金净流量一直大于0。

另外,2022—2023年这两家企业的经营活动现金流入量与经营活动现金净流量都有明显增加,说明两家企业的经营状况和盈利能力应该都有较快提升。2020—2022年两家企业的筹资活动现金流入量明显逐年增加,这表明两家企业对对外筹集资金存在较大依赖性,也较为重视发挥财务杠杆作用,为企业经营提升做好了资金准备。

案例二 湘财股份有限公司(简称湘财股份,股票代码600095)于1994年3月25日成立,1997年在上海证券交易所主板上市。湘财股份有限公司的主营业务是证券业务(前身是湘财证券),同时还涉及防水卷材业务、制药业务、食品加工业务以及贸易业务等。湘财股份(600095)2020—2021年现金流量表简表如表5-4所示。

表5-4　湘财股份(600095)2020—2021年现金流量表简表　　　　　单位:亿元

	2021年末	2020年末
经营活动现金流入	80.95	55.25
经营活动现金流出	84.44	52.70
经营活动现金净流量	−3.49	2.55
投资活动现金流入	3.21	1.84
投资活动现金流出	25.69	5.28
投资活动现金净流量	−22.48	−3.44
筹资活动现金流入	116.62	54.86
筹资活动现金流出	89.25	48.91
筹资活动现金净流量	27.37	5.95
三种活动现金净流量之和	1.40	5.06

(资料来源:新浪财经)

通过2020—2021年湘财股份年报中的现金流量表可知,2021年资金流转比2020年困难,原因是2021年只能依靠筹资活动获得现金,而经营活动与投资活动现金净流量都是负数。

经营活动现金净流量为负数,如果不是新开办的企业,那么多少说明经营过程中出现了问题,比如亏损、现金收回困难或有偶然性的大量现金支出。

湘财股份(600095)2020—2021年利润表简表如表5-5所示。

Note

表5-5 湘财股份（600095）2020—2021年利润表简表 单位：亿元

项目	2021年末	2020年末
营业总收入	45.71	26.36
营业总成本	45.75	23.77
其他收益	0.08	0.11
投资收益	3.87	3.45
⋮	⋮	⋮
营业利润	7.13	4.80
营业外收入	0.069	0.066
营业外支出	0.068	0.073
利润总额	7.13	4.79
净利润	4.87	3.57

（资料来源：新浪财经）

通过2020—2021年湘财股份年报中的利润表可知，2021年营业总收入略小于营业总成本，由于其他收益和投资收益，该企业的营业利润呈现为正数。也就是说，从盈利角度来看，该企业在2021年经营期间并未出现账面亏损。同时，营业外收入略大于营业外支出，也没有因为偶然性的现金支出导致现金紧张，利润总额、净利润也为正数。

再结合2020—2021年湘财股份年报中的资产负债表可知，2021年应收账款比2020年增长了254.74%，2021年其从事的贸易业带来的营业收入比2020年增长了304.04%。由此，可以看出它的资金紧张并不是经营亏损导致的，也不是偶然性的现金支出导致的，较大可能是贸易业务扩大，应收账款随之增加，而相应的应收账款管理制度没有相应改进而出现现金回收困难导致的，不能简单地将该企业经营活动现金净流量为负的原因视为业务亏损。

第四节 现金流量表项目的结构分析

一、现金流量结构分析的含义

现金流量结构分析具体包括现金流入结构分析、现金流出结构分析、现金净流量结构分析等。它主要探究企业当期所取得的现金源自哪些方面、用于哪些地方，企业的现金余额由哪些现金流构成，以及各项现金流占总量的百分比分别是多少。

通过现金流量结构分析，财务报表使用者可以进一步了解企业财务状况的形成过程、变动过程及其变动原因。现金流量表是反映企业在一定时期内现金流入、流出及其净额的报表,它主要回答企业本期现金来自何处、用于何处、余额结构如何等问题。现金流量的结构分析,就是在现金流量表有关数据的基础上,进一步明确现金收入、支出、结余的构成。

二、现金流量结构分析的内容

(一)现金流入结构分析

现金流入结构是指企业经营活动、投资活动和筹资活动产生的现金流入量占企业全部现金流入总量的比例,以及这三类活动中,不同现金流入渠道流入现金占该类别现金流入量和现金流入总量的比例。

通常情况下,经营活动是企业的主要经济活动。因此,在企业现金流入量中,来自经营活动的现金流入量应当占有相当大的比例,尤其是主要经营活动产生的现金流入量会明显高于其他经营活动产生的现金流入量。当然,经营性质、经营范围不同的企业,现金流入量的比例也会存在很大的差别。对于经营业务比较单一的企业,其主要经营业务创造的现金流入量可能在整个企业经营活动现金流入总量中占有绝对比例。比如,一个保守型企业,通常着眼于自身既定经营范围内的业务发展,就算有一定的闲置资金,也不愿意投资于经营范围以外的领域,尽可能避免负债经营。在这种情况下,经营活动产生的现金流入所占的比例较高,相应地由投资活动和筹资活动产生的现金流入偏少。

在市场经济快速发展的今天,特别是随着集团化、规模化企业的建立,许多企业呈现出积极活跃、多元化发展的势头。经营范围和所涉及的领域不断扩大,其筹资活动和投资活动自然显得频繁。在一定时期内,筹资活动和投资活动产生的现金流入和流出量可能会高于经营活动产生的现金流入和流出量。

下面以快克智能(603203)2022—2023年现金流入结构分析表为例进行分析,如表5-6所示。

表5-6　快克智能(603203)2022—2023年现金流入结构分析表

编制单位:快克智能　　　　　　　　　　　　　　　　　　　　　　　　　单位:元

项目	现金流入额		所占比例	
	2023年	2022年	2023年	2022年
一、经营活动产生的现金流入量				
销售商品、提供劳务收到的现金	895,499,920.17	925,849,735.25	26.37%	33.62%
收到的税费返还	17,439,019.22	15,087,868.20	0.51%	0.55%
收到其他与经营活动有关的现金	35,762,871.59	27,968,238.81	1.05%	1.02%
经营活动现金流入小计	948,701,810.98	968,905,842.26	27.93%	35.19%
二、投资活动产生的现金流入量				

续表

项目	现金流入额		所占比例	
	2023年	2022年	2023年	2022年
收回投资收到的现金	2,106,499,000.02	1,623,538,000.00	62.3%	58.95%
取得投资收益收到的现金	19,289,731.18	19,513,780.52	0.57%	0.71%
处置固定资产、无形资产和其他长期资产收回的现金净额	220,247.45	46,000.00	0.0065%	0.0017%
收到其他与投资活动有关的现金	298,962,576.74	100,285,152.51	8.80%	3.64%
投资活动现金流入小计	2,424,971,555.39	1,743,382,933.03	71.68%	63.30%
三、筹资活动产生的现金流入量				
吸收投资收到的现金	15,598,392.76	27,443,319.50	0.46%	1%
取得借款收到的现金	5,000,000.00	14,500,000.00	0.15%	0.53%
收到其他与筹资活动有关的现金	1,399,474.77		0.04%	
筹资活动现金流入小计	21,997,867.53	41,943,319.50	0.65%	1.51%
合计	3,395,671,233.90	2,754,232,094.79	100%	100%

从表5-6中可以看出,快克智能2022年、2023年投资活动现金流入占现金流入总量的63.30%、71.68%,比例上升,说明该企业主要是依靠投资活动带来现金,这有别于传统经营的企业以商品经营为主要活动,并带来最多的现金流入量。因此,这说明快克智能是以投资活动为主的,经营策略比较激进,这种方式带来较多的现金,相对而言存在风险且不稳定。投资活动现金流入中,以收回投资收到的现金为主,说明该企业在这两年不断地收回了投资本金并获得了投资收益,投资效率比较高;并且在2023年处置固定资产、无形资产和其他长期资产收回的现金净额也有较大幅度增长,但这属于偶然性增长,不具有可持续性。

这家企业2022年、2023年的经营活动现金流入量占现金流入总量的35.19%、27.93%;而经营活动产生的现金流量主要来源于销售商品、提供劳务收到的现金;这家企业2022年、2023年的筹资活动现金流入量占现金流入总量的1.51%、0.65%,筹资活动带来的现金非常少,筹资比较谨慎,说明企业对外筹资的力度不大,主要依靠自有资金进行经营运转。

(二)现金流出结构分析

现金流出结构是指企业经营活动、投资活动和筹资活动产生的现金流出总量占企业现金流出总量的比例。

一般情况下,发生在经营活动中的比如购买商品、接受劳务和支付税费等支出产生的现金流出量占现金流出总量的比例较大,而投资活动和筹资活动的现金流出量占现金流出总量的比例大小与企业的风险导向、企业融资能力和资金的使用方向有关。

这就使得不同企业之间在进行横向比较时,相同项目的现金流出数额会有很大不同。即使是同一企业,在不同时期,也会因企业经营政策变化而存在较大差异。有些企业的投资和筹资活动现金流出较少,在总的现金流出中所占比例很小;而有些企业则可能很大,甚至超过经营活动的现金流出。总的来讲,在企业正常的经营活动中,其经营活动的现金流出应当具有一定的稳定性,各项变化幅度一般不会相差很大,但投资活动与筹资活动现金流出的稳定性相对较差,甚至具有偶发性和随意性。主要是由于投资活动和筹资活动风险较大。因此,在分析企业的现金流出结构时,应结合企业的具体情况进行分析。

下面以快克智能(603203)2022—2023年现金流出结构分析表为例进行分析,如表5-7所示。

表 5-7　快克智能(603203)2022—2023年现金流出结构分析表

编制单位:快克智能　　　　　　　　　　　　　　　　　　　　　　　　单位:元

项目	现金流出额		所占比例	
	2023年	2022年	2023年	2022年
一、经营活动产生的现金流出量				
购买商品、接受劳务支付的现金	392,973,306.63	404,031,003.50	11.18%	14.60%
支付给职工以及为职工支付的现金	212,590,923.09	190,436,524.65	6.05%	6.88%
支付的各项税费	74,896,437.50	83,990,163.89	2.13%	3.03%
支付其他与经营活动有关的现金	58,514,513.52	48,666,658.35	1.66%	1.76%
经营活动现金流出小计	738,975,180.74	727,124,350.39	21.02%	26.27%
二、投资活动产生的现金流出量				
购建固定资产、无形资产和其他长期资产支付的现金	69,411,726.63	27,999,258.14	1.97%	1.01%
投资支付的现金	2,430,850,000.00	1,418,225,600.00	69.15%	51.23%
取得子企业及其他营业单位支付的现金净额	9,180,000.00	34,621,668.15	0.26%	1.25%
支付其他与投资活动有关的现金	272,700.00	298,962,576.74	0.0078%	10.8%
投资活动现金流出小计	2,508,714,426.63	1,779,809,103.03	71.39%	64.29%
三、筹资活动产生的现金流出量				
偿还债务支付的现金	14,500,000.00	10,547,842.86	0.41%	0.38%
分配股利、利润或偿付利息支付的现金	249,926,987.57	248,544,736.97	7.11%	8.98%

续表

项目	现金流出额		所占比例	
	2023年	2022年	2023年	2022年
支付其他与筹资活动有关的现金	2,294,032.35	2,190,145.40	0.07%	0.08%
筹资活动现金流出小计	266,721,019.92	261,282,725.23	7.59%	9.44%
合计	3,514,410,627.29	2,768,216,178.65	100%	100%

在表5-7中,快克智能2022—2023年投资活动现金流出量都占据了所有活动现金流出之和的最大比例,表明该企业的现金流出主要集中在投资活动,表5-6中该企业的现金流入以投资活动现金流入为主,可知该企业并非传统的以经营活动为主的企业。投资活动现金流出量中以投资支付的现金为主,说明该企业从事的对外投资业务较多,这增加了企业经营的不稳定性、风险性。

快克智能2022年、2023年的经营活动现金流出量占据所有活动现金流出之和的26.27%、21.02%,比例有所下降。经营活动现金流出以购买商品、支付劳务中支付的现金为主,是正常的。快克智能2022年、2023年的筹资活动现金流出量占据所有活动现金流出之和的9.44%、7.59%,比例有所下降,筹资活动现金流出以分配股利、利润或偿付利息支付的现金为主,说明在这两年支付股利、利润、利息的现金较多,正处于还款期。

综合表5-6和表5-7,该企业发生的现金流出量与其形成的现金流入量较匹配,当某种活动的现金流入量比例增加时,该种活动的现金流出量比例也增加;当某种活动的现金流入量比例减少时,该种活动的现金流出量比例也减少。该企业始终以投资活动为主,投资活动带来的现金流入最多,支付的现金也最多。筹资活动的现金流入最少,流出也最少。另外,除了投资活动中投资支付的现金所占比例增长较快,其他每种活动现金流入量比例和流出量比例没有太大的变化,基本比较稳定。

(三)现金净流量结构分析

现金净流量结构是指企业经营活动、投资活动和筹资活动产生的现金净流量分别占现金净流量总额的比例,即三种活动各自对现金净流量的贡献程度。

通过现金净流量结构分析,可以明确体现本期的现金净流量主要由哪类活动产生,哪类活动导致现金净流量较少,并据此判断现金净流量的形成是否科学、合理,是否存在较大的经营风险与财务风险等。

下面以快克智能(603203)2022—2023年现金净流量结构分析表为例进行分析,如表5-8所示。

表 5-8　快克智能(603203)2022—2023年现金净流量结构分析表

编制单位:快克智能　　　　　　　　　　　　　　　　　　　　　　　　单位:元

项目	现金净流量		所占比例	
	2023年	2022年	2023年	2022年
经营活动产生的现金流量净额	209,726,630.24	241,781,491.87	−175.15%	−1728.97%
投资活动产生的现金流量净额	−84,742,871.24	−36,426,170.00	70.77%	260.48%
筹资活动产生的现金流量净额	−244,723,152.39	−219,339,405.73	204.38%	1568.49%
合计	−119,739,393.39	−13,984,083.86	100%	100%

　　表5-8中,快克智能2022年、2023年三种活动的现金净流量合计为负数,除了经营活动产生的现金流量净额大于0,其他两种活动的现金流量净额都小于0,说明快克智能实际上面临着较为紧张的现金状况。尽管经营活动能够结存一定量的现金,但这些结存的现金仍无法满足投资活动与筹资活动的现金支付需求。这两年其他两种活动的现金支付需求,主要体现在筹资活动中需要支付大量的现金,这说明企业之前的筹资力度应该比较大,而这两年正处于还款期。

第五节　现金流量表项目的比率分析

一、利润质量分析

(一)销售净现率

销售净现率的计算公式为:

$$销售净现率 = \frac{年度实现经营活动现金净流量}{年度营业收入}$$

　　该指标可以用来反映企业在一个会计期间内,每实现1元的营业收入所能产生的经营活动现金净流量,它体现了企业因销售商品、提供劳务等取得的变现收益水平。销售净现率以大于同期的营业利润率指标数值为好。

(二)总资产净现率

总资产净现率的计算公式为:

$$总资产净现率=\frac{年度实现经营活动现金净流量}{年度平均资产总额}$$

企业的生产经营离不开资产的投入与运作。资产的使用可以为企业带来未来的经济利益。总资产净现率表明企业以拥有或控制的资产在经营活动中获得现金流量的能力，它反映了企业资产的实际创造现金的能力。如果把若干时期的该指标数值进行比较，可以看出该企业对经营性资产的利用效果和未来的变化趋势。

（三）收益现金比率

收益现金比率的计算公式为：

$$收益现金比率=\frac{经营活动现金净流量}{净收益}=\frac{每股经营活动现金净流量}{每股净收益}$$

该指标实际上可以看作是由两个财务指标组成的。它体现了每股净收益中拥有的经营活动净现金流量的比例，反映了每股收益中变现收益的高低。通常来说，该指标大于1，则表明企业在获取1元的每股净收益时，也为企业带来了超过1元的净现金；相反，该指标小于1，则表明企业取得的净收益中，有一部分没有形成现金。

（四）现金获利指数

现金获利指数的计算公式为：

$$现金获利指数=\frac{年度净利润额}{年度实现经营活动现金净流量}$$

该指标反映企业每实现1元的经营活动现金净流量所实现的收现性利润额，用以衡量经营活动现金流量的获利能力。

（五）每股净现金流量

每股净现金流量的计算公式为：

$$每股净现金流量=\frac{经营活动现金净流量}{流通中的普通股股数}$$

该指标反映企业全体普通股股东每投入1股所能创造的现金净流量的能力，同时也反映了企业股本的现金获利能力。对于以获取现金股利为主要投资目标的投资者来说，该指标显得非常重要。

（六）全部资产现金回收率

全部资产现金回收率的计算公式为：

$$全部资产现金回收率=\frac{经营活动现金净流量}{全部资产}$$

该指标反映全部资产中有多少是由经营活动现金净流量组成的。指标值越低，说明由经营活动现金形成的资产比例越低，该企业资产产生现金的能力较弱。

二、现金流量的偿债能力分析

（一）现金流量的长期偿债能力比率分析

1.到期债务本息偿付比率

到期债务本息偿付比率的计算公式为：

$$到期债务本息偿付比率 = \frac{经营活动现金流量净额}{本期到期债务本息}$$

经营活动是企业主要的经济活动,其产生的现金流量净额是企业偿还债务的最稳定、最可靠的来源。如果该指标值大于1,说明企业偿还本期债务本息的能力强;如果该指标值小于1,则说明企业经营活动产生的现金不足以偿付到期债务本息支出,必须通过其他渠道筹资,才能清偿债务。这一指标越大,表明企业长期偿债能力越强。

2.强制性现金支付比率

在企业的日常经营活动中,不可避免地会产生一些支出,如支付的职工工资、机物料消耗费用、水电费等,这些支出带有一定的强制性。为了保证企业的正常运转,企业的现金流入必须满足这方面的要求,以保证企业良好的信誉。常用的反映企业是否有足够现金偿还债务、支付经营费用的指标是强制性现金支付比率。强制性现金支付比率的计算公式为：

$$强制性现金支付比率 = \frac{现金流入总量}{经营活动现金流出量 + 偿还到期本息付现}$$

该指标反映了企业现金流入总量对企业当期必需现金支付的保证程度。该指标至少应等于1,此时表明现金流入量能够满足强制性项目的支付需要。这一指标越大,表明企业的偿债能力越强;超过1的部分,可以用来满足企业其他方面的现金需求。若该指标值小于1,则说明企业可用现金短缺,企业要想维持正常运转,必须增强自身的"造血"能力。

（二）现金流量的短期偿债能力比率分析

1.现金流量比率分析

现金流量比率的计算公式为：

$$现金流量比率 = \frac{经营活动现金流量净额}{平均流动负债}$$

现金流量比率反映经营活动产生的现金流量净额是本期流动负债的多少倍,体现了支付能力的保障程度。

若该指标大于1,表明企业生产经营活动中产生的现金流量足以用来偿还其到期债务;若该指标小于1,则表明企业经营活动产生的现金流量不足以偿还到期债务,需要通过其他渠道筹资才能偿还债务。

2. 近期支付能力系数分析

近期支付能力系数的计算公式为：

$$近期支付能力系数 = \frac{近期内能够用来支付的资金}{近期内需要支付的各种款项}$$

该指标反映企业有无足够的支付能力来偿还到期债务。式中，近期内能够用来支付的资金包括企业现有的货币资金、近期可以取得的收入和收回的应收款项等。近期内需要支付的各种款项包括近期内到期或逾期的应交款项和未付款项，如应付职工薪酬、银行借款、各项税金、应付股利等。根据现金流量表准则，"近期"的时间界定以3个月为宜，这样的设定既合理又较为谨慎。

当该指标大于1时，表示近期支付能力较强；如果该指标小于1，则表明企业近期的支付能力不足，需要采取其他筹资方式加以解决。

3. 速动资产够用天数分析

速动资产够用天数的计算公式为：

$$速动资产够用天数 = \frac{速动资产}{预计每天营业所需要的现金支出}$$

该指标以营业开支水平来衡量企业的支付能力，可以作为企业速动比率的补充。当企业的速动资产较多，每天营业所需的现金开支较少时，速动资产够用天数就多，企业支付能力较强；反之，速动资产够用天数就少，企业支付能力较弱。

第六节　从现金流量表看企业战略

一、企业生命周期与现金流量

（一）生命周期理论

战略管理已经成为企业重要的管理辅助工具，本书所指的生命周期理论是其中的一种经典理论，被广泛运用于战略管理的实践中。

生命周期理论是由美国心理学家卡曼（Korman）首先提出的，后来由赫西（Hersey）和布兰查德（Blanchard）共同创立的。生命周期理论是指不同产品、服务或项目在市场上会经历初创期、成长期、成熟期和衰退期这四个不同阶段。每个阶段都具备独有的特征，并且需要采取与之对应的策略。值得注意的是，这些特征和对策在不同产品、服务或项目之间有相同之处。

生命周期理论的基本原理是以产品为中心，以消费者需求为导向，根据市场需求的不同,对产品实施差异化的推广和营销。不同的营销策略可以满足不同消费群体的需求,进而提高产销率和市场占有率。当市场以产品分类作为驱动因素时,企业的竞争就开始了。在此背景下,企业如何以长远的眼光审视产品定位、市场趋势、竞争格局以及未来发展,成为开拓市场、实现可持续发展的重要一环。

（二）如何从现金流量判断企业的生命周期

企业处于不同生命周期阶段时,其现金流量的特征可通过分析经营活动、投资活动和筹资活动的现金净流量来理解。这些特征有助于揭示企业财务状况的变动及其原因,分析企业获现能力,并预测企业发展趋势。

1. 初创期

在这个阶段,企业需要投入大量资金形成生产能力并开拓市场。因此,经营活动现金净流量为负数,投资活动现金净流量也为负数,而筹资活动现金净流量为正数。这是因为企业主要依靠举债、融资等筹资活动来获取资金。

2. 成长期

当企业处于快速成长阶段,产品迅速占领市场,销售呈现快速上升趋势。这导致经营活动中大量货币资金回笼,经营活动现金净流量为正数,且经营活动现金流入与流出量增长较快。同时,为了扩大市场份额,企业仍需要大量追加投资,投资活动现金净流量为负数。尽管如此,仅靠经营活动现金流量净额可能无法满足所需投资,因此必须筹集必要的外部资金作为补充,筹资活动现金净流量仍为正数。

下面以宁德时代(300750)2019—2022年现金流量表简表为例进行分析,如表5-9所示。

表5-9　宁德时代(300750)2019—2022年现金流量表简表　　单位:亿元

项目	2022年	2021年	2020年	2019年
经营活动现金流入	3298	1453	605.5	563.1
经营活动现金流出	2686	1,024	421.2	428.4
经营活动现金净流量	612	429	184.3	134.7
投资活动现金流入	35	49.56	28.05	155.1
投资活动现金流出	677	587.4	178.6	136.5
投资活动现金净流量	−642	−537.8	−150.5	18.6
筹资活动现金流入	1036	310.6	431.9	73.33
筹资活动现金流出	214	74.04	57.55	31.65
筹资活动现金净流量	822	236.6	374.3	41.68
三种活动现金净流量	792	127.8	408.1	194.98

(资料来源:新浪财经)

宁德时代2019—2022年三种活动现金净流量都大于0,现金十分充足;经营活动现金流入量、流出量均快速增长,投资活动现金净流量大部分小于0,筹资活动现金净流量一直大于0,符合成长期企业发展战略的特点。

3. 成熟期

当企业进入成熟阶段,产品销售市场稳定,已进入投资回收期。此时,经营活动现金净流量为正数,投资活动现金净流量经常为正数或增长较慢,表明企业能够通过日常运营和投资回收获得现金流,且经营活动现金流入与流出量都比较稳定,变化不大。然而,筹资活动现金净流量为负数,因为企业需要偿还外部资金或支付较高的股利以保持良好的资信程度。

下面以贵州茅台(600519)2020—2022年现金流量表简表为例进行分析,如表5-10所示。

表5-10　贵州茅台(600519)2020—2022年现金流量表简表　　　　单位:亿元

	2022年	2021年	2020年
经营活动现金流入	1135	1316	1378
经营活动现金流出	618	676	1011
经营活动现金净流量	517	640	367
投资活动现金流入	0.11	0.19	3
投资活动现金流出	55	55	21
投资活动现金净流量	−54.89	−54.81	−18
筹资活动现金流入	0	0	0
筹资活动现金流出	574	266	241
筹资活动现金净流量	−574	−266	−241

(资料来源:新浪财经)

从贵州茅台2020—2022年的现金流量表来看,其经营活动现金流入与流出量减少,投资活动现金流入与流出量增长慢,而筹资活动现金流出量增加,这些都符合成熟阶段企业的现金流转情况的特点。说明贵州茅台已经是处于成熟阶段的企业。

4. 衰退期

在衰退期,市场萎缩,产品销售的市场占有率不断下降。这导致经营活动现金流入量小于流出量,经营活动现金净流量为负数。同时,为了偿还债务,企业不得不大规模地收回投资以弥补现金的短缺,因此,在这一阶段,投资活动现金净流量为正数,而筹资活动现金净流量为负数。

综上所述,通过分析企业不同生命周期的现金流量特征,可以更好地理解企业的财务状况和发展趋势,从而做出相应的经营和财务决策。

二、现金流量对企业战略的作用

（一）经营活动现金流量对企业扩张形成战略支撑

经营活动现金流入量是企业最主要、最关键、最稳定的现金流入量。经营活动现金流入量较大，说明企业的经营能力强（具体表现为销售业绩良好、利润水平较高，且收款能力强）。经营活动现金净流入多，说明企业经营活动流入的现金在扣除必要的经营开支后还可以对企业扩张形成战略支撑。

下面以建投能源（000600）2023年现金流量表简表为例进行分析，如表5-11所示。

表5-11　建投能源（000600）2023年现金流量表简表　　　　单位：元

项目	2023年末	2022年末
经营活动现金流入	22,428,426,666.40	21,159,226,384.63
经营活动现金流出	20,312,278,431.15	19,248,424,716.24
经营活动现金净流量	2,116,148,235.25	1,910,801,668.39
投资活动现金流入	325,087,242.16	339,483,134.70
投资活动现金流出	2,059,097,112.28	1,694,211,110.29
投资活动现金净流量	−1,734,009,870.12	−1,354,727,975.59
筹资活动现金流入	16,932,880,710.96	12,449,259,866.84
筹资活动现金流出	17,050,007,931.54	15,325,980,800.57
筹资活动现金净流量	−117,127,220.58	−2,876,720,933.73

从建投能源2022—2023年的现金流量情况来看，该企业的经营活动产生的现金是其现金的主要来源。在三种业务活动的现金流入中，经营活动现金流入占比最大，最终结存的经营活动现金净流量也是最多的，而另外两种活动的现金净流量都是负数。这说明该企业如果要实现战略性扩张会非常依赖经营活动的现金流量。

（二）投资活动现金流量体现了企业发展的战略方向

投资活动现金流出量分为对内投资活动的现金流出量和对外投资活动的现金流出量。如果对内投资活动的现金流出量较多（企业为购建固定资产、无形资产和其他长期资产所支付的现金较多），说明企业经营战略主要集中于对内扩大再生产。如果对外投资活动的现金流出量较多（企业为购买交易性金融资产、长期股权投资等长短期投资所支付的现金较多），说明企业经营战略主要集中于对外扩张。

下面以恒瑞医药（600276）2020—2023年投资活动现金流出量表为例进行分析，如表5-12所示。

表 5-12　恒瑞医药(600276)2020—2023年投资活动现金流出量表　　　　单位:元

项目	2023年末	2022年末	2021年末	2020年末
购建固定资产、无形资产和其他长期资产所支付的现金	1,483,791,745.29	1,992,177,711.16	1,664,635,232.23	554,328,530.86
对外投资所支付的现金	17,085,570.00	7,442,647,233.57	13,202,088,844.09	27,638,069,682.00
投资活动现金流出小计	1,500,877,315.29	9,434,824,944.73	14,866,724,076.32	28,192,398,212.86

从恒瑞医药2020—2023年的投资活动现金流出量情况来看,该企业从2021年开始投资的方向主要转向对内投资,表现为2021年比2020年购建固定资产、无形资产和其他长期资产所支付的现金明显增加,而且2021—2023年都基本保持了2021年的这一规模。而对外投资所支付的现金在2021年开始逐年减少。这说明该企业从2021年开始其经营战略主要基于对内扩大再生产。

(三)筹资活动现金流量为企业发展提供战略支撑

筹资活动现金流入量属于"外界输血",而经营、投资活动现金流入量属于"自身造血"。无论是股东入资还是银行贷款都是企业发展的动力,是企业与外界营商环境互动的重要体现。筹资活动现金净流入多,说明企业吸收资金能力强,能为企业发展提供战略支撑。

下面以福建水泥(600802)2023年现金流量表简表为例进行分析,如表5-13所示。

表 5-13　福建水泥(600802)2023年现金流量表简表　　　　单位:元

项目	2023年末	2022年末
经营活动现金流入	2,208,508,584.59	2,718,994,692.63
经营活动现金流出	2,330,068,574.02	2,926,072,083.58
经营活动现金净流量	−121,559,989.43	−207,077,390.95
投资活动现金流入	46,872,105.37	121,163,348.94
投资活动现金流出	127,361,680.03	193,442,272.49
投资活动现金净流量	−80,489,574.66	−72,278,923.55
筹资活动现金流入	1,299,890,315.37	1,211,563,444.44
筹资活动现金流出	1,075,207,160.74	1,086,229,309.44
筹资活动现金净流量	224,683,154.63	125,334,135.00
三种活动现金净流量之和	22,633,590.54	−154,022,179.50

从福建水泥2022—2023年几种活动现金流量情况来看,该企业这两年经营活动、投资活动现金净流量均小于0,"自身造血"功能不足,只能依靠外部筹集资金来维持企业的运转。该企业2023年筹资活动现金净流量大幅度提升,主要得益于取得借款收到的现金增加,同时支付股利减少,这表明其吸收资金的能力有所增强。在盈利能力下降的情况下,提高企业吸收资金的能力可以为企业摆脱当前困境提供战略支撑。

(四)所有活动现金净流量对企业扩张也形成战略支撑

所有活动现金净流量代表企业通过所有活动最终结存的现金。所有活动现金净流量较多,说明企业资金充足(偿债能力有保障,扩大经营规模或追加投资都有可能);所有活动现金净流量为负,说明企业资金不足。

下面以嘉环科技(603206)2022—2023年现金流量表简表为例进行分析,如表5-14所示。

表5-14 嘉环科技(603206)2022—2023年现金流量表简表 单位:元

项目	2023年末	2022年末
经营活动现金流入	4,773,009,119.41	3,981,380,937.56
经营活动现金流出	4,688,026,399.14	4,279,503,387.74
经营活动现金净流量	84,982,720.27	−298,122,450.18
投资活动现金流入	826,473,217.09	953,916,119.52
投资活动现金流出	771,633,194.26	1,399,867,254.81
投资活动现金净流量	54,840,022.83	−445,951,135.29
筹资活动现金流入	1,134,188,608.42	1,951,074,165.52
筹资活动现金流出	1,024,464,685.90	1,015,063,474.52
筹资活动现金净流量	109,723,922.52	936,010,691.00
三种活动现金净流量	249,546,665.62	191,937,105.53

从嘉环科技2022—2023年几种活动现金流量情况来看,该企业通过经营活动、投资活动、筹资活动结存的现金比较充足,能为企业的战略发展提供较好的现金支撑。尤其是2023年所有活动的现金净流量均大于0,说明企业获取现金的能力比较强。

思 考 题

1.现金流量表由哪几部分组成?内部构成在什么情况下是比较理想的?

2.现金流量表中的现金应该如何理解?

3.如何从战略管理视角来分析现金流入结构和流出结构?

4.现金流量是否也可以进行趋势分析,有何意义?

5.现金流量的比率分析可以分析企业的哪些能力?各自分析的侧重点在哪里?

Note

练习题

1.中胤时尚(300901)2023年的合并现金流量表如下所示:

中胤时尚(300901)2023年的合并现金流量表　　　　单位:元

项目	行次	2023年	2022年
一、经营活动产生的现金流量	1		
销售商品、提供劳务收到的现金	2	674,784,847.89	533,556,359.13
收到的税费返还	3	41,068,564.36	60,378,058.43
收到其他与经营活动有关的现金	4	102,231,677.30	39,379,589.16
经营活动现金流入小计	5	818,085,089.55	633,314,006.72
购买商品、接受劳务支付的现金	6	691,377,998.30	451,689,738.51
支付给职工以及为职工支付的现金	7	41,483,791.95	60,578,120.40
支付的各项税费	8	19,292,111.24	25,771,767.86
支付其他与经营活动有关的现金	9	49,334,983.16	122,556,036.37
经营活动现金流出小计	10	801,488,884.65	660,595,663.14
经营活动产生的现金流量净额	11	16,596,204.90	−27,281,656.42
二、投资活动产生的现金流量	12		
收回投资收到的现金	13		53,598,613.80
取得投资收益收到的现金	14		
处置固定资产、无形资产和其他长期资产收回的现金净额	15	281,303.43	31,499.10
处置子企业及其营业单位收到的现金净额	16		
收到其他与投资活动有关的现金	17		
投资活动现金流入小计	18	281,303.43	53,630,112.90
购建固定资产、无形资产和其他长期资产支付的现金	19	179,213,121.88	80,659,651.50
投资支付的现金	20	4,158,519.62	76,116,000.00
取得子企业及其他营业单位支付的现金净额	21		
支付其他与投资活动有关的现金	22		1,785.48
投资活动现金流出小计	23	183,371,641.50	156,777,436.98
投资活动产生的现金流量净额	24	−183,090,338.07	−103,147,324.08
三、筹资活动产生的现金流量	25		
吸收投资收到的现金	26	7,870,136.10	878,133.33
取得借款收到的现金	27	1,569,884.71	

续表

项目	行次	2023年	2022年
收到其他与筹资活动有关的现金	28	11,980,000.00	
筹资活动现金流入小计	29	21,420,020.81	878,133.33
偿还债务支付的现金	30		
分配股利、利润或偿付利息支付的现金	31	23,791,443.40	12,030,989.10
支付其他与筹资活动有关的现金	32	17,915,140.99	35,368,092.28
筹资活动现金流出小计	33	41,706,584.39	47,399,081.38
筹资活动产生的现金流量净额	34	−20,286,563.58	−46,520,948.05
四、汇率变动对现金及现金等价物的影响	35	4,417,842.06	30,508,812.91
五、现金及现金等价物净增加额	36	−182,362,854.69	−146,441,115.64
加:期初现金及现金等价物余额	37	515,172,085.39	661,613,201.03
六、期末现金及现金等价物余额	38	332,809,230.70	515,172,085.39

要求:

(1) 分析该企业现金流量结构是否合理,简要说明理由。

(2) 判断该企业处于什么发展时期。

(3) 预测该企业未来现金流量发展趋势。

(4) 分析该企业现金质量如何。

2. 下表为太阳纸业(002078)2023年现金流量表简要情况,请根据现金流量表项目的结构分析方法对其现金流转情况进行分析。

太阳纸业(002078)2023年现金流量表简表 单位:元

项目	2023年末	2022年末
经营活动现金流入	45,008,669,071.44	45,981,948,026.66
经营活动现金流出	38,391,172,009.38	42,158,384,684.17
经营活动现金净流量	6,617,497,062.06	3,823,563,342.49
投资活动现金流入	50,124,387.88	48,539,975.89
投资活动现金流出	4,818,976,036.99	6,169,488,989.44
投资活动现金净流量	−4,768,851,649.11	−6,120,949,013.55
筹资活动现金流入	16,807,489,518.67	15,801,105,764.12
筹资活动现金流出	18,653,651,871.77	13,998,400,592.44
筹资活动现金净流量	−1,846,162,353.10	1,802,705,171.68

第三篇

企业能力分析

宁德时代"高歌猛进"的盈利能力

2024年7月26日,宁德时代发布2024半年报,实现营业总收入1667.7亿元,归母净利润228.7亿元,其中,二季度归母净利润123.6亿元,业绩持续超预期增长。报告期内,经营性现金流达447亿元,现金储备充裕,期末货币资金达2,550亿元,支持未来高强度研发投入和全球优质产能建设;综合毛利率26.5%,同比提升4.9个百分点。

2024年上半年,宁德时代全球市场份额稳步提升。动力电池领域,根据SNEResearch数据,企业2017—2023年连续7年动力电池使用量排名全球第一,2024年1—5月企业动力电池使用量全球市占率为37.5%,较上年同期提升2.3个百分点,排名全球第一。储能领域,根据SNEResearch数据,企业2021—2023年连续3年储能电池出货量排名全球第一;2024年1—6月,根据鑫椤锂电数据,企业储能电池出货量继续保持全球第一的市场份额。2024上半年,宁德时代再获国际评级机构的高度认可,标普和穆迪相继上调了宁德时代的信用评级至A区间,并维持"稳定"的评级展望。至此,宁德时代在国际三大评级机构中评级全部上升至A区间,充分体现出国际评级机构对宁德时代强劲的市场表现以及未来发展前景的信心。根据中国汽车动力电池产业创新联盟数据,2024年上半年,在国内动力电池市场中,宁德时代的装车量市占率上升至46.4%,与上年同期相比实现了3个百分点的增长,巩固了国内市场的领先优势。值得注意的是,在不同的化学材料体系中,宁德时代的表现同样令人瞩目,其三元动力电池装车量市占率高达68.0%,较上年同期提升6.4个百分点,进一步拉大了与竞争对手的差距。同时,其磷酸铁锂动力电池市占率也实现了稳健增长,达到了37.2%,较上年同期提升了2.1个百分点,跃升为第一。

另外,宁德时代依托先进的研发体系与持续的研发投入,不断推出创新产品。在乘用车、商用车及储能领域,宁德时代均推出了众多新产品,这不仅体现了其在技术层面的持续领先优势,更推动整个行业向更高效、更环保、更可持续的未来迈进。

宁德时代的快速增长显著提升了企业多维度的综合能力,使其一度跻身增长最快的成长型企业行列,备受资本市场的关注与追捧。

由此可见,宁德时代的盈利能力正呈现"高歌猛进"的态势。那么,这种盈利能力能否长久持续与稳定?我们该如何评价企业的盈利能力?企业究竟该如何在经营管理中实现快速且持续的盈利增长?又该如何借助盈利能力推进战略实施进度?这都是本篇将要思考的问题。

第六章
偿债能力分析

学习目的与要求

通过本章的学习,了解偿债能力的内容、含义等基本理论;熟悉偿债能力分析的基本思路;掌握偿债能力分析的方法,能够熟练运用短期偿债能力与长期偿债能力具体指标的特点及相关注意事项进行分析,达到偿债能力分析的目的。

关键知识点

偿债能力的内容;偿债能力的影响因素;短期偿债能力的分析指标;长期偿债能力的分析指标。

重要概念

偿债能力;短期偿债能力;长期偿债能力;流动比率;速动比率;资产负债率。

引言

偿债能力是指企业偿还本身所欠债务的能力,是财务报表分析者尤其是债权人关注的重点,因为企业的债务基本都是以资产来偿付的,如果不能到期偿付债务,将会使企业的持续发展受到严重威胁。所以,偿债能力的强弱是企业生存和发展的基本前提。偿债能力分析对于企业的债权人、投资者和经营者都有十分重要的意义和作用,它有利于债权人分析其债权能否安全收回,有利于投资者进行正确的经营决策,有利于经营管理者对自己的经营绩效进行合理评价。企业的偿债能力分析通常分为短期偿债能力分析和长期偿债能力分析,两者的含义、作用、分析指标都不相同。

偿债能力分析究竟能提供哪些信息? 如何处理和利用这些信息? 这将是本章所要讲述的主要内容。

第一节　偿债能力分析概述

一、偿债能力的含义

偿债能力是企业偿还到期债务的承受能力或保证程度,包括偿还短期债务的能力和偿还长期债务的能力。企业偿债能力,静态地讲,就是用企业资产清偿企业债务的能力;动态地讲,就是用企业资产和经营过程创造的收益偿还债务的能力。企业有无现金支付能力和偿债能力是企业能否健康发展的关键。

二、偿债能力分析的意义

偿债能力的强弱涉及企业不同利益主体的切身利益。由于各利益主体对财务报表的使用目的存在差异,因此针对企业偿债能力的分析也具有不同的意义。

(一)企业偿债能力分析有利于债权人进行正确的借贷决策

在日常经营活动中,企业会面临各种风险,借贷风险就是其中之一。对于债权人而言,他们最为关注的是企业的偿债能力,因为这直接影响着他们的决策。与此同时,企业也需要具备一定规模的权益资本来承担经营风险。企业的权益资本比率高则偿还负债的能力就强,但这一比率过高又会对权益人的获利能力产生影响。因此,在分析企业偿债能力时要进行综合考量。

(二)企业偿债能力分析有利于企业经营者进行正确的经营决策

良好的偿债能力是企业偿还债务的保证,是企业保持良好财务形象的基础。具有良好偿债能力的企业才能获得未来发展所需的贷款和投资。通过偿债能力分析,企业能确定和保持最佳融资结构,从而将综合风险控制在最低水平,并在此基础上降低融资成本,增强自身的竞争力。良好的偿债能力为企业的持续经营提供了资金保障。

(三)企业偿债能力分析有利于投资者进行正确的投资决策

企业偿债能力是投资者、企业股东共同关注的核心因素,不仅直接影响投资者对企业发展的信心,也关系到企业自身的持续发展动力。偿债能力分析有长期和短期之分,而企业的长期负债通常在企业债务中占有相当大的比重,构成企业的主要债务。反映企业偿债能力的指标主要有流动比率、速动比率、资产负债率等。在分析企业偿债能力时,投资者需注重平衡风险与收益,避免因过度追求利润增长而忽视潜在的偿债风险。

三、偿债能力分析的作用

从企业角度出发,任何一家企业想维持正常的生产经营活动,必须持有足够的现金或者可以随时变现的流动资产,以支付各种到期的费用账单和到期债务。因此,进行偿债能力分析能够起到以下作用。

(一)了解企业的财务状况

财务状况指企业在某一时刻经营资金的来源和分布状况。从企业财务状况这一定义来看,企业偿债能力的强弱是反映企业财务状况的重要标志,辅之以企业发展的稳定性和近期增长情况。如果企业未能按时偿还债务,就会不合理地占用流动资金,破坏资金占用和资金来源的正常对应关系,造成资金周转困难,削弱企业支付能力,这说明企业财务状况欠佳。因此,通过分析偿债能力及其变化趋势,可以了解企业的财务状况。

(二)揭示企业所承担的财务风险程度

当企业举债时,可能会出现债务不能按时偿付的情况,这就是财务风险的实质所在。而且,企业的负债比率越高,到期不能按时偿付的可能性越大,偿债能力越弱,企业所承担的财务风险就越大。

(三)预测企业筹资前景

当企业偿债能力强时,说明企业财务状况较好,信誉较高,债权人就愿意将资金借给企业;反之,偿债能力弱的企业难以获得债权人的资金。因此,当企业偿债能力较弱时,不仅筹资难度增加,还可能因高风险被迫承担更高的财务成本,导致筹资前景不容乐观。

(四)为企业进行各种理财活动提供重要参考

偿债能力是企业生存与发展的根基,不仅关系到企业的安危,更是企业开展各类理财活动的重要依据。一旦失去偿债能力,企业的其他理财活动也必然受到影响。如果企业的偿债能力很弱,那么企业的理财活动则不得不偏向于筹资,对筹资活动的依赖程度增加,对外投资的能力就减弱,经营活动也不得不只在原有规模上尽量维持,甚至还要进行一些调整或收缩来满足偿还债务的需要。

四、偿债能力分析的内容

由于企业负债分为流动负债和长期负债,资产对应分为流动资产和非流动资产,因此偿债能力分析通常划分为短期偿债能力分析和长期偿债能力分析。但是,不管是短期偿债能力还是长期偿债能力,都是衡量企业债务及时、有效偿付能力的重要指标。

（一）短期偿债能力分析

短期偿债能力反映的是企业对偿还期限在1年或长于1年的一个营业周期以内的短期债务的偿付能力,是企业以流动资产偿还流动负债的能力,或者说是指企业在短期债务到期时变现偿还流动负债的能力,它表明企业偿付到期债务的能力。

由于短期偿债能力是以流动资产偿还流动负债的能力,流动负债的偿还时间较短,因此短期偿债能力主要对资产的流动性提出了较高的要求。企业的短期偿债能力不仅影响企业的经营,而且直接影响投资者和债权人的信任和投资意愿。企业应当根据自身的实际情况,有效地控制短期偿债风险,同时加强内部管理和控制,优化资产负债结构,降低财务风险,提升企业核心竞争力。

（二）长期偿债能力分析

长期偿债能力反映企业保证未来到期债务有效偿付的能力,或者说是在企业长期债务到期时,企业盈利或资产可用于偿还长期负债的能力。长期偿债能力所涉及的债务偿付一般为企业的资本性支出,只要企业的资金结构与盈利能力不发生显著的变化,企业的长期偿债能力会呈现相对稳定的特点。

由于长期偿债能力是以所有资产偿还非流动负债的能力,非流动负债的偿还时间较长,可以将资产逐渐变现来归还,因此,长期偿债能力主要对资产的价值和质量有要求,而对资产的流动性要求没有短期偿债能力高。企业的短期偿债能力不仅影响企业经营,而且直接影响投资者和债权人的信任和投资意愿。企业应当采取措施,注意资产的价值和质量,同时控制负债规模,以保证企业的长期偿债能力不受影响,维持在一定的水平。

第二节　短期偿债能力分析

一、短期偿债能力的含义

短期偿债能力是指企业以流动资产偿还流动负债的能力,它反映企业偿付到期债务的能力。对债权人来说,企业要具有充分的偿还能力才能保证其债权的安全,按期取得利息,到期取回本金;对投资者来说,如果企业的短期偿债能力有问题,不仅会迫使管理人员耗费大量精力筹集资金以应对债务,还会加剧企业筹资难度,大幅增加临时紧急筹资的成本,进而对企业的盈利能力产生负面影响。

二、短期偿债能力的分析要点

短期偿债能力的高低可从两个方面来进行大致的衡量:一是流动资产的数量和质量;二是流动负债的数量和质量。因此,在分析时需要特别关注企业流动资产与流动负债的构成项目及其质量。流动资产的质量和数量超过流动负债的数量和质量的程度反映企业的短期偿债能力。

流动资产的质量指资产的流动性,即转换成现金的能力,包括是否能在不受损失的情况下将资产转换为现金以及转换所需时间。这包含两层含义:一是资产转换为现金是通过正常的交易程序,这种交易不会使资产发生重大的损失;二是流动性的强弱主要取决于资产转换为现金的时间,以及预计出售价格与实际出售价格之间的差额。衡量流动性强弱的目的在于观察企业能否按期偿还债务。而流动负债的质量是指债务偿还的紧迫性和强制性程度,有些债务可以通过债务延期的方式延长偿还时间。

三、短期偿债能力的影响因素

短期偿债能力受多种因素的影响,包括行业特点、经营环境、生产周期、资产结构、流动资产运用效率等。仅凭某一期的单项指标,很难对企业短期偿债能力作出客观评价。因此,在分析企业短期偿债能力时,一方面应结合指标的变动趋势,动态地加以评价;另一方面,要结合同行业平均水平,进行横向比较分析。同时,还应进行预算比较分析,以便找出实际与预算目标的差距,探求原因,解决问题。

(一)战略管理水平

一个企业如果缺乏明确、连贯的战略规划,可能会在经营发展过程中迷失方向,难以形成可持续的竞争优势,这可能就会引发企业的财务风险和经营风险,从而影响企业的偿债能力。一方面,企业战略决定了企业的财务目标和资金运作方式。如果企业采取高风险、高回报的发展策略,那么可能会面临更大的财务风险。另一方面,企业战略决定了企业的市场定位、产品开发和运营方式。如果企业追求高增长和较大市场份额,那么可能会面临更大的经营风险。短期偿债能力是企业在短期内偿还债务的能力,如果企业不能依靠较好的战略方针应对经营风险和财务风险,就可能无法保障自身的短期偿债能力。

(二)流动资产的数量与结构

流动资产是可以在一年或超过一年的一个营业周期内变现的资产,其数量可以在资产负债表中的流动资产合计数中反映出来。流动资产的规模较大、结构合理,意味着企业有更多的资源用于偿还短期债务。这是因为流动资产是企业用以偿还短期负债的物质保证,一般情况下,流动资产的数量越多,企业的短期偿债能力就越强。流动资产的构成项目越合理,如货币资金、短期投资、应收账款、应收票据、存货等流动性较强的资产所占比例较高,由于这些资产的变现能力会直接影响企业的短期偿债能力,因此,企业的短期偿债能力也就更有保障。其中,货币资金和短期投资的变现能力非常强,而应收账款和存货的变现能力则取决于市场需求、产品质量等因素。因此,企业短期偿债能力不仅受流动资产数量的影响,还受流动资产内部结构的影响。

(三)流动负债的数量与结构

流动负债是企业可以在一年或超过一年的一个正常营业周期内偿还的债务,其数量可以在资产负债表中的流动负债合计数中反映出来。流动负债数量是影响短期偿债能力的重要因素,其数量越大,短期内需要企业用流动资产偿还的债务负担越重。

从流动负债的结构上看,企业的流动负债包括短期借款、应付票据、应付账款、预收账款、其他应付款、应付职工薪酬、应交税金、应付股利等。由于流动负债的形成环节不同,通常在财务报表分析时可将流动负债分为融资性流动负债、营业性流动负债、分配性流动负债。融资性流动负债是企业通过融资活动形成的流动负债,包括短期借款、一年内到期的长期借款等,其特点是到期还本付息。它反映了企业对金融机构的依赖程度及企业生产经营的波动性。营业性流动负债是企业由于采购环节货款结算或由于财政政策、会计准则等原因,在生产经营过程中占用他人资金形成的流动负债,包括应付票据、应付账款、预收账款、其他应付款、应付职工薪酬等,其特点是在规定的期限内通常不需要支付利息,但到期应及时偿还,否则有些流动负债是需要支付滞纳金的。分配性流动负债是企业在进行利润分配过程中所形成的流动负债,包括应付股利、应交税费等,其特点是盈利状况影响该项流动负债数量,一经形成应按时支付,否则不仅需要支付一定的滞纳金,还会影响企业信誉。

(四)企业经营现金流量

企业负债的偿还方式有多种,如以企业本身所拥有的资产偿还、以新增收益偿还、以新债还旧债等,但最终还是表现为以企业资产来清偿,而企业资产的清偿能力受现金流量影响。因此,现金流量的多少成为决定企业短期偿债能力的重要因素之一。企业的现金流量不仅受融资能力的影响,还受经营状况的影响。当企业经营业绩好时,利润质量高,就会有持续稳定的现金流入,保障债权人的利益,企业短期偿债能力增强;当企业经营业绩差时,其现金流入不足以抵补现金流出,造成营运资本短缺,资金不足,短期偿债能力下降。

(五)表外因素

一些在财务报表中没有反映出来的表外因素,也会影响企业的短期偿债能力,甚至影响力相当大。

1.增强短期偿债能力的表外因素

(1)可动用的银行贷款指标:银行已同意、企业未办理贷款手续的银行贷款限额,可以随时增加企业的现金,提高支付能力。这一数据不反映在财务报表中,但会在董事会决议中披露。

（2）准备很快变现的非流动资产:企业可能有一些长期资产可以随时出售变现,而不出现在"一年内到期的非流动资产"项目中,如储备的土地、未开采的采矿权、目前出租的房产等,在企业发生周转困难时,将其出售并不影响企业的持续经营。

（3）偿债能力的声誉:如果企业的信用很好,在短期偿债方面出现暂时困难比较容易筹集到短缺的现金。

2. 降低短期偿债能力的表外因素

（1）与担保相关的或有负债,若其数额较大且存在发生可能性,在评价偿债能力时需予以关注。

（2）经营租赁合同里承诺的付款义务,属于极有可能需要偿付的债务。

（3）建造合同、长期资产购置合同中的分阶段付款,也是承诺,应视同需要偿付的债务。

四、短期偿债能力的分析指标

（一）营运资本

营运资本(working capital),也称为营运资金。广义的营运资本又称总营运资本,是指一个企业投放在流动资产上的资金,具体包括现金、有价证券、应收账款、存货等占用的资金。狭义的营运资本是指某时点内企业的流动资产与流动负债的差额。一般采用狭义的营运资本概念,即流动资产－流动负债＝营运资本。

营运资本是反映企业短期偿债能力的绝对量指标,其优点在于能够直接反映流动资产保障流动负债偿还后剩余的金额。但正因为营运资本的这一特点,营运资本指标不仅受企业财务运作的影响,也受企业规模的较大影响,不便于进行企业之间的短期偿债能力比较。因此,对于营运资本指标的分析一般只进行纵向分析,不进行横向分析。

营运资本是企业经营周转使用的日常性流动资金,与企业的各项生产经营紧密相关。只有企业营运资本良好,企业运转才可以有序进行,企业的供、产、销才能有效衔接,从而促使企业健康发展。对于营运资本的规模合理性并没有统一的标准,不同行业间营运资本的规模差距很大。一般来说,制造业需要生产和销售产品,存货规模较大,导致流动资产较多,相对来说营运资本规模就大。营运资本至少应该大于0,如果小于0,则说明即使将所有流动资产去抵偿流动负债都不够,还需要将长期资产变现来解决短期偿债的问题,这会扰乱企业正常的生产经营秩序。

下面以宇通客车(600066)2019—2023年营运资本表为例进行分析,如表6-1所示。

表6-1   宇通客车（600066）2019—2023年营运资本表   单位：元

年份	流动资产	流动负债	营运资本
2023年	19,614,291,856.26	13,684,210,448.16	5,930,081,408.1
2022年	18,998,181,958.21	12,580,182,786.60	6,417,999,171.61
2021年	20,756,181,607.80	13,930,481,710.46	6,825,699,897.34
2020年	22,945,846,225.74	15,014,761,350.88	7,931,084,874.86
2019年	27,473,158,111.62	16,492,448,554.37	10,980,709,557.25

从宇通客车2019—2023年营运资本情况来看，它的营运资本是逐年减少的，从短期偿债的角度来说，营运资本逐年减少可能意味着短期偿债能力下降。但营运资本过多也容易造成资金闲置，资金的使用效益差，影响盈利能力的提升。

（二）流动比率

流动比率是企业流动资产与流动负债的比率，其计算公式为：

$$流动比率 = \frac{流动资产}{流动负债}$$

流动比率反映企业短期内可转化为现金的流动资产对到期流动负债的偿还能力，表示每1元流动负债有多少流动资产作为偿还的保证。流动比率在2以上比较适宜，若流动比率过高，则有可能是企业流动资产占用过多，大量流动资产存在闲置，未充分发挥资金效力，影响企业的盈利能力。用流动比率分析企业短期偿债能力仍然存在着一定风险，因为流动比率指标的计算假设是所有的流动资产都能变现，但是应收账款、存货等变现存在风险，如应收账款不能及时收回、存货贬值等。如果要更精准地分析企业的短期偿债能力，可对流动资产进一步分类，剔除如非速动资产等项目，结合速动比率、现金比率等指标判断。

下面以宇通客车（600066）、金龙汽车（600686）2019—2023年流动比率表为例进行分析，如表6-2所示。

表6-2   宇通客车（600066）、金龙汽车（600686）2019—2023年流动比率表

企业名称	2023年	2022年	2021年	2020年	2019年
宇通客车	1.43	1.51	1.49	1.53	1.67
金龙汽车	1.00	1.08	1.26	1.27	1.28

从宇通客车、金龙汽车2019—2023年流动比率来看，它们的流动比率都呈现降低的趋势，说明企业短期偿债能力有所下降。但宇通客车的流动比率还是比较接近经验值的，与同行业的金龙汽车相比，也不算低。说明短期偿债能力还有一定的保障。

（三）速动比率

速动比率是企业速动资产与流动负债的比率。流动比率在评价企业短期偿债能

力时,存在一定的局限性。如果流动比率较高,但流动资产的流动性较差,则企业的短期偿债能力仍然不强。在流动资产中,存货需经过销售才能转变为现金,若存货滞销,则其变现就成问题。通常将流动资产扣除存货后的部分称为速动资产,速动比率和保守速动比率的计算公式为:

$$速动比率 = \frac{速动资产}{流动负债} = \frac{流动资产 - 存货}{流动负债}$$

$$保守速动比率 = \frac{货币资金 + 短期投资 + 应收票据 + 应收账款净额}{流动负债}$$

速动比率是衡量企业流动资产中可以立即变现用于偿还流动负债的能力的重要财务指标。一个较高的速动比率意味着企业具备更好的短期偿债能力,而较低的速动比率可能暗示着企业面临偿债风险。一般来说,速动比率在1左右被认为是合适的,但这个比例可能会因行业和企业的具体情况有所不同。速动比率与流动比率、现金比率等指标一起,可以帮助分析师评估企业的偿债能力和流动性,以及预测企业未来的财务状况。速动比率一般与流动比率结合起来看。如果流动比率高,速动比率与之差距较大,偏低,说明该企业存货较多,影响了短期偿债能力。在实际工作中,应考虑企业的行业性质。例如商品零售行业,由于采用大量现金销售,几乎没有应收账款,速动比率大大低于1,也是合理的。相反,有些企业虽然速动比率大于1,但速动资产中大部分是应收账款,并不代表企业的偿债能力强,因为应收账款能否收回具有很大的不确定性。所以,在评价速动比率时,还应分析应收账款的质量。

下面以宇通客车(600066)、金龙汽车(600686)2019—2023年速动比率表为例进行分析,如表6-3所示。

表6-3 宇通客车(600066)、金龙汽车(600686)2019—2023年速动比率表

项目	企业名称	2023年	2022年	2021年	2020年	2019年
流动比率	宇通客车	1.43	1.51	1.49	1.53	1.67
	金龙汽车	1.00	1.08	1.26	1.27	1.28
速动比率	宇通客车	1.10	1.12	1.05	1.19	1.40
	金龙汽车	0.87	0.93	1.09	1.13	1.17

从宇通客车、金龙汽车的流动比率与速动比率来看,流动比率与速动比率比较接近,说明企业存货规模占流动资产比例应该不高。两家企业的速动比率也呈现出下降的趋势,但基本接近经验值,再次说明短期偿债能力有一定保障,但已经有下降。宇通客车的速动比率几乎全部高于金龙汽车,说明短期偿债能力应该是强于金龙汽车的。

(四)现金比率

现金比率是企业现金类资产与流动负债的比率。现金类资产包括企业所拥有的货币资金和持有的有价证券(资产负债表中的短期投资)。它是速动资产扣除应收账款后的余额,由于应收账款存在着发生坏账损失的可能,某些到期的账款也不一定能按时收回,因此速动资产扣除应收账款后计算出来的金额,最能反映企业直接偿付流动负债的能力。

现金比率的计算公式为:

$$现金比率=\frac{现金类资产}{流动负债}=\frac{货币资金＋交易性金融资产}{流动负债}$$

现金比率是考察企业短期偿债能力的指标,反映企业即时偿债能力。高现金比率可能意味着资金使用效率低,低现金比率则可能表示企业面临偿债风险。需综合考虑企业业务特点、经营情况和外部环境等因素。有人指出现金比率保持在30％左右为宜,也有人认为应该要达到50％左右,但大部分人认为现金比率没有固定的经验标准。

现金比率较流动比率和速动比率更保守,它已经扣除了存货和应收账款对短期偿债能力的影响,但实际上存货和应收账款不会完全不能兑现,不会对短期偿债能力没有一点保障。所以该指标通常被认为是过度保守的财务指标,只在企业有大额现金开支或已经出现财务危机的情况下才能拿来评价短期偿债能力。

现金比率越高,表明企业的支付能力越强,信用也越可靠。对于短期债权人来说,现金比率越高越好,因为现金类资产相对于流动负债越多,对于到期流动负债的偿还越有切实保障。但对企业来说,现金比率的确定并不能仅仅考虑短期偿债能力的提高,应将风险与收益两方面的因素结合起来考虑,不能仅仅为了提高企业的短期偿债能力而持有大量的现金类资产。因此,现金比率在分析短期偿债能力时通常只是作为一个辅助性指标。

下面以宇通客车(600066)、金龙汽车(600686)2019—2023年现金比率表为例进行分析,如表6-4所示。

表6-4　宇通客车(600066)、金龙汽车(600686)2019—2023年现金比率表

企业名称	2023年	2022年	2021年	2020年	2019年
宇通客车	0.48	0.56	0.43	0.47	0.44
金龙汽车	0.48	0.39	0.59	0.45	0.44

从宇通客车、金龙汽车的现金比率来看,两家企业的现金比率比较接近,说明在去除了应收账款等因素的影响后,这两家企业的短期偿债能力不相上下。而且这两家企业的现金比率也没有呈现逐年下降的趋势,与前面的结论有些不同。这说明应收账款应该是在这两家企业的短期偿债能力中有重要的影响作用。

（五）经营现金流量与流动负债比率

经营现金流量与流动负债比率的公式为:

$$经营现金流量与流动负债比率=\frac{经营活动现金净流量}{流动负债}$$

经营现金流量与流动负债比率是企业一定时期的经营活动现金净流量与流动负债的比率,它从现金流入和流出的动态角度对企业的实际偿债能力进行考察,反映本期经营活动所产生的现金净流量足以抵付流动负债的倍数。之所以选择经营活动产生的现金净流量,而没选择所有活动的现金净流量是因为经营活动带来的现金净流量最多且最稳定,而投资、筹资活动的现金净流量不好预测。

下面以宇通客车、金龙汽车2019—2023年经营现金流量与流动比率表为例进行分析,如表6-5所示。

表6-5　宇通客车、金龙汽车2019—2023年经营现金流量与流动比率表

企业名称	2023年	2022年	2021年	2020年	2019年
宇通客车	0.34	0.26	0.05	0.24	0.32
金龙汽车	0.14	−0.0099	0.13	0.01	0.09

从宇通客车、金龙汽车的经营现金流量与流动比率来看,两家企业这一比率都不高,金龙汽车的更低,说明两家企业经营活动产生的现金净流量对短期债务的保障程度都不高。而且这两家企业的这一比率都不稳定,宇通客车的这一比率在2021—2023年有所上升,说明其经营活动中收取现金的能力对短期偿债能力的提升具有积极作用。

第三节　长期偿债能力分析

一、长期偿债能力的含义及影响因素

(一)长期偿债能力的含义

长期偿债能力是指企业对长期债务的承担能力和对偿还长期债务的保障能力。长期偿债能力分析是企业债权人、投资者、经营者和与企业有关联的各方面等都十分关注的重要问题。

(二)长期偿债能力的影响因素

1.资产的数量与结构

长期债务最终需以企业的总资产作为到期偿还的物资保障。在正常情况下,作为非流动负债物资保证的资产,除一部分为流动资产外,其余为非流动资产。非流动资产包括持有至到期投资、长期股权投资、固定资产、在建工程、工程物资、无形资产、房产投资、长期待摊费用等。由于企业非流动负债在形成时有些是以非流动资产为抵押的,抵押资产数量的多少决定着企业偿还长期债务的能力。即使是非抵押形成的非流动负债,如果债务到期,没有足够的盈利来偿还企业的长期债务,企业就必须用其可动用的资产偿还非流动负债。一般而言,从资产规模来看,在企业非流动负债一定的情况下,总资产规模越大,企业偿还到期长期债务的能力就越强,债权人的投资就越安全,收回债权的可能性也越大。而从资产结构来看,由于不同资产的变现能力存在显著差异,各项资产在总资产中所占比例必然会对长期偿债能力产生重要影响。一般认为,若非流动资产中变现能力较差的资产(如长期待摊费用等)占比上升,会导致长期偿债能力下降;反之,则长期偿债能力增强。

2. 非流动负债的数量与结构

企业的非流动负债是指偿还期在一年或者超过一年的一个营业周期的债务。这类债务是企业通过向债权人筹集而获得的、可供长期使用的资金,主要包括长期借款、应付债券、长期应付款和专项应付款等。与流动负债相比,非流动负债具有偿还期限长、负债规模大、负债成本高等特点。企业举借长期债务,主要有两个目的:一是为了扩大企业生产经营规模,如扩建厂房、购置固定资产等,为企业带来新的利润增长点;二是为了更好地发挥财务杠杆的作用,为企业所有者带来更多的利益,当企业将借入资金投资于投资收益率高于借款利率的项目时,借入的非流动负债越多,企业所有者的获利越多。从非流动负债的数量来看,一般认为,非流动负债数量越小,长期偿债能力越强,债权人收回债权的可能性越大,但会影响所有者的盈利能力,使企业失去投资机会。从非流动负债的结构来看,由于非流动负债的形成及还本付息的方式各不相同,有些需要到期一次性偿还本息,有些需要分期偿还。因此,不同类型的非流动负债在非流动负债总额中所占的比例会影响长期偿债能力。

3. 获利能力

企业能否有充足的现金流入供偿债使用,在很大程度上取决于企业的获利能力。企业对一笔债务总是负有两种责任:一是偿还债务本金的责任;二是支付债务利息的责任。短期债务可以通过流动资产变现来偿付,因为大多数流动资产的获取通常以短期负债作为资金来源。而企业的长期负债大多用于长期资产投资,在企业正常生产经营条件下,长期资产投资形成企业的固定资产能力,一般来讲,企业不可能靠出售资产作为偿债的资金来源,而只能依靠企业生产经营所得。另外,企业支付给长期债权人的利息支出,也要从所融通资金创造的收益中予以偿付。可见,企业的长期偿债能力是与企业的获利能力密切相关的。一个长期亏损的企业,正常生产经营活动都不能进行,保全其权益资本肯定是困难的事情,更难以保障正常的长期偿债能力。一般来说,企业的获利能力越强,长期偿债能力越强;反之,则长期偿债能力越弱。如果企业长期亏损,则必须通过变卖资产才能清偿债务,最终会影响投资者和债权人的利益。因此,企业的盈利能力是影响长期偿债能力的重要因素。

4. 长期资本结构

长期资本结构是指企业各种长期筹资来源的构成和比例关系。长期筹资来源主要指非流动负债和权益资本。通常情况下,非流动负债相对于权益资本成本较低,弹性较大,是企业灵活调动资金余缺的重要手段,但它必须到期偿还,因此非流动负债会给企业带来一定的财务风险;而权益资本不需要偿还,可以在企业经营中永久使用,且权益资本是企业承担长期债务的基础,权益资本在长期筹资来源中所占的比例越大,债权人的债权越有保障。所以企业长期资本结构合理与否,对企业的长期偿债能力产生影响。

5. 长期租赁

融资租赁是由租赁企业垫付资金,按承租人要求购买设备,承租人按合同规定支付租金,所购设备一般于合同期满转归承租人所有的一种租赁方式。因而企业通常将融资租赁视同购入固定资产,并把与该固定资产相关的债务作为企业负债反映在资产负债表中。

经营租赁不同于融资租赁,企业的经营租赁不在资产负债表上反映,只出现在报表附注和利润表的租金项目中。当企业经营租赁量比较大,期限比较长或具有经常性时,经营租赁实际上就构成了一种长期性筹资。因此,必须考虑这类经营租赁对企业债务结构的影响。

6. 或有事项

或有事项是指过去的交易或事项形成的一种状态,其结果需要通过未来不确定事项的发生或不发生予以证实。或有事项分为或有资产和或有负债。或有资产是指过去交易或事项形成的潜在资产,其存在要通过未来不确定事项的发生或不发生予以证实。或有负债是由过去的交易或事项形成的、其存在须通过未来不确定事项的发生或者不发生予以证实的潜在义务。

产生或有资产会提高企业的偿债能力;产生或有负债会降低企业的偿债能力。因此,在分析企业的财务报表时,必须充分注意有关或有项目的报表附注披露,以了解未在资产负债表中反映的或有项目,并在评价企业长期偿债能力时,考虑或有项目的潜在影响。同时,应该关注是否具有资产负债表日后的或有事项。

7. 承诺事项

承诺事项是指企业对外作出的、未来需承担的某种经济责任和义务。为满足经营需要,企业有时会作出相关承诺,例如针对消费者的售后服务条款等。这类承诺可能大幅增加企业的潜在负债或义务,但这些内容往往未在资产负债表中体现。因此,在进行企业长期偿债能力分析时,报表分析者应该根据报表附注及其他有关资料等,判断承诺变成真实负债的可能性;判断承诺责任带来的潜在长期负债,并做相应处理。

8. 金融工具

金融工具是指引起一方获得金融资产并引起另一方承担金融负债或享有所有者

权益的契约。与偿债能力有关的金融工具主要是债券和金融衍生工具。

金融工具对企业偿债能力的影响主要体现在两个方面：其一是金融工具的公允价值与账面价值发生重大差异，但并没有在财务报表中或报表附注中揭示；其二是未能对金融工具的风险程度恰当披露。

报表使用者在分析企业的长期偿债能力时，要注意结合具有资产负债表表外风险的金融工具记录，并分析信贷风险集中的信用项目和金融工具项目，综合判断企业偿债能力。

二、长期偿债能力的分析指标

（一）资产负债率

资产负债率是负债总额与资产总额的比率，通常以百分比的形式呈现。这一指标体现了负债总额与资产总额的比例关系。资产负债率反映企业总资产中通过借债筹集资金的占比，也可以衡量企业在清算时保护债权人利益的程度。这个指标反映债权人所提供的资本占全部资本的比例，也被称为举债经营比率。资产负债率计算公式为：

$$资产负债率 = \frac{负债总额}{资产总额} \times 100\%$$

资产负债率是用以衡量企业利用债权人提供资金进行经营活动的能力，以及反映债权人发放贷款的安全程度的指标。资产负债率表示企业总资产中有多少是通过负债筹集的，是评价企业负债水平的综合指标，反映在总资产中有多大比例是通过借债来筹资的。同时，它也反映了企业利用债权人资金进行经营活动的效率，以及债权人贷款的安全程度。

一般认为，资产负债率的适宜水平为50%，或者处于40%～60%这个区间。如果资产负债比率达到100%或超过100%，说明企业已经没有净资产或资不抵债。另外，资产负债率反映的是企业的资本结构问题，它体现了在企业全部资金中，通过借款筹集的资金所占的比例。资产负债率越高，说明借入资金在全部资金中所占比重越大，所有者投入的资金越少，企业不能偿还负债的风险越高。

从债权人的角度来看，资产负债率越低越好，因为这意味着企业的负债更为安全，债权人承担的风险也相应减小。但是从企业和股东的角度出发，资产负债率并不是越低越好，这一指标太低则表示企业没能充分发挥财务杠杆效应。

资产负债率也是有局限性的，它没有考虑负债的偿还期限，也没有考虑资产的结构、资产价值的变化等。

下面以青岛啤酒（600600）、珠江啤酒（002461）2019—2023年资产负债率表为例进行分析，如表6-6所示。

表6-6　青岛啤酒(600600)、珠江啤酒(002461)2019—2023年资产负债率表

企业名称	2023年	2022年	2021年	2020年	2019年
青岛啤酒	42.64%	47.78%	48.9%	48.53%	46.63%
珠江啤酒	30.84%	30.67%	30.88%	30.94%	28.2%

从青岛啤酒、珠江啤酒2019—2023年的资产负债率情况来看,两家企业的资产负债率都较低,但青岛啤酒的资产负债率比珠江啤酒要高一些,说明珠江啤酒的长期偿债能力应该要高于青岛啤酒。青岛啤酒的资产负债率在2021年—2023年有逐年下降的趋势,说明其长期偿债能力有所提高。

(二)产权比率

产权比率的计算公式为:

$$产权比率 = \frac{负债总额}{股东权益} \times 100\%$$

产权比率是负债总额与股东权益(所有者权益)的比率。这一比率是衡量企业长期偿债能力的指标之一,也是反映企业财务结构稳健程度的关键标志。它体现了债权人提供的资金与投资者提供的资金来源的相对关系,通过这一比率,能够判断股东所持股权是否过多或不够充分,还能从侧面反映出企业借款经营的程度,并且能表明企业基本财务结构是否稳定。产权比率越低,表明企业自有资本占总资产的比重越大,长期偿债能力越强。

一般来说,这一比率应为1:1。产权比率高是高风险、高报酬的财务结构,产权比率低是低风险、低报酬的财务结构。产权比率越低表明企业自有资本占总资产的比重越大,长期偿债能力越强。从股东来说,在通货膨胀时期,企业举债,可以将损失和风险转移给债权人;在经济繁荣时期,举债经营可以获得额外的利润;在经济萎缩时期,少借债可以减少利息负担和财务风险。

下面以青岛啤酒(600600)、珠江啤酒(002461)2019—2023年产权比率表为例进行分析,如表6-7所示。

表6-7　青岛啤酒(600600)、珠江啤酒(002461)2019—2023年产权比率表

企业名称	2023年	2022年	2021年	2020年	2019年
青岛啤酒	76.51%	94.29%	98.99%	97.69%	90.75%
珠江啤酒	44.89%	44.48%	44.97%	45.1%	39.52%

从青岛啤酒、珠江啤酒2019—2023年的产权比率情况来看,两家企业的产权比率差距较大,青岛啤酒的产权比率明显高于珠江啤酒,说明青岛啤酒的负债规模相对于所有者权益的规模更大,青岛啤酒的负债应该更多,财务风险相应更高。但青岛啤酒

的产权比率更接近经验值1,说明其资本结构相对比较合理。珠江啤酒的产权比率低,说明财务风险低,但也说明没有充分发挥财务杠杆效应。

(三)股权比率

股权比率的计算公式为:

$$股权比率=\frac{所有者权益总额}{资产总额}\times100\%$$

股权比率与资产负债率之和为1。因此,股权比率越高,资产负债率越低,说明所有者投入的资金在全部资金中所占的比例越大,而债权人投入的资金所占比例越小,反之亦然。该指标反映由债权人提供的资本与股东提供的资本之间的相对关系,进而反映企业资本结构的稳定性以及资金使用成本的高低等情况。一般来说,股东投入的资本相对更稳定、资金使用成本更高,因此,股权比率越高,资本结构相对更稳定、资金使用成本更高。这也说明负债占资产的比例相对更低,长期偿债能力更强。

下面以青岛啤酒(600600)、珠江啤酒(002461)2019—2023年股权比率表为例进行分析,如表6-8所示。

表6-8　青岛啤酒(600600)、珠江啤酒(002461)2019—2023年股权比率表

企业名称	2023年	2022年	2021年	2020年	2019年
青岛啤酒	57.36%	52.22%	51.1%	51.47%	53.37%
珠江啤酒	69.16%	69.33%	69.12%	69.06%	71.8%

从青岛啤酒、珠江啤酒2019—2023年的股权比率情况来看,青岛啤酒的股权比率低于珠江啤酒,说明珠江啤酒的资本结构相对更稳定,负债程度更低,珠江啤酒的长期偿债能力应该高于青岛啤酒。

(四)权益乘数

权益乘数的计算公式为:

$$权益乘数=\frac{资产总额}{所有者权益总额}=\frac{1}{股权比率}$$

权益乘数又称股本乘数,是指资产总额相当于股东权益的倍数。权益乘数可以反映一家企业是通过自有资金还是借入资金来获得资产,以及可用资产和权益投资者投入资产之间的比例。权益乘数有助于确定一家企业的资本结构,权益乘数越小,说明企业有足够多的自有资金来支持其运营,而较高的权益乘数则说明企业需要有较多的外部融资来支撑其发展。因此,较高的权益乘数代表企业负债程度较高,财务风险高。

下面以青岛啤酒(600600)、珠江啤酒(002461)2019—2023年权益乘数表为例进行分析,如表6-9所示。

表 6-9 青岛啤酒(600600)、珠江啤酒(002461)2019—2023 年权益乘数表

企业名称	2023年	2022年	2021年	2020年	2019年
青岛啤酒	1.88	2	2.02	1.98	1.92
珠江啤酒	1.45	1.45	1.46	1.43	1.44

从青岛啤酒、珠江啤酒 2019—2023 年的权益乘数情况来看,青岛啤酒的权益乘数高于珠江啤酒,说明青岛啤酒的负债相对规模应该大于珠江啤酒,财务风险也更高。2021—2023 年两家企业的权益乘数都有下降趋势,说明它们的负债相对规模都有减少。

(五)有形资产负债率

有形资产负债率的计算公式为:

$$有形资产负债率 = \frac{负债总额}{资产总额 - 无形资产及相关支出} = \frac{负债总额}{有形资产} \times 100\%$$

这项指标是产权比率的改进,也是资产负债率的延伸,是一项更为客观的评价企业偿债能力的指标。企业的无形资产如商标、专利权、非专利技术等,还有商誉、长期待摊费用、开发支出,都被认为价值不确定,并具有沉没性(即相关事项已经支付,只不过由于权责发生制而计入资产,但事实上不可能再次形成现金流),不一定能用来偿还债务,可以将其视为不能偿债的资产,从资产总额中扣除。这项指标的作用及其分析方法与资产负债率基本相同。

下面以青岛啤酒、珠江啤酒 2019—2023 年有形资产负债率表为例进行分析,如表 6-10 所示。

表 6-10 青岛啤酒、珠江啤酒 2019—2023 年有形资产负债率表

企业名称	项目	2023年	2022年	2021年	2020年	2019年
青岛啤酒	资产负债率	42.64%	47.78%	48.9%	48.53%	46.63%
	有形资产负债率	46.27%	51.80%	53.41%	53.45%	52.10%
珠江啤酒	资产负债率	30.84%	30.67%	30.88%	30.94%	28.2%
	有形资产负债率	33.98%	34.15%	34.47%	33.40%	35.19%

从青岛啤酒、珠江啤酒 2019—2023 年的有形资产负债率情况来看,青岛啤酒的有形资产负债率高于珠江啤酒,说明青岛啤酒的负债相对于有形资产规模更大,长期偿债能力更低。结合之前计算的两家企业的资产负债率情况来看,两家企业的资产负债率与有形资产负债率都比较接近,说明两家企业的无形资产及相关支出规模不大,对长期偿债能力影响不大。

(六)有形净值债务率

有形净值债务率的计算公式为:

$$有形净值债务率 = \frac{负债总额}{股东权益 - 无形资产及相关支出}$$

有形净值是股东权益减去无形资产相关支出后的净值,即所有者具有所有权的有形资产净值。有形净值债务率用于揭示企业的长期偿债能力,表明债权人在企业破产时的被保护程度。有形净值债务率的重要性在于它有助于评估企业财务的健康状况和债务承担能力。有形净值债务率较高可能意味着企业债务较多,资产净值较低,这可能会增加企业的财务风险;有形净值债务率较低可能意味着企业财务状况比较健康,债务承担能力较强。

有形净值债务率的分析与产权比率分析相同,负债总额与有形资产净值应维持1:1的比例。它揭示负债总额与有形资产净值之间的关系,能够计量债权人在企业处于破产清算的时候能获得多少有形财产保障。从长期偿债能力来说,指标越低越好。但从投资价值方面来说,可能刚好相反。另外,有形净值债务率最大的特点是在可用于偿还债务的净资产中扣除无形资产,这主要是因为无形资产的计量缺乏可靠的基础,不可能作为偿还债务的资源。

有形净值债务率的应用场景较为多样。首先,投资者可以将有形净值债务率作为评估企业是否值得投资的指标。相对较低的有形净值债务率往往表明企业有较强的财务实力,可能蕴含着较好的投资机会。其次,贷款机构可以使用有形净值债务率来评估借款企业的偿还能力,从而决定是否审批借款申请。最后,企业内部管理团队可以使用有形净值债务率来评估企业的财务状况,并做出相应的决策,以优化资本结构和债务管理。

下面以青岛啤酒、珠江啤酒2019—2023年有形净值债务率表为例进行分析,如表6-11所示。

表6-11 青岛啤酒、珠江啤酒2019—2023年有形净值债务率表

企业名称	2023年	2022年	2021年	2020年	2019年
青岛啤酒	0.86	1.07	1.15	1.15	1.09
珠江啤酒	0.52	0.52	0.52	0.50	0.54

从青岛啤酒、珠江啤酒2019—2023年的有形净值债务率情况来看,青岛啤酒的有形净值债务率一直高于珠江啤酒,说明青岛啤酒的负债相对于有形净值来说规模更大,长期偿债能力更低。青岛啤酒的有形净值债务率更接近1,也说明它在财务风险和盈利能力、投资价值方面平衡得更好。

(七)利息保障倍数

利息保障倍数的计算公式为:

$$利息保障倍数 = \frac{息税前利润(EBIT)}{利息费用}$$

息税前利润为利润总额与利息费用之和,利息费用既包括财务费用中的利息支出,也包括资本化的利息支出。为了考察企业偿付利息能力的稳定性,一般应计算5年或5年以上的利息保障倍数。

利息保障倍数不仅反映了企业获利能力的大小,而且反映了获利能力对偿还到期债务的保证程度。通常情况下,利息保障倍数大于1,企业就具备偿还债务的能力。反之,如果利息保障倍数小于1,企业就无法完全支付利息费用,亏损的风险也会增大。利息保障倍数至少应大于1,且比值越高,企业长期偿债能力越强。如果利息保障倍数过低,企业将面临亏损风险,偿债的安全性与稳定性也会下降。不过,若较高的利息保障倍数不是由高利润带来的,而是低利息导致的,则说明企业的杠杆程度很低,未能充分利用举债经营的优势。利息保障倍数可以从纵向和横向两个维度进行分析。

对于企业来说,保持高利息保障倍数非常重要,因为它可以反映企业的偿债能力和财务稳定性。从长远来看,企业需要有足够的息税前利润来支付利息,以维持正常的经营活动,同时也有助于提高企业长期偿债能力。当企业的利息保障倍数较高时,其偿债能力也较强,企业可以在融资时获得更好的条件和更优惠的利率,也有更多的机会获得更大规模的融资支持。

然而,企业需要注意的是,利息保障倍数仅仅是衡量企业偿债能力的一个指标。企业还需要考虑其他因素,如市场竞争、销售渠道等对利润的影响。因此,在有效地评估企业的财务稳健性时,需要同时考虑多种因素。在进行融资决策时,企业应该综合考虑各种影响因素,开展多维度的风险评估和管理。

综上所述,利息保障倍数是评估企业偿债能力和财务稳健性的重要指标。有效地计算和管理利息保障倍数,将有助于企业在融资过程中获得更有利的条件和资源。在进行融资决策时,需要全面考虑多种因素,并采取多维度的风险管理措施,以保障企业长期稳健的发展。

下面以青岛啤酒、珠江啤酒2019—2023年利息保障倍数表进行分析,如表6-12所示。

表6-12　青岛啤酒、珠江啤酒2019—2023年利息保障倍数表

企业名称	2023年	2022年	2021年	2020年	2019年
青岛啤酒	350.75	542.79	198.40	238.15	179.19
珠江啤酒	20.29	19.89	20.29	32.14	21.64

从青岛啤酒、珠江啤酒2019—2023年的利息保障倍数情况来看,青岛啤酒的利息保障倍数一直明显高于珠江啤酒,说明青岛啤酒的息税前利润对利息费用的保障程度更高,盈利能力更能为长期偿债能力提供保障。

（八）固定资产与非流动负债比率

固定资产与非流动负债比率的计算公式为:

$$固定资产与非流动负债比率 = \frac{固定资产净值}{非流动负债}$$

固定资产对长期负债比率反映了当企业破产清算时,固定资产净值对长期债权人债权的保障程度。固定资产对长期负债比率是衡量企业偿还长期债务能力的重要指标,它反映了企业的固定资产净值与其长期负债之间的比率关系。一般认为,这个数值应在100%以上,这表明企业的固定资产净值足够用来担保其长期债务,贷款风险较小,否则债权人的权益就难以保证。因此,保持固定资产与非流动负债比率在100%以上,可以有效保障债权人的利益,同时也体现了企业资产的健康状况和偿债能力。

下面以青岛啤酒、珠江啤酒2019—2023年固定资产与非流动负债比率表为例进行分析,如表6-13所示。

表6-13　青岛啤酒、珠江啤酒2019—2023年固定资产与非流动负债比率表

企业名称	2023年	2022年	2021年	2020年	2019年
青岛啤酒	2.87	2.63	2.39	2.33	2.65
珠江啤酒	3.20	2.79	1.88	1.88	2.76

从青岛啤酒、珠江啤酒2019—2023年的固定资产与非流动负债比率情况来看,两家企业这一比值都大于1,说明固定资产净值对长期债务有较强的保障。并且两家企业2021—2023年的这一比值都基本呈现出逐年上升的趋势,说明它们的固定资产净值对于长期债务的保障程度在增加。

(九)固定长期适合率

固定长期适合率的计算公式为:

$$固定长期适合率 = \frac{固定资产净值}{非流动负债 + 所有者权益} \times 100\%$$

这一比率从企业资源配置结构的角度,反映了企业的偿债能力。在该比率中,非流动负债与所有者权益之和构成企业的长期资金。所以,该指标主要衡量的是固定资产规模与长期资金规模是否匹配的问题。固定资产一般是花费长期资金来获取的,因此固定长期适合率必须小于100%。如果固定长期适合率小于100%,说明长期资金并没有全部用来构建固定资产;如固定长期适合率大于100%,表明企业固定资产构建已经花费了全部的长期资金,并占用了一部分流动负债,这会影响企业的短期偿债能力,容易引发财务风险,进而导致企业长期偿债能力下降。而且该指标的比率值过高,也说明固定资产规模过大,容易影响资产的流动性,导致偿债能力降低。

下面以青岛啤酒、珠江啤酒2019—2023年固定长期适合率表为例进行分析,如表6-14所示。

表6-14　青岛啤酒、珠江啤酒2019—2023年固定长期适合率表

企业名称	2023年	2022年	2021年	2020年	2019年
青岛啤酒	36.13%	37.50%	38.15%	41.48%	44.69%
珠江啤酒	27.46%	25.44%	26.43%	28.04%	32.02%

从青岛啤酒、珠江啤酒2019—2023年的固定长期适合率情况来看,青岛啤酒的固定长期适合率一直高于珠江啤酒,说明青岛啤酒的固定资产相对于长期资金来说规模更大,占用的长期资金更多,对于长期偿债能力形成的压力也更大。青岛啤酒2019—2023年的固定长期适合率一直在逐年下降,说明固定资产相对于长期资金的规模有所缩减。

(十)营运资本对非流动负债比率

营运资本对非流动负债比率的计算公式为:

$$营运资本对非流动负债比率=\frac{流动资产-流动负债}{非流动负债}=\frac{营运资金}{非流动负债}$$

该指标是分析营运资本能作为偿还非流动负债物质保证的水平。由于企业的非流动负债会随着时间的推移不断转化为流动负债,因此流动资产除了满足偿还流动负债的要求,还应有能力偿还即将到期的非流动负债。

营运资本对非流动负债比率反映了企业短期偿债能力对长期偿债能力的保障程度,即若短期偿债能力有剩余,营运资本充足将可以给长期偿债能力提供较好的保障。当营运资本大于0时,即流动资产大于流动负债时,可以部分流动资产作为偿还非流动负债的物质基础,对长期债权人来说承担的风险较小。所以,该比率越高,长期偿债能力越强。当营运资本等于0时,非流动负债只能依靠非流动资产来偿还,若非流动资产不能及时变现,有可能出现长期债务不能到期偿还的风险,长期偿债能力下降。当营运资本小于0时,不仅非流动负债,而且部分流动负债也要依靠非流动资产来偿还,这时长期债务的风险较大,长期偿债能力较弱。

此外,这个比率还体现了企业对流动负债和长期负债的管理能力,以及企业运用资金的能力。通过监控这一比率,企业可以及时调整财务策略,确保财务健康和稳定发展。对于投资者和债权人而言,这一比率也是评估企业风险和回报潜力的重要参考。

下面以青岛啤酒、珠江啤酒2019—2023年营运资本对非流动负债比率表为例进行分析,如表6-15所示。

表6-15　青岛啤酒、珠江啤酒2019—2023年营运资本对非流动负债比率表

企业名称	2023年	2022年	2021年	2020年	2019年
青岛啤酒	3.11	2.82	2.37	1.96	1.88
珠江啤酒	5.96	5.78	3.88	3.88	3.23

Note

从青岛啤酒、珠江啤酒 2019—2023 年的营运资本对非流动负债比率情况来看,珠江啤酒的这一比率一直高于青岛啤酒,说明珠江啤酒的营运资本相对长期债务(非流动负债)来说规模更大,即短期偿债能力对长期偿债能力的保障程度更高。

第四节　战略视角下的偿债能力分析

一、战略管理思想与企业偿债能力

战略管理思想是以企业财务战略为导向,以实现企业目标为目的,通过综合运用各种战略管理工具和手段,对企业经营活动进行计划、组织、指挥、协调和控制的管理理念。企业偿债能力是企业偿还债务的能力,是企业经营活动绩效的重要体现。战略管理思想与企业偿债能力有着密切的关系。

(一)战略管理思想直接影响企业偿债能力

企业战略的制定和实施,需要考虑企业的资产状况、负债结构、现金流状况等因素,而这些因素都直接影响企业偿债能力。因此,制订合理的战略管理计划,确定应该实施的财务战略有助于分析和确定企业偿债能力,控制企业的财务风险。

(二)企业偿债能力是检验战略管理思想实施效果的重要指标

企业偿债能力的高低,直接反映了企业财务状况的好坏,也反映了企业战略管理思想实施的效果。因此,通过评价企业偿债能力,可以检验企业战略管理思想的合理性和有效性。

二、战略视角下的企业偿债能力分析

在制定战略规划时,了解企业偿债能力,可以有效预测企业在财务压力下的应变能力和业务发展的弹性。偿债能力分析包括财务杠杆、负债资产比例和债务盈利比率等指标。

财务杠杆指标体系是企业负债对于企业所有者投资的增长倍数。通常情况下,债务资本结构会影响企业盈利水平和股价。财务杠杆越高,企业盈利杠杆作用就越大,但也带来了更高的风险。因此,在制定企业战略规划时,需合理把握财务杠杆的控制。

负债资产比例指标体系是企业负债占各类资产或各类资产与负债的比例,包括流动比率、速动比率、资产负债率等。负债相对于资产的规模越大,企业面对财务压力和偿债风险就越大。这些比例分析能够帮助企业评估财务风险,并掌握企业资产负债结构,进而采取适当的降低负债风险的措施。

债务盈利比率指标体系是企业把当前年度的债务负担与当前年度的盈利水平进行比较后的比率。该指标能够反映企业当前的债务水平和盈利水平之间的关系。债务盈利比率越高,企业偿债能力越弱,财务风险越大。

三、财务战略的类型与企业偿债能力

财务战略是经营战略管理的重要组成部分,财务战略要解决风险与收益的矛盾、收益与成长性的矛盾、偿债能力与盈利能力的矛盾、生产经营与资本经营的矛盾等,这一系列矛盾都是由财务战略谋划对象的特殊性引发的。

(一)扩张型财务战略与企业偿债能力

它是以实现企业资产规模的快速扩张为目的的一种财务战略。为了实施这种财务战略,企业往往需要在将大部分乃至全部利润留存的同时,大量地进行外部筹资,更多地利用负债。随着资产规模的扩张,企业资产收益率往往在一个较长的时期内表现出相对较低的水平。扩张型财务战略一般会表现出"高负债、高收益、少分配"的特征。采取扩张型财务战略的企业,其偿债能力相对较弱,债务负担较重,但较高的盈利能力能为其降低财务风险提供一定的保障。

(二)稳定型财务战略与企业偿债能力

它是以实现企业财务绩效的稳定增长和资产规模的平稳扩张为目的的一种财务战略。实施稳定型财务战略的企业,一般将尽可能优化现有资源的配置和提高现有资源的使用效率及效益作为首要任务,将利润积累作为实现企业资产规模扩张的基本资金来源。为了防止过重的利息负担,这类企业对利用负债实现企业资产规模和经营规模的扩张往往持十分谨慎的态度。所以,实施稳定型财务战略的企业的一般财务特征是"适度负债、中收益、适度分配"。采取稳定型财务战略的企业,其偿债能力一般。

(三)收缩型财务战略与企业偿债能力

它是以预防出现财务危机和求得生存及新的发展为目的的一种财务战略。实施收缩型财务战略,一般将尽可能减少现金流出和尽可能增加现金流入作为首要任务。通过削减分部和精简机构等措施,盘活存量资产,节约成本支出,集中一切可以集中的人力,用于企业的主导业务,以增强企业主导业务的市场竞争力。"低负债、低收益、高分配"是实施这种财务战略的企业的基本财务特征。采取收缩型战略的企业,其偿债能力较强,债务负担较轻。

四、举例分析

比亚迪股份有限公司(简称比亚迪)成立于1995年2月,2002年上市,总部位于广

东省深圳市。公司业务横跨汽车、轨道交通、新能源和电子四大产业,在香港和深圳两地上市,营业收入和市值均超千亿元。比亚迪致力于用技术创新促进人类社会的可持续发展,助力实现"碳达峰、碳中和"目标。

下面以比亚迪(002594)2018—2022年负债情况为例进行分析,如表6-16所示。

表6-16　比亚迪(002594)2018—2022年负债情况　　　　　　单位:亿

项目	2022年	2021年	2020年	2019年	2018年
资产负债率	75.42%	64.76%	67.94%	68%	68.81%
产权比率	335%	201%	245%	254%	261%
流动比率	0.72	0.97	1.05	0.99	0.99
速动比率	0.42	0.72	0.75	0.75	0.76
现金比率	0.22	0.33	0.14	0.12	0.11

从比亚迪2018—2022年负债情况可以看出,比亚迪的资产负债率、产权比率都较高,长期偿债能力不强。流动比率、速动比率、现金比率都没有达到经验值,可见其短期偿债能力也不强。这说明该企业债务负担相对较重,在这几年当中属于高负债状态。

下面以比亚迪(002594)2018—2022年盈利情况为例进行分析,如表6-17所示。

表6-17　比亚迪(002594)2018—2022年盈利情况

项目	2022年	2021年	2020年	2019年	2018年
毛利率	17.04%	13.02%	19.38%	16.29%	16.4%
销售净利率	4.18%	1.84%	3.84%	1.66%	2.73%
营业利润率	5.08%	2.14%	4.52%	1.81%	3.26%
总资产报酬率	5.67%	2.59%	5.05%	3.03%	4.03%
毛利率行业均值	11.1%	10.83%	9.09%	10.1%	15.18%
销售净利率行业均值	−13.91%	−5.38%	−25.64%	2.6%	−1.6%
营业利润率行业均值	−11.68%	−6.45%	−24.33%	−9.42%	−1.21%
总资产报酬率行业均值	0.16%	0.41%	−1.03%	3.13%	2.13%

毛利率、销售净利率、营业利润率、总资产报酬率都是反映盈利能力的财务指标,这些指标越高,盈利能力越强。从比亚迪2018—2022年盈利情况可以看出,这些反映盈利能力的财务指标都高于行业均值,说明它的盈利能力在行业中还是较强的,在这几年当中属于高收益状态。

下面以比亚迪(002594)2018—2022年每股股利情况为例进行分析,如表6-18所示。

表6-18　比亚迪(002594)2018—2022年每股股利情况

项目	2022年	2021年	2020年	2019年	2018年
每股股利	17.04％	13.02％	19.38％	16.29％	16.4％

　　每股股利等于现金股利除以普通股股数,表示每持有一股所能得到的现金股利。从比亚迪2018—2022年每股股利情况可以看出,比亚迪的每股股利值不高,在这几年当中属于低分配状态。

　　综上所述,比亚迪在这几年中采取的是扩张型财务战略,企业的战略目标主要是实现企业的规模扩张、业务扩张等,需要借助较多的负债筹集资金来完成这些目标,因此偿债能力不太强。

思考题

　　1.偿债能力分析的目的与内容是什么?

　　2.流动比率与速动比率的优缺点是什么?

　　3.短期偿债能力与长期偿债能力对资产的要求有何不同?

　　4.如何分析长期偿债能力对企业战略的影响?

　　5.速动资产是指什么? 对偿还短期债务有何意义?

练习题

　　1.仲景食品(300908)2023年资产负债表如下:

仲景食品2023年资产负债表　　　　　　　　单位:元

项目	2023年	2022年
流动资产:		
货币资金	731,611,472.10	907,596,386.35
交易性金融资产	50,000,000.00	
应收票据	2,978,955.00	3,591,990.00
应收账款	102,191,334.21	104,187,547.93
应收款项融资	1,644,415.00	330,000.00
预付款项	4,660,093.27	3,301,339.47
其他应收款	4,340,660.53	3,683,517.35
存货	218,549,164.60	270,757,665.10
其他流动资产	16,201,131.80	7,074,515.36
流动资产合计	1,132,177,226.51	1,300,522,961.56

项目	2023年	2022年
非流动资产:		
长期股权投资		
其他非流动金融资产	1,560,000.00	560,000.00
固定资产	454,678,184.66	366,857,631.85
在建工程	189,057,646.62	114,010,250.33
使用权资产	791,267.06	
无形资产	104,695,595.41	20,140,624.99
长期待摊费用	3,396,650.87	3,404,708.75
递延所得税资产	3,217,552.93	2,807,168.50
其他非流动资产	5,534,065.33	11,524,296.76
非流动资产合计	762,930,962.88	519,304,681.18
资产总计	1,895,108,189.39	1,819,827,642.74
流动负债:		
短期借款	10,008,555.55	10,010,908.34
应付账款	126,960,081.37	122,161,034.07
合同负债	18,604,329.04	26,359,739.38
应付职工薪酬	16,630,550.33	16,967,811.14
应交税费	8,866,889.45	3,977,483.63
其他应付款	3,891,232.47	3,471,279.28
一年内到期的非流动负债	152,373.27	
其他流动负债	4,410,917.78	6,517,882.85
流动负债合计	189,524,929.26	189,466,138.69
非流动负债:		
长期借款		
租赁负债	640,277.51	
递延收益	17,852,214.46	16,594,923.19
递延所得税负债	10,035,518.06	8,996,608.67
非流动负债合计	28,528,010.03	25,591,531.86
负债合计	218,052,939.29	215,057,670.55
所有者权益:		
股本	100,000,000.00	100,000,000.00
资本公积	886,296,554.71	886,296,554.71

续表

项目	2023年	2022年
盈余公积	49,556,008.85	49,556,008.85
未分配利润	641,202,686.54	568,917,408.63
归属于母企业所有者权益合计	1,677,055,250.10	1,604,769,972.19
所有者权益合计	1,677,055,250.10	1,604,769,972.19
负债与所有者权益合计	1,895,108,189.39	1,819,827,642.74

要求：

（1）计算比较仲景食品2022年、2023年的营运资本、流动比率、保守速动比率和现金比率，并进行短期偿债能力分析。

（2）计算比较仲景食品2022年、2023年的资产负债率、有形资产负债率、产权比率、有形净值债务率、固定长期适合率、利息保障倍数，并进行长期偿债能力分析。

2. 中航沈飞（600760）2023年流动资产与流动负债情况表如下：

中航沈飞（600760）2023年流动资产与流动负债情况表　　单位：元

流动资产项目	金额	流动负债项目	金额
货币资金	15,572,293,930.30	应付票据	6,527,116,960.45
应收票据	2,300,113,456.54	应付账款	20,544,185,776.43
应收账款	7,123,717,947.44	预收账款	83,720.00
预付款项	9,290,994,667.45	合同负债	6,705,881,377.47
其他应收款	75,696,406.23	应付职工薪酬	70,414,607.55
存货	11,649,717,014.20	应交税费	282,006,770.22
其他流动资产	586,165,659.14	其他应付款	459,973,566.91
流动资产合计	46,598,699,081.30	一年内到期的非流动负债	110,954,574.63
		其他流动负债	902,432,290.68
		流动负债合计	35,603,049,644.34

要求：请根据其流动资产与流动负债的构成情况对其短期偿债能力进行一般分析。

第七章
盈利能力分析

学习目的与要求

通过本章的学习,了解盈利能力的含义及影响因素;熟悉盈利能力分析的基本思路;掌握盈利能力分析的方法,能够熟练运用盈利能力分析指标与相关注意问题进行分析,达到盈利能力分析的目的。

关键知识点

盈利能力的内容;盈利能力的影响因素;盈利能力分析的财务指标;上市公司的盈利能力分析。

重要概念

盈利能力;销售毛利率;每股收益;市盈率。

引言

盈利能力又称获利能力,是指企业获取利润的能力,它是企业持续经营和发展的保证。企业盈利能力的好坏决定着企业发展的动力、效果。企业管理者进行盈利能力分析的主要目的是了解自身的工作成绩及管理中存在的问题,投资者进行盈利能力分析的主要目的是了解其投资获利情况的好坏,债权人进行盈利能力分析的主要目的是了解自身的债权有无保障,政府进行盈利能力分析的主要目的是了解企业纳税的多少。盈利能力分析可包括商品经营业务盈利能力分析、投资业务盈利能力分析、资本经营盈利能力分析和上市公司盈利能力分析,财务报表分析者可从这几个角度对企业盈利能力进行综合判断。

盈利能力分析究竟能提供哪些信息? 如何处理和利用这些信息? 这将是本章所要讲述的主要内容。

第一节 盈利能力分析概述

一、盈利能力的含义

盈利能力是企业资金增值的能力,即企业获取利润的能力。盈利能力分析是企业财务能力分析的重点,是企业财务管理活动的出发点和归宿。盈利能力的大小是一个相对概念,即利润是相对于一定资源投入、一定收入而言的。

利润率越高,说明盈利能力越强;利润率越低,说明盈利能力越弱。企业经营业绩的好坏最终可以通过盈利能力来反映。企业的盈利能力也是众多报表使用者关心的问题,它的形成也与企业的经营战略、经营方式、行业背景及整个经济环境相关。

二、盈利能力的影响因素

(一)战略方针

不同的战略选择和实施方式将直接影响企业的盈利能力和竞争力。企业战略是指企业为实现长期发展目标所制定的综合性计划和方法。企业战略可通过开拓新市场、提供差异化产品或服务、优化成本管理、提高销售效率和利润率等方式,直接影响企业的盈利能力和市场竞争力。其一,企业战略着眼于市场需求和竞争态势的研究,从而能更好地把握市场机会,提前做好产品和服务规划,从而为企业创造更多的盈利机会。其二,企业战略能够帮助企业降低成本、提高效率,进一步提升盈利能力。例如,通过优化生产流程、采取合理的资源配置策略,企业能够降低生产成本,提高产品的竞争力,扩大盈利空间。因此,企业要提高盈利能力,需要制定明确的战略方向,并灵活应对市场的变化。

(二)销售情况

在企业利润的形成中,大部分企业还是要依靠产品或服务销售获利,那么营业利润就是主要的利润来源,而营业利润的高低取决于产品销售的规模大小、增长幅度及潜力等。如果企业的产品或服务具有独特的优势,拥有广泛的市场,销售收入增长快,可能会带来更高的利润;而如果产品或服务的质量较差,可能会导致利润下降。

(三)资本结构

资本结构,即企业融资结构,反映了企业债务与股权的比例关系,是决定企业偿债和再融资能力、未来盈利能力的重要财务指标。合理的资本结构可以降低融资成本,发挥财务杠杆的调节作用,使企业获得更高的自有资金收益率。然而,资本结构的不合理调整也可能带来一系列风险和挑战。比如负债经营会让企业发挥财务杠杆效应,可能提高盈利水平,但也增加企业的财务风险。

(四)资产管理水平

企业通过加强资产管理,提高资产的利用率,可以有效地提升资产利润率,进而增加盈利。具体来说,企业通过加强资产管理,可以减少资产的平均占用额,从而提高资产的使用效率。这种做法不仅有助于降低运营成本,还能通过改善生产经营管理、降低成本费用等方式,增加利润总额,最终使资产利润率上升。因此,企业应当重视资产管理,通过优化资源配置、提高资产周转率等措施,来提升企业盈利能力。

(五)成本控制能力

成本管理作为企业管理的重要组成部分,对于提升企业盈利能力具有不可忽视的作用。在激烈的市场竞争中,企业通过有效的成本管理,可以优化资源配置,降低成本,提高竞争力,从而实现盈利能力的持续提升。成本管理可以帮助企业降低生产成本,实施合理的库存控制,避免库存积压或过度投资,并减少库存资金占用,从而降低企业的运营成本。此外,通过合理的成本控制和管理,企业可以减少不必要的开支,并提高生产效率,为企业创造更大的利润空间,增强企业的竞争力。

(六)税收政策

税收政策通过减税降费、鼓励研发投入、提供税收优惠等措施,有效调节了社会资源,实现有效配置,为企业营造公平的纳税环境,从而影响了企业的盈利能力。税收政策对企业盈利能力的直接影响主要体现在税负的变化上。税负是指企业需要承担的税收金额与其盈利能力(利润)之间的比率。税收政策的改变会导致税负的增加或减少,从而直接影响企业的盈利能力。例如,降低企业所得税税率或推出减免优惠,会减轻企业税负,提升其盈利能力;反之,若提高税率或取消税收优惠,则会增加企业税负,削弱其盈利能力。

三、盈利能力分析的目的

(一)投资者的分析目的

从投资者的角度看,盈利能力分析是投资者评估企业价值的重要手段之一。在市场经济下,股东往往会认为企业的盈利能力比财务状况、营运能力更重要。股东的直接目的就是获得更多的利润,因此在信用水平相同或相近的企业中,资金总会流向盈利能力更强的企业。股东之所以关注企业利润的多少并重视对利润率的分析,是因为他们的股息收益与企业盈利能力密切相关;此外,企业盈利能力提升还会推动股价上涨,使股东获得资本收益。同时,通过分析企业的盈利能力,投资者能够了解其经营业绩,包括市场竞争力、经营效率以及整体盈利能力的强弱和变化趋势。这些信息有助于投资者判断企业的健康状况与发展潜力,进而做出更明智的投资决策。

(二)债权人的分析目的

从企业债权人的角度来看,他们必须高度关注企业的盈利能力。利润是企业偿还债务的重要来源,对于长期债务而言尤其如此。也就是说,盈利能力的强弱直接关系到企业的偿债能力,是债权人债权权益的重要保障。如果企业盈利能力不佳,很可能无法按期还本付息,进而引发信用风险,这会给债权人带来重大损失。同时,针对企业的销售业务、投资项目等获利渠道,债权人也需从债务偿还的角度出发,结合自身的风险容忍度和投资目标,对可能面临的各类风险做好安排与防范。

(三)经营管理者的分析目的

从企业管理者的角度来看,经营管理者在开展经营管理活动时,最直接的目标是最大限度地获取利润,同时维持企业的持续稳定经营与发展。其中,持续稳定的经营和发展是获取利润的基础,而最大限度地获取利润则是企业实现持续稳定发展的目标与保障。只有在不断盈利的基础上,企业才有可能实现发展;而且,盈利能力较强的企业往往比盈利能力较弱的企业具备更强的活力和更广阔的发展前景。因此,盈利能力是衡量企业管理人员业绩最重要的标准,也是改进企业管理的关键突破口。

(四)政府机构的分析目的

从政府机构的角度来看,对企业盈利能力的分析是一项重要的经济管理工作。通过分析企业的盈利能力,政府能够更全面地了解企业的经营状况,及时发现潜在的问题与挑战,进而采取相应的政策措施进行干预和引导。企业盈利能力的优劣及其变化,是政府机构掌握社会经济状况、评估经济政策有效性的重要依据。此外,企业所获利润是其缴纳税款的基础,而企业纳税又是政府财政收入的重要来源,因此政府机构也会高度重视企业的盈利能力。

四、盈利能力分析的内容

盈利能力分析是企业财务分析的重点,偿债能力分析、营运能力分析的最终目的是通过分析发现问题,改善财务结构,加快资产的周转速度,进而提升盈利能力,推动企业持续稳定发展。由于利润额受企业规模和投入量的影响显著,不同规模企业的利润额缺乏可比性,难以准确反映盈利能力。因此,盈利能力分析主要围绕利润率展开。从分析角度和企业组织形式来看,企业盈利能力分析通常从以下几个方面进行。

（一）经营盈利能力分析

经营盈利能力分析，即通过计算企业生产及销售过程中的产出、耗费和利润之间的比例关系，来研究和评价企业的获利能力。在该过程中，不考虑企业的筹资或投资等问题，只研究利润与成本或收入之间的比例关系。它能反映企业在销售过程中产生利润的能力。

（二）投资盈利能力分析

投资盈利能力分析，即通过计算企业在投资业务中的投资报酬来研究企业的盈利能力。企业获得利润的能力与其投入规模有关，销售收入的获得以一定的原始投资为基础，所获利润的多少也与投资紧密相连。因此，要全面考核企业的盈利能力，必须对投资盈利能力进行分析。其分析方法是通过研究实现利润与占用投入资金的比例，来评价企业投入资金的增值能力。

（三）上市公司盈利能力分析

上市公司除了进行经营盈利能力、投资盈利能力分析外，还可以进行一些特殊指标分析，主要是与上市公司特殊组织形式相关的一些指标，如每股收益、市盈率、股利支付率等。

五、盈利能力分析的方法

（一）盈利能力水平分析

分析企业盈利能力水平，需要通过计算相对财务指标来进行评价。这些指标通常从企业的销售业务和投资业务两方面体现；而上市公司因受股票价格波动的影响，还有一些特殊财务指标可用于分析盈利水平的高低。对企业盈利水平的衡量，主要围绕利润率展开，通过这些反映利润率水平的财务指标，能够说明企业盈利水平的高低及其变化情况。

（二）盈利能力稳定性分析

盈利能力的稳定性，主要体现为企业盈利状况是否频繁出现起伏波动，以及能否在较长时间内维持较高水平。盈利能力的稳定性主要应从各种业务利润结构角度分析，即通过分析各种业务利润在利润总额中的比重判断盈利的稳定性。利润表中的利润按照业务的性质可划分为商品销售利润、其他业务利润、营业利润、营业外收支等。各利润项目又是按获利的稳定性顺序排列的，凡是靠前的项目在利润总额中所占比重越高，说明获利的稳定性越强。由于主营业务是企业的主要经营业务，一个持续经营的企业总是力求保证主营业务的稳定，从而使得盈利水平保持稳定，所以在盈利稳定性的分析中应侧重主营业务利润比重的分析，重点分析主营业务利润对企业总盈利水平的影响方向和影响程度。

（三）盈利能力持久性分析

盈利能力的持久性，即企业盈利长期变动的趋势。分析盈利的持久性，通常采用对比两期或多期损益的方式。各期的对比既可以是绝对额的比较，也可以是相对数的比较。绝对额比较，即对企业经常性收支、经营业务或商品利润的绝对额进行对比，以此判断其盈利是否能够维持或增长。相对数比较，则是选定某一会计年度作为基年，用后续各年利润表中各收支项目的余额除以基年相同项目的余额，计算出各项目的变动百分比，进而判断企业盈利水平是否具备保持和持续增长的可能性。如果企业经常性的商品销售或经营业务利润稳步增长，则说明企业盈利的持久性越强。

第二节　盈利能力的财务比率分析

一、经营盈利能力分析的财务指标

（一）销售毛利率

1. 计算公式

销售毛利率的计算公式为：

$$销售毛利率 = \frac{营业收入 - 营业成本}{营业收入} = \frac{毛利}{营业收入} \times 100\%$$

销售毛利率是毛利占营业收入的百分比，通常称为毛利率。其中，毛利是产品销售收入与产品营业成本的差额。通常，分析者主要应考察企业经营业务的销售毛利率。

2. 分析要点

分析销售毛利率的高低时，需注意以下要点：一是销售毛利率的高低取决于所处行业类型，如传统行业的毛利率一般较低，高科技行业的销售毛利率一般较高；二是销售毛利率与市场竞争程度有关，竞争越激烈，毛利率越低，如手机随着生产商数量的增加，毛利率不断下降；三是毛利率与企业经营模式有关，如知名品牌服装的毛利率相对较高，因为要承担比一般品牌更高的营销费用，保健品虽然毛利率高但净利率低，也是因为营销费用投入太多；四是毛利率与存货周转率有关，生产普通日用品的行业通常周转较快但毛利率较低，而生产奢侈品的行业则呈现周转较慢但毛利率较高的特征。

3. 影响因素

影响毛利率指标的因素可以分成直接因素和间接因素两大类。

（1）直接因素。

各个因素对毛利的影响情况如下：

① 销售数量变动的影响。

当其他因素不变时，销售数量正比例地影响毛利。其中，对毛利绝对数的影响额为：

某产品销售数量变动的影响额＝（本期销售数量—上期销售数量）×上期单位销售毛利

② 销售单价变动的影响。

销售单价的变动，会正比例地影响毛利和毛利率的变动。其中，对毛利绝对数的影响额为：

某产品销售单价变动的影响额＝本期销售数量×（本期销售单价－上期销售单价）

③ 单位销售成本变动的影响。

销售成本的变动，会导致单位销售毛利反方向、等额地变动，从而反比例地影响毛利额，同样反比例影响销售毛利率。其中，对毛利绝对数的影响额为：

某产品单位销售成本变动的影响额＝本期销售数量×（上期单位销售成本－本期单位销售成本）

（2）间接因素。

① 市场竞争。

所谓"物以稀为贵"，如果市场上缺乏某类产品或数量极少，或这类产品相较于市场上的同类产品，其质量、功能价值具有明显优势，那么这类产品自然可以采用高价策略；反之，若是经营大众产品或处于夕阳产业，市场已然饱和，就只能随行就市制定销售价格，获取平均水平的销售毛利。

② 企业营销。

需考虑企业是为了扩大市场占有率，还是有其他目的：如果是为扩大市场占有率，可能会先以较低价格打开市场，待市场地位稳固后，再根据市场认同度调整定价策略；如果是为尽快收回投资，企业可能会以较高价格进入市场，随后采取逐步渗透的策略。市场对于成熟产品，通常呈现"价高量小、价低量大"的规律，如何在价格与销量之间找到平衡以实现利润最大化，是企业进行营销策划时必须面对且无法回避的重要问题。

③ 研发成本。

现代经济的一个显著特点是产品更新换代速度快。如果企业能更快更好地研发出具备新兴功能的新产品，且产品在功能、使用价值及价格上占据优势，就能抢占市场制高点。企业的研发投入量大，通常其取得的发明创造成就多，受到专利保护所取得的利益就多，新兴产品在成本、功效上就有极大的优势，其产品毛利率也高。

④ 品牌效应。

如果企业有知名度,具有驰名商标或地方知名品牌商标,其产品质量得到市场的认可,那么这类产品的毛利率通常也会比较高;反之,杂牌商品即便质量优良,由于缺乏知名度,其毛利率往往不及品牌价值较高的产品。当然也不能一概而论,有些知名品牌产品毛利属于中等水准,主要是靠较高的销售数量来赚取利润,而有些杂牌商品由于不支出广告投入费用,主要靠柜台以及人力推广,由于价格中广告成本不大,其毛利反而很高。

下面以金牌家居(603180)、江山欧派(603208)2019—2023年销售毛利率表为例进行分析,如表7-1所示。

表7-1 金牌家居(603180)、江山欧派(603208)2019—2023年销售毛利率表

企业名称	2023年	2022年	2021年	2020年	2019年
金牌家居	29.58%	29.46%	30.48%	32.73%	35.84%
江山欧派	26.02%	23.85%	29.1%	32.2%	32.22%

从金牌家居、江山欧派2019—2023年的销售毛利率情况来看,两家企业的毛利率比较接近,说明它们同属于一个行业,产品类似,这个行业的利润率情况大致如此。但两家企业的毛利率大体上有下降的趋势,说明盈利空间逐渐缩小,可能与市场竞争者较多、需求逐渐饱和有关,这将对企业的盈利能力产生较大影响。

(二)营业收入利润率

营业收入利润率通常称为营业利润率,其计算公式为:

$$营业收入利润率=\frac{营业利润}{营业收入}\times100\%$$

营业利润计算公式为:

营业利润＝营业收入－营业成本－税金及附加－管理费用－销售费用－财务费用－资产减值损失＋公允价值变动收益(损失为负)＋投资收益(损失为负)

营业收入利润率是衡量企业盈利能力的指标,反映了在不考虑非营业成本的情况下,企业管理者通过经营获取利润的能力。营业收入利润率越高,说明企业百元商品销售额提供的营业利润越多,企业的盈利能力越强;反之,此比率越低,说明企业盈利能力越弱。

影响营业收入利润率的因素包括销售数量、单位产品平均售价、单位产品制造成本,以及企业对管理费用和营销费用的控制能力。

下面以金牌家居(603180)、江山欧派(603208)2019—2023年营业收入利润率表为例进行分析,如表7-2所示。

表7-2 金牌家居(603180)、江山欧派(603208)2019—2023年营业收入利润率表

企业名称	2023年	2022年	2021年	2020年	2019年
金牌家居	8.10%	8.15%	10.47%	12.40%	12.87%
江山欧派	9.55%	－8.6%	9.03%	17.21%	15.29%

从金牌家居、江山欧派2019—2023年的营业收入利润率情况来看,江山欧派在2019年、2020年、2023年的营业收入利润率高于金牌家居,而2021年金牌家居反超,2022年两者差距显著。这表明江山欧派在多数年份营业利润占收入的比重更高,即主营业务的盈利转化效率更强,但2021年可能因成本费用上升导致指标落后。

(三)销售净利率

销售净利率的计算公式为:

$$销售净利率 = \frac{净利润}{营业收入} \times 100\%$$

销售净利率是反映每百元营业收入或营业收入获得的净利润,该比率越大,表明企业日常经营活动中获得的可供投资者分配的利润越多。

销售净利率反映企业销售收入的盈利水平。销售净利率提高,说明企业的获利能力提高;销售净利率降低,说明企业的获利能力下降,投资者可以进一步分析下降原因是营业成本上升还是企业降价销售、是期间费用过多还是投资收益减少等,以便更好地对企业经营状况进行判断。在进行销售净利率分析时,投资者可以对连续几年的指标数值进行纵向分析,从而分析企业获利能力的发展变化趋势;同样也可将企业的指标数值与其他企业的指标数值或同行业平均水平进行对比,综合评价企业盈利能力。

下面以金牌家居(603180)、江山欧派(603208)2019—2023年销售净利率表为例进行分析,如表7-3所示。

表7-3 金牌家居(603180)、江山欧派(603208)2019—2023年销售净利率表

企业名称	2023年	2022年	2021年	2020年	2019年
金牌家居	7.95%	7.67%	9.71%	11.04%	11.39%
江山欧派	10.35%	−9.54%	8.19%	14.59%	13.27%

从金牌家居、江山欧派2019—2023年的销售净利率情况来看,江山欧派在2019年、2020年、2023年的指标高于金牌家居,2021年金牌家居反超,2022年两者差距显著。这表明江山欧派在多数年份单位营业成本的利润转化效率更强,可能在成本控制或定价策略上具备优势,但2021年可能因成本上升或营业利润下滑导致指标落后。

(四)营业成本利润率

营业成本利润率的计算公式为:

$$营业成本利润率 = \frac{营业利润}{营业成本} \times 100\%$$

营业成本利润率是指企业在一定时期内营业利润与营业成本的比率,反映每百元营业成本获得的营业利润。该比率越大,表明企业日常经营活动的盈利能力越强。

下面以金牌家居(603180)、江山欧派(603208)2019—2023年营业成本利润率表为例进行分析,如表7-4所示。

表7-4　金牌家居(603180)、江山欧派(603208)2019—2023年营业成本利润率表

企业名称	2023年	2022年	2021年	2020年	2019年
金牌家居	11.50%	11.55%	15.07%	18.43%	20.06%
江山欧派	12.91%	−11.30%	12.74%	25.39%	22.56%

从金牌家居、江山欧派2019—2023年的营业成本利润率情况来看,两家企业的营业成本利润率也比较接近(除了2022年),但江山欧派的营业成本利润率在2019年、2020年、2023年是高于金牌家居的,说明它在经营业务中耗费营业成本带来的营业利润更多,即耗费营业成本转化为营业利润的效率更高。只是在2022年,江山欧派在经营业务上出现了亏损,导致该指标出现了负数。

(五)营业成本费用利润率

营业成本费用利润率的计算公式为:

$$营业成本费用利润率 = \frac{营业利润}{营业成本 + 税金及附加 + 三项期间费用} \times 100\%$$

营业成本费用利润率是反映每百元成本费用获得的营业利润,该比率越大,表明企业日常经营活动的盈利能力越强。

下面以金牌家居(603180)、江山欧派(603208)2019—2023年营业成本费用利润率表为例进行分析,如表7-5所示。

表7-5　金牌家居(603180)、江山欧派(603208)2019—2023年营业成本费用利润率表

企业名称	2023年	2022年	2021年	2020年	2019年
金牌家居	9.22%	9.26%	−12.13%	14.68%	15.23%
江山欧派	11.19%	−9.61%	10.85%	22.22%	18.96%

从金牌家居、江山欧派2019—2023年的营业成本费用利润率情况来看,两家企业指标差异较大:江山欧派在2019年、2020年、2023年的指标高于金牌家居,2021年江山欧派显著高于金牌家居,但2022年金牌家居反超。这表明江山欧派在多数年份,通过经营业务耗费经营成本费用的利润转化效率更高,说明其经营过程的效率可能较高。

(六)总成本费用利润率

总成本费用利润率的计算公式为:

$$总成本费用利润率 = \frac{利润总额}{成本费用总额} \times 100\%$$

式中的利润总额和成本费用总额来自企业利润表。成本费用一般包括营业成本、税金及附加、三项期间费用、营业外支出和所得税费用。

总成本费用利润率是企业一定期间的利润总额与成本费用总额的比率。总成本费用利润率指标表明每付出1元成本费用可获得多少利润,体现了经营耗费所带来的经营成果。该项指标越高,利润就越大,反映企业的经济效益越好。

下面以金牌家居(603180)、江山欧派(603208)2019—2023年总成本费用利润率表为例进行分析,如表7-6所示。

表7-6　金牌家居(603180)、江山欧派(603208)2019—2023年总成本费用利润率表

企业名称	2023年	2022年	2021年	2020年	2019年
金牌家居	9.37%	9.32%	12.21%	14.57%	15.03%
江山欧派	11.32%	−9.61%	10.75%	21.42%	18.13%

从金牌家居、江山欧派2019—2023年的总成本费用利润率情况来看,两家企业指标差异较大:江山欧派在2019年、2020年、2023年的指标高于金牌家居,2021年金牌家居反超,2022年两者差距显著。这表明江山欧派在多数年份耗费所有成本费用的利润转化效率更高。只是在2022年,江山欧派在经营业务出现了亏损,导致该指标出现了负数。

二、投资盈利能力分析的财务指标

(一)总资产净利率

总资产净利率的计算公式为:

$$总资产净利率 = \frac{净利润}{平均资产总额} \times 100\%$$

平均资产总额的计算公式为:

$$平均资产总额 = \frac{期初资产总额 + 期末资产总额}{2}$$

总资产净利率反映的是企业运用全部资产所获得净利润的水平,即企业每占用1元的资产平均能获得多少元的净利润。该指标越高,表明企业投入产出水平越高、资产运营越高效、成本费用控制能力越强,同时也体现出企业管理水平的高低。通俗来讲,就是企业盈利水平与资产占用之间的效益关系:总资产净利率越高,企业的盈利效率就越高。总资产净利率在企业中有着广泛的应用,这是因为它不仅能够反映企业经营效益的水平,也能够帮助企业识别自身的优缺点,优化经营策略。如果总资产净利率较高,说明企业在利用自身总资产时表现良好,具备一定的市场竞争力。如果总资

产净利率较低,则说明企业尚需进一步优化资产利用效率或者加强经营管理。有观点认为,总资产净利率的正常范围一般为15%～39%,但需要注意的是,不同行业、不同企业规模以及不同经营策略下,总资产净利率的合理范围可能有所不同。

下面以金牌家居(603180)、江山欧派(603208)2019—2023年总资产净利率表为例进行分析,如表7-7所示。

表7-7　金牌家居(603180)、江山欧派(603208)2019—2023年总资产净利率表

企业名称	2023年	2022年	2021年	2020年	2019年
金牌家居	5.35%	5.81%	8.37%	9.46%	10.69%
江山欧派	8.52%	−6.7%	6.02%	12.97%	10.73%

从金牌家居、江山欧派2019—2023年的总资产净利率情况来看,两家企业的总资产净利率也比较接近(除了2022年),说明两家企业利用全部资产获取净利润的水平都比较接近,但金牌家居的总资产净利率呈现出逐年下降的趋势,江山欧派的总资产净利率则不稳定。

(二)总资产报酬率

总资产报酬率的计算公式为:

$$总资产报酬率=\frac{利润总额+利息支出}{平均资产总额}=\frac{息税前利润}{平均资产总额}\times100\%$$

利润总额指企业实现的全部利润,包括企业当年营业利润、投资收益、补贴收入、营业外支出净额等项内容,如为亏损,则用负号表示。

总资产报酬率,又称资产所得率,是企业在一定时期内获得的报酬总额与平均资产总额的比率。该指标反映企业包括净资产和负债在内的全部资产的总体获利能力,用以评价企业运用全部资产的总体获利能力,是评价企业资产运营效益的重要指标。总资产报酬率越高,表明企业投入产出的效率越高,企业的资产运营效果越好。同时,总资产报酬率也是企业投资决策的重要依据,如果总资产报酬率高于市场利率,那么企业可以加大投资力度,反之则需要谨慎考虑。

下面以金牌家居(603180)、江山欧派(603208)2019—2023年总资产报酬率表为例进行分析,如表7-8所示。

表7-8　金牌家居(603180)、江山欧派(603208)2019—2023年总资产报酬率表

企业名称	2023年	2022年	2021年	2020年	2019年
金牌家居	5.64%	6.30%	9.23%	10.78%	12.18%
江山欧派	8.64%	−5.58%	6.95%	15.5%	12.31%

从金牌家居、江山欧派2019—2023年的总资产报酬率情况来看,两家企业的总资产报酬率也比较接近(除了2022年),说明两家企业利用全部资产获取息税前利润的水平都比较接近,但金牌家居的总资产报酬率呈现出逐年下降的趋势,江山欧派的总资

产报酬率则不稳定。与前面的总资产净利率相比,两家企业的总资产报酬率也不高,说明财务杠杆效应带来的利润并不多,对盈利能力的影响不大。

(三)净资产收益率

净资产收益率的计算公式为:

$$净资产收益率=\frac{税后利润}{所有者权益平均余额}=\frac{净利润}{所有者权益平均余额}\times100\%$$

净资产收益率是指企业一定时期内的净利润与平均净资产之间的比率,反映股东投入的资金获得的收益率。净资产收益率是企业盈利能力的核心指标,也是杜邦财务分析体系的核心指标,更是投资人做投资决策时关注的重点。一般来说,净资产收益率越高,所有者和债权人的权益保障程度越高。如果企业的净资产收益率在一段时间内持续增长,说明权益资本盈利能力稳定上升。净资产收益率反映企业所有者权益的投资报酬率,具有很强的综合性。一般认为,企业净资产收益率越高,企业自有资本获取收益的能力越强,运营效益越好,对企业投资人、债权人的保证程度就越好。一般来说,企业年均净资产收益率高于15%就是非常优秀的企业了。

在分析任何一家企业时,不能仅仅依据净资产收益率一个指标,而是需要综合考察利润、资产、现金流等各个方面的情况。净资产收益率的缺陷在于:净资产收益率可以反映企业净资产(股权资金)的收益水平,但并不能全面反映一个企业的资金运用能力。

净资产收益率的计算公式为:

$$净资产收益率=总资产收益率\times权益乘数$$

从公式中可以看出,影响净资产收益率的是代表资产获利能力的总资产收益率,以及反映资产与股东权益倍数的权益乘数。企业利用资产的效率越高,财务杠杆效应发挥得越好,企业股东能享受到的最大可分配利润就越多。

下面以金牌家居(603180)、江山欧派(603208)2019—2023年净资产收益率表为例进行分析,如表7-9所示。

表7-9　金牌家居(603180)、江山欧派(603208)2019—2023年净资产收益率表

企业名称	2023年	2022年	2021年	2020年	2019年
金牌家居	10.77%	10.86%	15.74%	19.12%	22%
江山欧派	25.28%	−18.12%	13.92%	27.46%	21.04%

从金牌家居、江山欧派2019—2023年的净资产收益率情况来看,金牌家居的净资产收益率逐年下降,江山欧派的净资产收益率不稳定。这说明从股东角度,使用每1元净资产能获得的净利润水平来看,金牌家居的盈利能力是逐年下降的,而江山欧派的盈利能力不稳定。

（四）净资产报酬率

净资产报酬率的计算公式为：

$$净资产报酬率 = \frac{利润总额 + 利息支出}{平均净资产} = \frac{息税前利润}{平均所有者权益} \times 100\%$$

净资产报酬率又称为所有者权益报酬率，是企业一定时期内获得的报酬总额与平均净资产总额的比率。它是反映企业资产综合利用效果的指标，也是衡量企业利用所有者权益总额所取得盈利的重要指标。该指标越高，表明企业的资产利用效益越好，企业盈利能力越强，经营管理水平越高。

下面以金牌家居（603180）、江山欧派（603208）2019—2023年净资产报酬率表为例进行分析，如表7-10所示。

表7-10　金牌家居（603180）、江山欧派（603208）2019—2023年净资产报酬率表

企业名称	2023年	2022年	2021年	2020年	2019年
金牌家居	11.37%	11.77%	17.35%	21.79%	25.07%
江山欧派	25.64%	−15.10%	16.06%	32.82%	24.15%

从金牌家居、江山欧派2019—2023年的净资产报酬率情况来看，金牌家居的净资产报酬率逐年下降，江山欧派的净资产报酬率不稳定。这说明从股东角度，使用每1元净资产能获得的息税前利润水平来看，金牌家居的盈利能力是逐年下降的，而江山欧派的盈利能力不稳定。两家企业2019年、2021年的净资产报酬率比较接近，说明财务杠杆效应在盈利能力中表现不明显。

（五）长期资金收益率

长期资金收益率的计算公式为：

$$长期资金收益率 = \frac{息税前利润}{平均长期资金} \times 100\% = \frac{利润总额 + 利息支出}{\dfrac{长期负债 + 所有者权益}{2}} \times 100\%$$

长期资金收益率越高，说明企业的长期资金获取报酬的能力越强。长期资金收益率用于衡量企业在长期内使用资金创造收益的能力，可以帮助评估企业的财务健康情况和盈利能力，特别是在评估企业的长期投资决策时非常有用。高比率通常意味着企业能够有效地使用其长期资金来生成收入，这有助于企业的持续增长和稳定发展。

下面以金牌家居（603180）、江山欧派（603208）2019—2023年长期资金收益率表为例进行分析，如表7-11所示。

表7-11　金牌家居(603180)、江山欧派(603208)2019—2023年长期资金收益率表

企业名称	2023年	2022年	2021年	2020年	2019年
金牌家居	8.44%	11.04%	14.76%	17.51%	17.53%
江山欧派	15.87%	−10.65%	10.68%	24.77%	18.95%

从金牌家居、江山欧派2019—2023年的长期资金收益率来看,金牌家居的长期资金收益率逐年下降,江山欧派的长期资金收益率不稳定。这说明从使用每1元长期资金能获得的息税前利润水平来看,金牌家居的盈利能力是逐年下降的,而江山欧派的盈利能力不稳定。

(六)资本保值增值率

资本保值增值率的计算公式为:

$$资本保值增值率 = \frac{期末所有者权益}{期初所有者权益}$$

资本保值增值率是企业期末所有者权益与期初所有者权益的比率。通过该指标可以较为直观地考察企业资本增值的情况,为投资者考察企业规模变化提供一个可靠的视角。资本保值增值率等于1时,表示企业资本在期末与期初保持一致,没有发生增值或减值;若大于1,则表示企业资本实现了增值,增值部分反映了企业的经营效益;若小于1,则表示企业资本发生了减值,可能存在经营风险或亏损情况。

下面以金牌家居(603180)、江山欧派(603208)2019—2023年资本保值增值率表为例进行分析,如表7-12所示。

表7-12　金牌家居(603180)、江山欧派(603208)2019—2023年资本保值增值率表

企业名称	2023年	2022年	2021年	2020年	2019年
金牌家居	1.07	1.08	1.32	1.51	1.23
江山欧派	1.08	0.77	1.05	1.30	1.19

从金牌家居、江山欧派2019—2023年的资本保值增值率情况来看,金牌家居的资本保值增值率2020—2023年逐年下降,江山欧派的资本保值增值率不稳定。江山欧派的资本保值增值率基本低于金牌家居(除了2023年),说明金牌家居在资本保值增值方面做得更好。但两家企业的资本保值增值率基本大于1,说明在这5年基本实现了资本增值,在这个基础上两家企业都有较好的盈利前景。

(七)资产现金流量收益率

资产现金流量收益率的计算公式为:

$$资产现金流量收益率 = \frac{经营活动产生的现金流入量}{平均总资产}$$

该指标通过评价企业利用资产开展经营活动带来现金流量的能力,反映企业资产

利用效率及现金收取能力,进而为报表使用者分析企业盈利能力的稳定性和持续性提供参考。

下面以金牌家居(603180)、江山欧派(603208)2019—2023年资产现金流量收益率表为例进行分析,如表7-13所示。

表7-13　金牌家居(603180)、江山欧派(603208)2019—2023年资产现金流量收益率表

企业名称	2023年	2022年	2021年	2020年	2019年
金牌家居	0.81	0.84	1.02	1.04	1.11
江山欧派	0.93	0.86	0.84	0.78	0.95

从金牌家居、江山欧派2019—2023年的资产现金流量收益率情况来看,金牌家居的资产现金流量收益率逐年下降,江山欧派的资产现金流量收益率则在2020—2023年是逐年上升的,而且2022年开始高于金牌家居,说明江山欧派在2022—2023年,每使用1元资产能在经营活动中收取比金牌家居更多的现金,从经营活动中获取现金这一角度来说,江山欧派这两年的盈利能力更强。

第三节　上市公司的盈利能力分析

在进行盈利能力分析时,应该考虑上市公司的特殊情况。上市公司作为一类经过批准,可以在证券交易所向社会公开发行股票筹资的股份有限公司,其权益资本被分成等额的股份,也被称为股本。在进行盈利能力分析时,除了对企业经营盈利能力和投资盈利能力进行分析以外,还应对上市公司的股本盈利能力进行分析。此外,上市公司与一般企业的不同之处还在于有股票二级市场形成的交易价格,并通过发放股利的形式进行利润分配。因此对上市公司盈利能力的分析可以通过对每股收益、市盈率、股利支付率等财务指标的分析来完成。

一、普通股股东权益报酬率

普通股股东权益报酬率的计算公式为:

$$普通股股东权益报酬率 = \frac{净利润 - 优先股股利}{普通股股东权益} \times 100\%$$

普通股股东权益报酬率是指净利润扣除应发放的优先股股利的余额与普通股股东权益的比率。如果企业未发行优先股,那么普通股股东权益报酬率就等于股东权益报酬率或自有资本报酬率。该指标从普通股股东的角度反映企业的盈利能力,指标值越高,说明盈利能力越强,普通股股东可得收益也越多,或者用于扩

视频

如何进行盈利能力分析

Note

大再生产的潜力越大。

下面以妙可蓝多(600882)、维维股份(600300)2019—2023年普通股股东权益报酬率表为例进行分析,如表7-14所示。

表7-14   妙可蓝多(600882)、维维股份(600300)2019—2023年普通股股东权益报酬率表

企业名称	2023年	2022年	2021年	2020年	2019年
妙可蓝多	15.52%	33.56%	37.54%	18.07%	4.70%
维维股份	12.63%	5.69%	13.36%	26.25%	2.67%

从妙可蓝多、维维股份2019—2023年的普通股股东权益报酬率情况来看,两家企业该指标都不稳定。但妙可蓝多的普通股股东权益报酬率在2021—2023年呈现逐年下降趋势,说明从普通股股东的角度来看,在这三年中每投入1元的股东资本带来的净利润水平是下降的,企业盈利能力下降。另外,妙可蓝多的普通股股东权益报酬率大于维维股份(除了2020年),说明它的盈利水平高于维维股份,对投资者的吸引力应该也更大。

二、每股收益

每股收益的计算公式为:

$$每股收益 = \frac{归属于普通股股东的当期净利润}{当期发行在外普通股的加权平均数} = \frac{净利润 - 优先股股利}{普通股股数}$$

$$当期发行在外普通股的加权平均数 = 期初发行在外普通股股数$$

$$+ \frac{当期新发行普通股股数 \times 已发行时间}{报告期时间}$$

$$- \frac{当期回购普通股股数 \times 已回购时间}{报告期时间}$$

该比率反映了每股创造的税后利润。比率越高,表明所创造的利润越多。若企业只有普通股时,净收益是税后净利润,股份数是指流通在外的普通股股数。如果企业还有优先股,应从税后净利润中扣除分派给优先股股利。

每股收益,又称每股税后利润、每股盈余,是税后利润与普通股股数的比率,是普通股股东每持有1股所能享有的企业净利润或需承担的企业净亏损。每股收益通常用来反映企业的经营成果,衡量普通股的获利水平及投资风险,是投资者等信息使用者评价企业盈利能力、预测企业成长潜力,进而做出相关经济决策的重要财务指标之一。

使用每股收益分析盈利性要注意以下问题。

(1)每股收益不反映股票所含有的风险。例如,假设某企业原来经营日用品的产销,最近转向房地产投资,企业的经营风险增大了许多,但每股收益可能不变或提高,并没有反映风险增加的不利变化。

（2）股票是一个"份额"概念，不同股票的每一股在经济上不等量，它们所含有的净资产和市价不同，即换取每股收益的投入量不相同，限制了每股收益的企业间比较。

（3）每股收益多，不一定意味着多分红，还要看企业股利分配政策。

（4）每股收益是反映上市公司盈利能力的一个非常重要的财务指标，这一指标经常对股票价格产生较大的影响。

下面以妙可蓝多（600882）、维维股份（600300）2019—2023年每股收益表为例进行分析，如表7-15所示。

表7-15 妙可蓝多（600882）、维维股份（600300）2019—2023年每股收益表

企业名称	2023年	2022年	2021年	2020年	2019年
妙可蓝多	0.126	0.271	0.332	0.145	0.047
维维股份	0.13	0.06	0.14	0.27	0.04

从妙可蓝多、维维股份2019—2023年的每股收益来看，两家企业该指标都不稳定。但妙可蓝多在2021—2023年呈现逐年下降趋势，说明从普通股股东的角度来看，它在这三年中每持有一股所分享的净利润水平是下降的，盈利能力下降。

三、每股股利

每股股利的计算公式为：

$$每股股利 = \frac{股利总额}{普通股股数} = \frac{现金股利总额 - 优先股股利}{发行在外的普通股股数}$$

股利总额是用于对普通股进行分配的现金股利的总额，普通股股数是企业发行在外的普通股股数（不是加权平均数）。若一年内发放两次股利，则需要将两次股利相加后除以总股本计算年度每股股利。

每股股利是指股份公司每股普通股所获得的股利总额与流通股股数的比值。这一指标可以反映公司每股普通股获得的股利大小，值越大表明公司盈利能力越强，反之则越弱。影响每股股利的因素主要包括企业的股利发放政策和利润分配政策。如果股份公司为了扩大再生产和增强发展后劲而留下更多的利润，那么每股股利就会相应地减少；反之，则每股股利会增加。

每股股利反映的是上市公司每一普通股获取股利的大小。每股股利越大，则上市公司股本获利能力就越强；每股股利越小，则上市公司股本获利能力就越弱。但须注意，上市公司每股股利发放多少，除了受获利能力影响以外，还取决于上市公司股利发放政策。如果上市公司为了增强公司发展的后劲而增加公司的公积金，则当前的每股股利必然会减少；反之，则当前的每股股利会增加。对于投资者而言，不论企业股本是否扩大，都希望每股股利保持稳定，尤其对于收益型股票，每股股利的变动是投资者选股的重要参考。

下面以妙可蓝多（600882）、维维股份（600300）2019—2023年每股股利表为例进行

分析,如表7-16所示。

表7-16 妙可蓝多(600882)、维维股份(600300)2019—2023年每股股利表

企业名称	2023年	2022年	2021年	2020年	2019年
妙可蓝多	0	0	0	0	0
维维股份	0.018	0.03	0.10	0	0

从妙可蓝多、维维股份2019—2023年的每股股利来看,妙可蓝多没有分配股利,维维股份的每股股利也不高,这可能说明收益不高,现金不多,不足以分配股利,也可能是为了留足以后的发展资金而不倾向于向投资者分配股利。

四、每股净资产

每股净资产的计算公式为:

$$每股净资产 = \frac{股东权益}{总股数}$$

每股净资产是股东权益与总股数的比率。这一指标反映每股股票所拥有的资产现值。每股净资产越高,股东拥有的资产现值越多;每股净资产越低,股东拥有的资产现值越少。通常每股净资产越高越好。每股净资产值反映了每股股票代表的企业净资产价值,是支撑股票市场价格的重要基础。每股净资产值越大,表明企业每股股票代表的财富越雄厚,通常创造利润的能力和抵御外来因素影响的能力越强。股票的净资产是上市公司每股股票所包含的实际资产的数量,又称股票的账面价值或净值,是用会计方法计算出的股票所包含的资产价值。每股净资产值体现了上市公司的经济实力,因为任何一家企业的经营都是以其净资产数量为依据的。如果一个企业负债过多而实际拥有的净资产较少,则意味着其经营成果的绝大部分都将用来还债;如果一个企业负债过多出现资不抵债的现象,则意味着企业将会面临破产的危险。

股票投资的收益只与所持股票的数量成正比,投入得多并不意味着收获就大,即使股民投入的资金量相同,但由于所购股票数量不等,其投资收益就有可能差异很大。由于股票的收益取决于股票的数量而并非股票的价格,且每股股票所包含的净资产决定着上市公司的经营实力和经营业绩,每股股票所包含的净资产对股价起决定性的影响。

下面以妙可蓝多(600882)、维维股份(600300)2019—2023年每股净资产表为例进行分析,如表7-17所示。

表7-17 妙可蓝多(600882)、维维股份(600300)2019—2023年每股净资产表

企业名称	2023年	2022年	2021年	2020年	2019年
妙可蓝多	8.3741	8.6272	8.7399	3.6294	3.0918
维维股份	1.9563	1.8893	1.8129	1.7774	1.4737

从妙可蓝多、维维股份2019—2023年的每股净资产情况来看,妙可蓝多和维维股份都呈现出增长的趋势,但妙可蓝多的每股净资产明显高于维维股份。每股净资产越高,股东拥有的资产现值越多,表明企业每股股票代表的财富越雄厚,同时也对企业绩效有积极作用。从这个角度看,妙可蓝多似乎比维维股份更有投资价值。

五、每股公积金

每股公积金的计算公式为:

$$每股公积金=\frac{公积金}{股票总股数}$$

公积金是企业的"最后储备",它既是企业未来扩张的物质基础,也可以是股东未来获赠红股的希望之所在。

每股公积金分为每股资本公积金和每股盈余公积金。

下面以妙可蓝多(600882)、维维股份(600300)2019—2023年每股公积金表为例进行分析,如表7-18所示。

表7-18 妙可蓝多(600882)、维维股份(600300)2019—2023年每股公积金表

企业名称	2023年	2022年	2021年	2020年	2019年
妙可蓝多	9.3018	9.7456	9.7048	4.6665	4.3101
维维股份	0.2336	0.224	0.2851	0.2744	0.2377

从妙可蓝多、维维股份2019—2023年的每股公积金情况来看,妙可蓝多2019—2022年呈现出增长的趋势,但维维股份的没有太多变化。妙可蓝多的每股公积金明显高于维维股份,说明持有该企业的股票,每一股代表的未来储备比维维股份丰厚。每股公积金越高,表明企业未来扩张的物质基础越雄厚,同时也对企业绩效有积极作用。

六、市盈率

(一)计算公式

市盈率的计算公式为:

$$市盈率(静态市盈率)=\frac{普通股每股市场价格}{普通股每年每股盈利}=\frac{每股市价}{每股收益}$$

式中的分子是当前的每股市价,分母可用最近一年的盈利,也可用未来一年或几年的预测盈利。普通股每年每股盈利的计算方法,是该企业在过去12个月的净利润减去优先股股利之后除以总发行已售出股数。

（二）含义

市盈率是上市公司每股股价与每股收益的比值，明显地，这是一个衡量上市公司股票的价格与价值的比例指标。可以简单地认为，市盈率高的股票，其价格与价值的背离程度就越高。也就是说，市盈率越低，其股票越具有投资价值。

如果某股票有较高市盈率，通常意味着以下几种可能：市场预测未来的盈利增长速度快；或出现泡沫，该股被追捧；该企业有特殊的优势，保证能在低风险情况下持久获得盈利；市场上可选择的股票有限，在供求定律下，股价将上升。

（三）分析要点

投资者计算市盈率，主要用来比较不同股票的价值。理论上，股票的市盈率越低，越值得投资。比较不同行业、不同国家、不同时段的市盈率是不大可靠的。比较同类股票的市盈率较有实用价值。

市盈率作为衡量上市公司股票价格和价值关系的一个指标，其高低标准并非绝对的。事实上，市盈率高低的标准和该国货币的存款利率水平是有着紧密联系的。美国股市的市盈率保持在约21倍，一般认为市盈率在5～20之间都是基本正常的。因为，如果市盈率过高，投资不如存款，大家就会放弃投资而把钱存在银行吃利息；反之，如果市盈率过低，大家就会把存款取出来进行投资以取得比存款利息高的投资收益。

（四）指标缺陷

市盈率指标用来衡量股市平均价格是否合理时，存在一些内在局限性，具体如下。

1. 市盈率指标很不稳定

随着经济的周期性波动，上市公司每股收益会大起大落，这样算出的平均市盈率也大起大落，以此来调控股市，必然会带来股市的动荡。美国股市最低迷的时候，市盈率却高达100多倍，如果据此来挤压所谓的"股市泡沫"，那是非常荒唐和危险的，事实上，那段时期是美国历史上百年难遇的最佳入市时机。

2. 市盈率只是股票投资价值的一个影响因素

投资者选择股票，不一定要看市盈率，既难以依据市盈率进行套利，也很难仅凭市盈率判断某只股票是否具有投资价值。实际上，股票的价值或价格是由众多因素决定的，仅用市盈率这一个指标来评判股票价格是否过高或过低是很不科学的。

3. 用市盈率衡量一家企业股票的质地时，并非总是准确的

一般认为，如果一家企业股票的市盈率过高，那么该股票的价格具有泡沫，价值被高估。当一家企业增长迅速以及未来的业绩增长非常看好时，利用市盈率比较不同股票的投资价值时，这些股票必须属于同一个行业，因为此时企业的每股收益比较接近，相互比较才有效。

七、市净率

市净率的计算公式为：

$$市净率 = \frac{每股股价}{每股净资产}$$

市净率指的是每股股价与每股净资产的比率。净资产的多少是由股份企业经营状况决定的，股份企业的经营业绩越好，其资产增值越快，股票净值就越高，因此股东所拥有的权益也越多。市净率可用于股票投资分析，一般来说市净率较低的股票，投资价值较高；相反，则投资价值较低。但在判断投资价值时还要考虑当时的市场环境以及企业经营情况、盈利能力等因素。

市净率特别在评估高风险企业，企业资产大量为实物资产的企业时受到重视。

市净率的优点：首先，净利为负值的企业不能用市盈率进行估价，而市净率极少为负值，可用于大多数企业。其次，净资产账面价值的数据容易取得，并且容易理解。再次，净资产账面价值比净利稳定，也不像利润那样易于被人为操纵。最后，如果会计标准合理并且各企业会计政策一致，市净率的变化可以反映企业价值的变化、投资风险的变化。

市净率的局限性：首先，账面价值受会计政策选择的影响，如果各企业执行不同的会计标准或会计政策，市净率会失去可比性。其次，固定资产很少的服务型企业和高科技企业，净资产与企业价值的关系不大，其市净率比较没有什么实际意义。最后，市净率不适用于短线炒作投资者作为参考依据。

八、股利支付率

股利支付率的计算公式为：

$$股利支付率 = \frac{每股股利}{每股收益} \times 100\%$$

或

$$股利支付率 = \frac{股利总额}{净利润总额} \times 100\%$$

$$股利支付率 + 留存收益率 = 1$$

股利支付率反映企业的股利分配政策和股利支付能力，它是体现企业一定时期内净利润额中股利发放程度的一个指标。在股票持有者中，一部分投资者，特别是短期投资者和散户投资企业的主要目的，往往并非关注企业的长远发展，更非致力于企业的价值实现，而是为了获取股利。因此，企业净收益中用于发放股利的比例，是他们最为关注的问题。对于长期投资者来说，虽然他们也希望企业发放股利，但他们并不希望这一比例越高越好，因为发放股利，特别是发放现金股利，常常影响企业的支付能力、偿债能力、营运能力,他们希望这一比率最好维持在既能维持企业在资本市场的形象和信心,又不会对企业的各项经营能力造成不利影响。一般来说,企业发放股利越多,股利支付率越高,对股东和潜在投资者的吸引力越大,也就越有利于建立良好的企业信誉。一方面,由于投资者对企业的信任,会使企业股票供不应求,从而使企业股票市价上升。企业股票的市价越高,对企业吸引投资、再融资越有利。另一方面,过高的股利分配政策,一是会使企业的留存收益减少;二是如果企业要维持高股利分配政策而对外大量举债,会增加资金成本,最终必定会影响企业的未来收益和股东权益。

股利支付率是股利政策的核心。确定股利支付率,首先要清楚企业在满足未来发展所需要的资本支出需求和营运资本需求后,有多少现金可用于发放股利,然后考察企业所能获得的投资项目的效益如何。如果现金充足且投资项目的效益又很好,则应少发或不发股利;如果现金充足且投资项目效益较差,则应多发股利。

下面以妙可蓝多(600882)、维维股份(600300)2019—2023年股利支付率表为例进行分析,如表7-19所示。

表7-19   妙可蓝多(600882)、维维股份(600300)2019—2023年股利支付率表

企业名称	2023年	2022年	2021年	2020年	2019年
妙可蓝多	0	0	0	0	0
维维股份	13.85%	50%	71.43%	0	0

从妙可蓝多、维维股份2019—2023年的股利支付率情况来看,妙可蓝多没有支付股利。维维股份则在2021—2023年分配过股利,尤其是2021—2022年股利支付率还比较高,说明维维股份这两年经营业绩尚可,现金也能支撑其股利分配,并愿意向股东分配股利。长期高股利分配可能影响企业业绩,维维股份在2023年的股利支付率就降低了。但长期不分配股利,也可能影响企业的市场形象和经营业绩。

九、股利收益率

股利收益率的计算公式为:

$$股利收益率 = \frac{每股股利}{每股市价}$$

股利收益率用于反映投资者投资股票所获得的股利回报率,它是挑选收益型股票的重要参考标准。如果某只股票连续多年的股利收益率超过1年期银行存款利率,那么这只股票基本可被视为收益型股票,且股利收益率越高,对投资者的吸引力就越大。此外,股利收益率也是挑选其他类型股票的参考标准之一。决定股利收益率高低的不仅是股利和股利发放率的高低,还要结合股价来综合判断。

Note

第四节 财务战略与盈利能力分析

一、财务战略对企业盈利能力的影响

企业财务战略管理的目标就是实现企业价值最大化,而企业价值与长期盈利能力相关,企业价值要能反映企业盈利水平的高低,还需体现其盈利的持续性和稳定性,即企业财务战略管理的目标是综合性、长期性地实现企业价值最大化,推动盈利能力整体提升。

二、财务战略类型与企业盈利能力

财务战略可以分为融资战略、投资战略、收益分配(股利分配)战略。融资战略包括融资渠道、融资规模、融资方式的战略选择,以及优化资本结构的战略方案和融资风险控制等。投资战略属于资源配置战略,涉及投资规模、投资方向(内涵式或外延式、老产品改造或新产品开发、自主经营或引资经营等)、投资结构搭配的战略选择。收益分配(股利分配)战略包括是否发放股利、发放多少股利以及何时发放股利等战略选择。

融资战略涉及企业的融资规模与融资风险,风险管理是财务战略的重要组成部分,通过有效的融资战略来确定和应对风险管理,可以使企业降低财务风险,在长期经营中保持稳定,提高盈利能力。

投资战略的选择直接影响企业的盈利能力,激进型投资战略通过加大投资活动支出可能带来高收益,但风险也相应较高;稳健型投资战略相对较为保守,投资活动较少,投资活动开支和风险较低,但收益也相应较少;中庸型投资战略的风险和收益都处于前两者之间。

收益分配(股利分配)战略也能影响企业的盈利能力。若股利分配倾向于采用向投资者分配的高股利分配战略,那么企业向投资者分配的股利较多,留存收益较少,企业未来的发展资金则减少,可能会影响企业未来年度的盈利能力。若股利分配倾向于采用向积累留存收益的低股利分配战略,那么企业向投资者分配的股利较少,留存收益较多,企业未来的发展资金则增加,这可能会提升企业未来年度的盈利能力。

三、举例分析

巨星农牧的前身是一家皮革企业。在 2020 年 7 月,巨星农牧有限公司完成了重组,增加了以生猪养殖为主的经营业务,从而转型为以畜禽养殖和销售及饲料生产、加

工和销售为主要业务的企业。尽管如此,巨星农牧仍然保留了其皮革品牌,显示出其在皮革领域的业务并未完全放弃。

下面以巨星农牧(603477)2018—2022年营业收入情况表为例进行分析,如表7-20所示。

表 7-20　巨星农牧(603477)2018—2022年营业收入情况表　　　　单位:亿元

经营业务	2022年	2021年	2020年	2019年	2018年
皮革行业	3.02	4.95	4.32	5.47	6.15
养殖行业	36.57	24.77	9.65	0	0

巨星农牧的本来从事皮革行业,但从表7-20中可以看出它现在的业务已经从皮革行业发展为皮革行业和养殖行业并存,说明资金投向原有业务的上一级产业链延伸,属于纵向一体化投资战略中的前向一体化投资战略。而且还能发现,从2020年它进入新行业——养殖行业开始,养殖行业获取的收入就已经超过了它原有的皮革行业。说明它其实也算是完成了一次战略转型。

下面以巨星农牧(603477)2018—2022年投资活动支出情况表为例进行分析,如表7-21所示。

表 7-21　巨星农牧(603477)2018—2022年投资活动支出情况表　　　　单位:亿元

项目	2022年	2021年	2020年	2019年	2018年
投资活动现金流出量	11.167	12.343	6.24	0.686,6	0.470,2
其中:购建固定资产、无形资产及其他长期资产支付的现金	11.167	11.74	6.113	0.486,6	0.470,2

从表7-21来看,巨星农牧2018—2021年投资活动支出增加,尤其是2020年开始投资活动支出明显增加,出现这一现象的主要原因是其在2020—2022年购建固定资产、无形资产及其他长期资产支付的现金方面开支较大。这说明该企业在这三年中采取了激进型投资战略,这种战略投资活动开支幅度较大,可能为企业带来高风险与高收益。如果企业未来能在新的养殖业务中实现长期稳定盈利,则有望拓宽盈利渠道,进一步增强盈利能力。

思 考 题

1. 企业的盈利能力对偿债能力有何影响?

2. 上市公司的盈利能力指标有何特殊性?

3. 盈利能力为何与资产经营的好坏相关,为何能体现企业战略?

4. 销售毛利率为什么是重要的盈利能力分析指标?

5. 企业常用的盈利能力指标主要有哪些?

Note

练习题

1. 全聚德(002186)2023年合并利润表如下：

全聚德(002186)2023年合并利润表　　　　　单位：元

项目	2023年	2022年
一、营业收入	1,432,347,624.15	718,795,481.38
二、营业成本	1,172,547,554.40	811,440,015.99
税金及附加	11,994,674.39	10,499,200.54
销售费用	55,339,265.69	49,666,075.23
管理费用	163,442,513.45	161,043,895.94
研发费用	2,648,327.64	3,431,236.69
财务费用	4,058,466.81	8,705,228.47
加：其他收益	14,386,231.21	20,023,286.22
投资收益	30,960,535.16	17,689,156.97
公允价值变动收益	207,945.21	−205,664.04
信用减值损失	−2,682,721.55	−2,793,649.59
资产减值损失	−1,346,099.39	−12,388,756.60
资产处置收益	−1,332,464.26	4,893,718.24
三、营业利润	62,510,248.15	−298,772,080.28
加：营业外收入	236,590.13	1,031,057.74
减：营业外支出	1,065,542.56	1,340,072.16
四、利润总额	61,681,295.72	−299,081,094.70
减：所得税费用	4,983,307.83	−3,923,055.82
净利润	56,697,987.89	−295,158,038.88

要求：

(1) 计算比较全聚德2022年、2023年销售毛利率、营业收入利润率、营业成本利润率、销售净利率等指标。

(2) 根据计算结果分析该企业在经营业务中的盈利能力。

2. 华天科技(002185)2023年末的资产总额为33,751,820,450.19元，年初资产为30,971,472,109.96元，2023年末非流动负债为5,016,059,372.10元，2023年年初的所有者权益总额为19,198,456,997.63元，2023年年末的所有者权益总额为19,124,027,475.41元。2023年末的利润表如下：

华天科技(002185)2023年合并利润表　　　　　　单位:元

项目	金额
一、营业收入	11,298,245,259.39
二、营业成本	10,291,594,214.66
税金及附加	69,911,340.05
销售费用	109,989,978.48
管理费用	608,030,578.01
研发费用	693,914,042.89
财务费用	95,935,341.04
加:其他收益	555,396,133.41
投资收益	−5,360,955.96
公允价值变动收益	315,511,222.89
信用减值损失	−20,891,087.63
资产减值损失	−41,914,603.05
资产处置收益	1,081,701.30
三、营业利润	232,692,175.22
加:营业外收入	3,566,567.61
减:营业外支出	5,625,277.77
四、利润总额	230,633,465.06
减:所得税费用	−47,463,708.45
净利润	278,097,173.51

要求:

（1）计算华天科技2023年总资产净利率、总资产报酬率、净资产收益率、净资产报酬率、长期资金收益率、资本保值增值率、资产现金流量收益率等指标。

（2）根据计算结果分析该企业在投资方面的盈利能力。

第八章
营运能力分析

学习目的与要求

通过本章的学习，了解营运能力的含义及内容；熟悉营运能力分析的基本思路与基本理论；掌握营运能力分析的方法，能够熟练运用营运能力分析指标的特点与相关注意问题进行分析，达到营运能力分析的目的。

关键知识点

营运能力的实质；营运能力分析的意义；营运能力的财务比率分析。

重要概念

营运能力；现金周转率；应收账款周转率；存货周转率；固定资产周转率。

引言

营运能力是指企业经营运转资产的能力，它反映了企业资金周转状况。企业的资金周转情况与企业的供应、生产、销售各个经营环节密切相关，只有各个环节正常运转，才能保证资金的正常运转。故企业营运能力决定着企业资产的运转效率和利用效果。企业管理者进行营运能力分析的主要目的是了解自身的工作成绩及管理中存在的问题，投资者进行营运能力分析的主要目的是了解企业经营情况的好坏和获取利润的多少与前景，债权人进行营运能力分析的主要目的是预测企业财务状况的发展趋势。营运能力分析包括流动资产营运能力分析、固定资产营运能力分析、总资产营运能力分析等，财务报表分析者可从这几个角度对企业营运能力进行综合判断。

营运能力分析究竟能提供哪些信息？如何处理和利用这些信息？这将是本章所要讲述的主要内容。

第一节　营运能力分析概述

一、营运能力的含义

营运能力是指企业使用其经济资源(或资产)的效率及有效性。对企业营运能力进行分析,是以各类资产周转率为计算核心,来剖析企业运用各项资产的能力,同时也是考量企业借助资源创造价值的能力。这种能力要求企业能用有限的资产,在较短的时间内创造更多的销售收入。因此,营运能力是影响企业财务状况稳定性及获利能力的关键因素。

二、营运能力的内容

营运能力主要体现为各类资产周转速度和使用效率,大部分通过各类资产的周转速度呈现,包括流动资产、固定资产、总资产的营运能力。一般通过流动资产周转率、现金周转率、应收账款周转率、存货周转率、固定资产周转率和总资产周转率等指标来反映。此外,营运能力分析还包括一些反映资产结构的财务指标,如固定资产成新率、不良资产比率等。

三、影响营运能力的因素

(一)企业内部管理因素

企业内部管理因素包括资产管理和人力资源配置两大方面。有效的资产管理,如合理的资产结构和优良的资产质量,可以加快资产的周转速度,从而提高营运能力。人力资源的合理配置和生产设备的先进性也是关键因素。它们直接影响生产效率和产品质量。

(二)市场环境因素

市场需求和竞争状况对营运能力有直接影响。如果产品能够快速销售,企业的资金可以快速回流,有助于提高营运能力。此外,企业的信用政策和应收账款管理也是影响营运能力的重要因素。

(三)行业特性因素

不同行业的资产占用和运营模式不同,这直接影响资产的周转速度和效率。企业所处行业及其经营背景不同,企业的资产营运能力不同,不同行业有不同的资产占用。例如,某些行业可能需要更多的库存或固定资产投资,这会直接影响营运能力的表现。

(四)公司经营周期

经营周期指从取得存货开始到销售存货并收回现金为止的时期。营业周期越短,资产的流动性相对越强,在同样时期内实现的销售次数越多,销售收入的累计额相对越大,资产周转相对越快。

(五)企业资产构成及其质量

流动资产的数量和质量通常决定着企业变现能力的强弱,长期资产的数量和质量则通常决定着企业的生产经营能力和长期增长能力。在资产总量一定的情况下,长期资产和非流动资产所占的比重越大,企业所实现的周转价值越小,资产的周转速度也就越慢。

(六)资产管理水平与企业财务政策

企业资产管理水平越高,拥有越合理的资产结构和越优良的资产质量,资产周转率越快。企业采用的财务政策决定着企业资产的账面占有量,因此也会影响资产周转率。

四、营运能力分析的作用

(一)有利于企业管理者改善经营管理

企业经营管理者接受企业所有者或股东的委托,对其投入企业的资产负有保值增值的责任。通过营运能力分析,企业经营管理者可了解企业资产结构与效率,发现并揭示与企业经营性质、经营阶段不匹配的资产结构比例,及时调整以形成合理资产结构,让资产保持充足流动性,加快资产周转速度,改善财务状况,进而赢得外界对企业的信心。尤其是对闲置资产、低质量资产开展分析,能明晰存量资产结构,快速处置有问题的资产,有效防范或化解资产经营风险,提升盈利能力,使企业现有资源创造更多盈利并保持持续增长。

(二)有助于企业投资者进行投资决策

企业营运能力分析包括资产结构和效率的分析。资产结构影响企业的安全性,而企业的安全性关系到企业的生存能否继续,是投资者非常关注的问题。同时,资产结构和效率影响着企业的收益。企业资产利用效率越高,资产周转速度就越快,收益实现的次数越多,所能带来的收益也就越丰厚。因此,投资者可通过营运能力分析,考察企业未来盈利能力的高低。

（三）有助于债权人进行信用决策

短期债权人通过了解企业营运能力中的流动资产周转率、应收账款周转率和存货周转率等指标，加上对支持有关比率的各个变量进行质量分析，可以判断企业短期债权的物资保证程度；长期债权人可以通过了解固定资产周转率、总资产周转率，根据长期资产的利用效率判断企业长期债权的安全性。

五、营运能力分析的相关原则

（一）营运能力分析应体现提高资产营运能力的实质要求

企业资产营运能力的实质，就是要以尽可能少的资产占用、尽可能短的资产周转时间，生产更多产品、实现更多销售收入并创造更多纯收入。从本质而言，营运能力是企业偿债能力与盈利能力的综合体现，也是资产周转速度与利用效率的综合反映。

（二）营运能力分析应体现多种资产的特点

企业的资产各不相同，其不同特点决定了需采用不同的计算方式和衡量标准来评估营运能力。例如，计算存货的周转速度时，应该将其与营业成本而非营业收入进行对比分析；而其他资产则一般与营业收入进行对比分析。总资产周转速度反映所有资产的周转速度，一般年度间可能少有较大变化，但其他资产的周转速度则可能变化较大，应该更加关注各类资产营运能力的变化。

（三）营运能力分析应有利于考核

在对营运能力进行分析和判断时，应尽量采用横向与纵向相结合的分析方式。横向分析可通过与同行业其他企业的营运能力对比，帮助企业明确自身行业地位，同时把握整个行业的发展趋势；纵向分析则能助力企业掌握自身经营状况的变化轨迹，进而分析营运能力的变动趋势及背后原因。

第二节　营运能力的财务比率分析

一、流动资产营运能力分析

流动资产营运能力分析，是通过企业生产经营资金周转速度的相关指标，来反映流动资金的利用效率，进而体现企业管理者在经营管理中运用流动资金的能力。反映流动资产周转情况的指标主要有现金周转率、应收账款周转率、存货周转率、流动资产周转率、营业周期、营运资本周转率等。

（一）现金周转率

1.计算公式

$$现金周转率=\frac{营业收入净额}{现金平均余额}$$

其中,现金包括库存现金和可随时支取的银行存款。

$$现金平均余额=\frac{期初现金＋期末现金}{2}$$

2.含义

现金周转率是企业营业收入净额与现金平均余额的比率。企业持有现金的主要目的:一是满足日常交易需求,二是作为流动储备以弥补现金流入与流出不平衡时出现的短缺。较高的现金周转率意味着企业对现金的利用效率较好,但这一比率并非越高越好。判断一家企业的现金周转率是否恰当、现金持有量是否合理,需充分考虑其行业性质与业务特点,最基本的方法是在流动性与社会平均报酬率之间进行权衡。

3.举例

下面以康农种业(837403)、秋乐种业(831087)2019—2023年现金周转率为例进行分析,如表8-1所示。

表8-1　康农种业(837403)、秋乐种业(831087)2019—2023年现金周转率

企业名称	2023年	2022年	2021年	2020年	2019年
康农种业	3.42	2.44	2.63	3.55	3.00
秋乐种业	1.35	1.53	3.13	4.24	5.01

从康农种业、秋乐种业2019—2023年的现金周转率来看,康农种业不稳定,秋乐种业逐渐下降,这说明秋乐种业的现金周转速度有所降低。2019—2021年,秋乐种业的现金周转率高于康农种业,说明在此期间秋乐种业的现金周转速度快于康农种业,但从2022年开始,秋乐种业的现金周转速度和利用效率低于康农种业。

（二）应收账款周转率

1.计算公式

$$应收账款周转率(次数)=\frac{计算期赊销收入净额}{应收账款平均余额}$$

$$应收账款周转天数=\frac{计算期天数}{应收账款周转率}$$

计算期一般1个月算30天,1个季度算90天,1年算360天。赊销收入净额＝营业收入—现销收入—销售折扣与折让,由于现销收入资料往往难以获取,故通常用营业收入净额近似计算。应收账款需包含报表中"应收账款""应收票据"等全部赊销款

项。应收账款平均余额＝（期初应收账款＋期末应收账款）/2。

2. 含义

应收账款周转率是反映企业应收账款收回速度及运用效率的指标,指的是企业一定时期（通常为一年）内营业收入与应收账款平均余额的比率。应收账款周转率高,通常表明企业收账迅速、账龄较短,同时也意味着资产流动性强、短期偿债能力较强;此外,这还可能减少企业的收账费用和坏账损失,并且能据此判断企业信用政策的合理性、客户的信用状况等。

应收账款周转率下降的原因主要包括企业信用政策的调整、客户延期付款等。对于季节性经营特征明显的企业,计算年均应收账款周转率时,应按 4 个季度末或每月末的余额计算平均值,不能简单地取年初和年末平均值,否则会造成该指标的严重高估或低估。

3. 举例

下面以康农种业（837403）、秋乐种业（831087）2019—2023年应收账款周转率为例进行分析,如表8-2所示。

表 8-2　康农种业（837403）、秋乐种业（831087）2019—2023年应收账款周转率

企业名称	2023年	2022年	2021年	2020年	2019年
康农种业	1.98	1.75	1.84	1.64	3.11
秋乐种业	11.61	9.68	9.63	9.01	13.21

从康农种业、秋乐种业2019—2023年的应收账款周转率来看,康农种业和秋乐种业的该指标都存在波动。由于两家企业的营业收入基本都是逐年增加的,因此应收账款周转率的不稳定应该是说明两家企业的应收账款规模不稳定。另外,秋乐种业的应收账款周转率明显高于康农种业,说明秋乐种业的应收账款回收速度更快于康农种业。

（三）存货周转率

1. 计算公式

$$存货周转率＝\frac{计算期营业成本}{存货平均余额}$$

或

$$存货周转率＝\frac{销售成本}{存货平均余额}$$

$$存货周转天数＝\frac{计算期天数}{存货周转次数}$$

2. 分析原理

存货周转率是反映企业存货周转速度的指标。存货周转速度的快慢,不仅反映出

企业采购、储存、生产、销售各环节管理工作状况的好坏,而且对企业的偿债能力、盈利能力都将产生重大影响,是对流动资产周转率进行重要补充说明的财务指标。

通常来说,一定时期内,企业存货周转率越高、周转次数越多,意味着存货回收速度越快,经营管理效率越高,资产流动性越强,企业利润率往往也越高。反之,存货管理效率则越低,周转速度越慢,会占用较多资金,企业利润率相应更低。若存货周转率出现恶化,可能源于低效的存货管控,使采购过度;也可能是生产效率低下,拖累存货周转;或是销售遇阻、策略失当,造成存货滞销积压。

3. 分析要点

(1)存货周转率通常可反映企业存货流动性大小与存货管理效率高低。存货周转率过高,或许意味着企业存货不足,可能出现脱销;存货周转率过低,则可能存在质量结构问题,需分析存货中是否包含实际价值远低于账面价值的情况。

(2)企业采用不同的存货计价方法,将影响存货周转率的高低。如采用先进先出法对存货进行计价,当存货周转速度慢于通货膨胀速度时,存货成本无法准确反映现时成本,进而使存货价值被降低,导致企业的短期偿债能力被低估。因此要注意一贯性原则,避免存货计价方法的变动对存货周转率的影响。

(3)存货批量不同,也会对存货周转率产生影响。当存货批量较小时,存货能够快速实现周转,但要是存货批量过小,甚至低于安全储备量,就会引发经常性缺货,影响企业正常生产经营。

(4)存货周转率与企业生产经营周期密切相关。生产经营周期短,表示无需储备大量存货,故其存货周转率会相对较快。因此在评价存货周转率时,必须注意各行业的生产经营特点,生产经营周期的影响。

(5)存货周转率可以分解为原材料周转率、在产品周转率、产成品周转率,反映不同种类存货的周转情况:原材料周转率=耗用原材料成本/原材料平均余额;在产品周转率=生产成本/在产品平均余额;产成品周转率=主营业务成本/产成品平均余额。

(6)若企业的生产经营活动有很强的季节性,以年度营业成本除以年度存货平均余额来计算年度存货周转率不够客观,平均存货应该按月份或季度来计算,即先求出各月份或各季度的平均存货,然后再计算全年的平均存货。

4. 举例

下面以康农种业(837403)、秋乐种业(831087)2019—2023年存货周转率为例进行分析,如表8-3所示。

表8-3　康农种业(837403)、秋乐种业(831087)2019—2023年存货周转率

企业名称	2023年	2022年	2021年	2020年	2019年
康农种业	2.22	3.17	3.28	2.61	1.13
秋乐种业	3.01	3.72	2.6	1.62	1.71

从康农种业、秋乐种业2019—2023年的存货周转率来看,康农种业和秋乐种业的该指标都存在波动,由于两家企业的营业收入大体上是增加的,因此存货周转率的不稳定应该是说明两家企业的存货规模不稳定。另外,两家企业的存货周转率差距一直不大,说明两家存货周转速度比较接近,可能是由于生产的产品相似,销货的速度也接近。

(四)流动资产周转率

1. 计算公式

$$流动资产周转率 = \frac{营业收入净额}{流动资产平均余额}$$

2. 含义

流动资产周转率是营业收入净额与流动资产平均余额的比率。流动资产周转率反映的是全部流动资产的利用效率,是衡量企业一定时期内(通常是一年)流动资产周转速度的快慢及利用效率的综合性指标。流动资产周转速度快,会相对节约流动资产,等于相对扩大资产投入,增强企业盈利能力;而流动资产周转速度延缓,需要补充流动资产参与周转,就降低了资产的获利能力。在一定时期内,流动资产周转速度越快,其实现的周转额越多,对财务目标的贡献程度越大。

由于流动资产是企业短期偿债能力的基础,企业应该保持比较稳定的流动资产数额,在此基础上提高使用效率,也应该防止企业以大幅度降低流动资产为代价追求高周转率。

3. 举例

下面以康农种业(837403)、秋乐种业(831087)2019—2023年流动资产周转率为例进行分析,如表8-4所示。

表8-4 　康农种业(837403)、秋乐种业(831087)2019—2023年流动资产周转率

企业名称	2023年	2022年	2021年	2020年	2019年
康农种业	0.80	0.69	0.58	0.53	0.58
秋乐种业	0.88	0.98	1.25	1.21	1.51

从康农种业、秋乐种业2019—2023年的流动资产周转率来看,康农种业基本是增长趋势,而秋乐种业基本是下降趋势,说明康农种业的流动资产周转速度和利用效率越来越高,而秋乐种业越来越低。两家企业的流动资产周转率比较接近,说明它们的流动资产周转速度和利用效率差距不大。

（五）营业周期

1. 计算公式

$$营业周期＝存货周转天数＋应收账款周转天数$$

2. 分析原理

营业周期是指从取得存货开始到销售存货并收回现金为止的这一段时间。一般来说,营业周期短,说明资金周转速度快,流动性强,资产使用效率高;营业周期长,说明资金周转速度慢,流动性弱,资产使用效率低。营业周期的长短取决于存货周转天数与应收账款周转天数共同作用,所以必须结合存货和应收账款的周转情况一并分析。营业周期的长短不仅体现了企业的资产管理水平,还会影响企业的偿债能力和盈利能力。此外,不同的行业,营业周期的差异也比较大,比如商业企业的营业周期一般都短于工业企业。

营业周期不仅可以用于分析和考察企业资产的使用效率和管理水平,还可以用来补充说明和评价企业的流动性。事实上,营业周期的长短是决定企业流动资产需要水平的重要因素,营业周期越短的企业,流动资产的数量也往往比较少,其流动比率和速动比率往往保持在较低的水平,但由于流动资产的管理效率高,因而从动态角度看该企业的流动性仍然很强,企业的短期偿债能力仍然有保障;相反,如果一家企业的营业周期很长,那么很有可能是应收账款或存货占用资金过多,并且变现能力很差,虽然这家企业流动比率和速动比率都可能较高,但企业的流动性却可能较差。因此,营业周期可以作为利用流动比率、速动比率等财务指标分析企业短期偿债能力的补充指标。

3. 分析要点

对营业周期进行分析时,同样可以进行横向和纵向的比较。通过与同行业平均水平或竞争对手对比,能了解企业营业周期在行业中的位置以及与竞争对手的差距。如果通过横向比较,发现企业的营业周期过长或过短,则应进一步找出原因,并及时采取措施进行调整。通过与企业以往各期的营业周期进行比较,可以看出企业营业周期的变动趋势。

4. 举例

下面以康农种业(837403)、秋乐种业(831087)2019—2023年营业周期为例进行分析,如表8-5所示。

表8-5　康农种业(837403)、秋乐种业(831087)2019—2023年营业周期

企业名称	2023年	2022年	2021年	2020年	2019年
康农种业	344	320	306	358	436
秋乐种业	151.01	133.91	176.37	261.98	237.24

从康农种业、秋乐种业2019—2023年的营业周期来看,康农种业的营业周期明显长于秋乐种业,说明其资金周转速度和资产使用效率都低于秋乐种业。但康农种业、秋乐种业的营业周期大体都有下降趋势,说明它们的资金周转速度和资产使用效率在逐渐提高。

(六)营运资本周转率

1.计算公式

$$营运资本周转率 = \frac{营业收入净额}{平均营运资本}$$

2.分析原理

营运资本周转率表明企业营运资本的运用效率,反映每投入1元营运资本所能获得的销售收入,同时也反映一年内营运资本的周转次数。一般而言,营运资本周转率越高,说明每1元营运资本所带来的销售收入越多,企业营运资本的运用效率也就越高;反之,营运资本周转率越低,说明企业营运资本的运用效率越低。同时,营运资本周转率还是判断企业短期偿债能力的辅助指标。一般情况下,企业营运资本周转率越低,所需要的营运资本水平也就越低,此时会发现企业的流动比率或速动比率等可能处于较低水平,但由于营运资本周转速度快,企业的短期偿债能力仍然能够保持较高水平。因此,在分析企业短期偿债能力时也需要对营运资本的周转情况进行分析。

营运资本周转率的影响因素是很复杂的,不能根据营运资本周转率的高低直接得出相关结论,而要进行具体的分析。例如,营运资本周转率较低,可能是企业持有高额存货、高额应收账款所致,也可能由大额现金余额造成;而营运资本周转率较高,或许是应收账款和存货周转次数增加的积极结果,但也可能反映出营运资本不足以支撑日常生产经营的问题。

3.分析要点

营运资本周转率通常没有通用的比较标准,分析时往往需将该指标与本企业历史水平、同行业平均水平或同类企业进行对比。若营运资本周转速度过快,反映企业可能存在一定程度的营运资本不足,需特别关注由此可能引发的偿债风险;若营运资本周转速度过慢,则说明其利用效率不高,企业要么降低营运资本的资金占用额度,要么需进一步挖掘潜力以提升利用效果,从而实现销售收入与营运资本的合理配比,使投入的营运资本最大限度地发挥作用。

4.举例

下面以康农种业(837403)、秋乐种业(831087)2019—2023年营运资本周转率为例进行分析,如表8-6所示。

表8-6　康农种业(837403)、秋乐种业(831087)2019—2023年营运资本周转率

企业名称	2023年	2022年	2021年	2020年	2019年
康农种业	1.59	1.07	0.83	0.83	1.11
秋乐种业	1.32	1.67	2.63	2.51	3.2

从康农种业、秋乐种业2019—2023年的营运资本周转率来看,康农种业的该指标在2020—2023年大体呈上升趋势,而秋乐种业2021—2023年则呈下降趋势。2023年之前,康农种业的营运资本周转率一直低于秋乐种业,这表明2023年之前康农种业对营运资本的利用效率更低;但到了2023年,康农种业的营运资本周转率反超秋乐种业,说明其营运资本利用效率的提升速度快于秋乐种业。

二、固定资产营运能力分析

(一)固定资产周转率

1. 计算公式

$$固定资产周转率 = \frac{营业收入净额}{平均固定资产净值}$$

$$固定资产周转天数 = \frac{计算期天数}{固定资产周转率}$$

固定资产周转率表示在一个会计期间内,固定资产周转的次数,或表示每1元固定资产支持的销售收入。

2. 分析原理

固定资产周转率没有固定的判断标准。一般情况下,固定资产周转率越高越好,这说明企业固定资产投资得当,固定资产结构分布合理,能够较充分地发挥固定资产的使用,意味着企业的经营活动更具成效,闲置的固定资产越少;反之,则说明固定资产使用效率不高,企业的营运能力较差。

3. 分析要点

(1)这一指标的分母采用平均固定资产净值,因此指标的比较将受到折旧方法和折旧年限的影响,应注意其可比性问题。

(2)当企业固定资产净值率过低(如因资产陈旧或过度计提折旧),或者当企业属于劳动密集型企业时,这一比率就可能没有太大的意义。

(3)企业的固定资产一般采用历史成本法记账,因此在企业的固定资产、销售情况都并未发生变化的条件下,通货膨胀引发物价上涨等因素,也可能造成营业收入虚增,

使得固定资产周转率提高,而实际上企业的固定资产效能并未增加。

(4)固定资产周转率的变化可能有滞后性,这主要是因为固定资产的增减变动需经过一定时间,才会对营业收入产生影响。此外,固定资产结构是以自有资产为主,还是以经营租赁资产为主,也会对固定资产周转率产生影响。

4. 举例

下面以康农种业(837403)、秋乐种业(831087)2019—2023年固定资产周转率为例进行分析,如表8-7所示。

表8-7　康农种业(837403)、秋乐种业(831087)2019—2023年固定资产周转率

企业名称	2023年	2022年	2021年	2020年	2019年
康农种业	4.09	5.74	4.41	—	—
秋乐种业	6.63	5.60	—	—	—

此处没有康农种业和秋乐种业上市之前的报表数据,只能计算这几年的固定资产周转率。康农种业的固定资产周转率2021—2023年上升后又下降,基本回到2021年的水平。秋乐种业的固定资产周转率只有2022—2023年的,处于上升趋势,2022年略低于康农种业,但2023年已经高于秋乐种业。说明在2023年,秋乐种业利用固定资产的效率更高,每使用1元固定资产带来的营业收入更多。

(二)固定资产产值率

固定资产产值率的计算公式为:

$$固定资产产值率=\frac{计算期总产值}{固定资产平均总值}$$

总产值在商业企业一般是指销售收入,在工业企业为生产产品数乘以销售价格,固定资产平均总值可按固定资产原值、净值计算。

三、总资产营运能力分析

(一)总资产周转率

1. 计算公式

$$总资产周转率=\frac{营业收入净额}{总资产平均余额}$$

$$总资产周转天数=\frac{计算期天数}{总资产周转率}$$

2.含义

总资产周转率综合反映了企业整体资产的营运能力。一般而言,周转次数越多或周转天数越少,表明资产周转速度越快,企业营运能力也就越强。在此基础上,还需进一步从各构成要素进行分析,以明确总资产周转率变化的原因。企业可通过薄利多销的方式,加速整体资产周转,从而实现收入增长。

总资产周转率是考察企业资产运营效率的一项重要指标,体现了企业经营期间全部资产从投入到产出的流转速度,反映了企业全部资产的管理质量和利用效率。通过该指标的对比分析,能够反映企业本年度及以前年度总资产的运营效率及变化情况,发现企业与同类企业在资产利用上的差距,进而促使企业挖掘自身潜力、积极创收、提高产品市场占有率,并提升资产利用效率。

一般情况下,该数值越高,表明企业总资产周转速度越快,销售能力越强,资产利用效率越高。相反,总资产周转率越低,周转天数越多,说明企业利用其资产进行经营的效率越低,这种情况不仅会影响企业的获利能力,而且直接影响上市公司的股利分配。

总资产周转率与流动资产周转率都是衡量企业资产运营效率的指标,一般来说流动资产周转率越高,总资产周转率也越高,这两个指标从不同的角度对企业资产的运营进行了评价。

3.分析要点

(1)由于年度报告中仅包含资产负债表的年初数和年末数,外部报表使用者可直接用年初数替代上年平均数进行比率分析。这一替代方法同样适用于其他利用资产负债表数据计算的比率。

(2)如果企业的总资产周转率突然上升,而企业的销售收入却无多大变化,则可能是企业本期报废了大量固定资产造成的,而不是企业的资产利用效率提高。

(3)如果企业的总资产周转率较低,且长期处于较低的状态,企业应积极采取措施,提高各项资产的利用效率,及时处置多余或闲置不用的资产,并努力提升销售收入,以此促进总资产周转率的提高。

(4)如果企业资金占用的波动性较大,计算总资产平均余额时应采用更详细的资料,如按月份数据计算。

下面以康农种业(837403)、秋乐种业(831087)2019—2023年总资产周转率为例进行分析,如表8-8所示。

表8-8 康农种业(837403)、秋乐种业(831087)2019—2023年总资产周转率

企业名称	2023年	2022年	2021年	2020年	2019年
康农种业	0.62	0.55	0.46	0.41	0.44
秋乐种业	0.72	0.76	0.85	0.76	0.91

　　从康农种业、秋乐种业2019—2023年的总资产周转率来看,康农种业的总资产周转率基本上是上升的,而秋乐种业的总资产周转率基本上是下降的,说明康农种业的所有资产周转速度是越来越快,而秋乐种业的所有资产周转速度越来越慢。另外,秋乐种业的总资产周转率一直高于康家种业,说明它的所有资产周转速度更快。这主要是由于秋乐种业每花费1元资产带来的营业收入更多,但速度逐渐变慢。

（二）总资产产值率

　　总资产产值率的计算公式为:

$$总资产产值率 = \frac{计算期总产值}{总资产平均余额}$$

　　该指标从生产成果方面反映了企业总资产的利用效率。总资产产值率越高,表明企业总资产的营运效率越高,即利用平均资产所创造的生产成果越高,反之越低。

（三）不良资产比率

　　不良资产比率的计算公式为:

$$不良资产比率 = \frac{年末不良资产总额}{年末资产总额}$$

　　不良资产是指企业资产中存在问题、难以参加正常生产经营运转的部分,主要包括三年以上应收账款、其他应收款及预付账款,积压的存货、闲置的固定资产和不良投资等资产的账面余额,待处理流动资产及固定资产净损失,以及潜亏挂账和经营亏损挂账等。

　　该指标着重从企业不能正常循环周转以谋取收益的资产角度反映了企业资产的质量,揭示了企业在资产管理和使用上存在的问题,用以对企业资产的营运状况进行补充修正。该指标用于评价工作时,还有助于企业发现自身不足、改进管理、提高资产利用效率。

　　一般情况下,不良资产比率越高,表明企业沉积下来、不能正常参加经营运转的资金越多,资金利用效率越差,资产的质量越差。该指标数值越小越好,等于0时是最佳水平。

视频
▼
如何进行
营运能力
分析

思考题
▼▼

　　1.为什么说营运能力是企业的一种综合能力?

　　2.应收账款周转率偏低可能是由什么原因造成的,会给企业带来什么影响?

　　3.存货周转率是否越高越好,为什么?

　　4.为何不能用一个总资产周转率指标概括企业的营运能力?

　　5.固定资产的利用效率是如何影响企业的营运能力的?

练习题

1.假设某企业2023年资产负债表和利润表如下：

某企业2023年资产负债表　　　　　　　　　　　　单位:万元

资产	年份		负债和所有者权益	年份	
	2023年	2022年		2023年	2022年
流动资产：			流动负债：		
货币资金	4063.77	5151.82	短期借款	5000.00	10,000.00
交易性金融资产	1095.42	5293.05	应付账款	10,000.00	10,000.00
应收票据	66.45		其他应付款	3,486.05	1,395.92
应收账款	4958.23	6062.21	应付职工薪酬	5000.00	10,000.00
预付账款	5714.17	6049.27	非流动负债：		
存货	33,511.63	28,916.43	长期借款	407.40	213.62
其他流动资产	7.68	15.41	非流动负债合计	407.40	213.62
流动资产合计	49,417.35	51,488.19	所有者权益：		
非流动资产：			实收资本	20,114.22	20,069.07
长期股权投资	3636.66	3639.92	资本公积	35,677.36	35,677.36
固定资产	40,185.18	47,357.98	盈余公积	4902.83	5133.89
无形资产	3219.84	3012.58	未分配利润	1289.85	1366.90
非流动资产合计	47,041.68	54,010.48	所有者权益合计	72,565.58	73,889.13
资产总计	96,459.03	105,498.67	负债与所有者权益合计	96,459.03	105,498.67

某企业2023年利润表　　　　　　　　　　　　单位:万元

项目	2023年	2022年
一、营业收入	61,344.82	33,165.51
减:营业成本	53,362.07	24,768.12
税金及附加	183.14	156.24
营业费用	1698.65	2311.62
管理费用	2570.16	3998.05
财务费用(全为利息费用)	1116.72	971.70
资产减值准备		

续表

项目	2023年	2022年
加:公允价值变动收益		
投资收益	152.3	606.4
二、营业利润	2566.38	1566.18
加:营业外收入	42.39	29.76
减:营业外支出	15.11	11.73
三、利润总额	2593.66	1584.21
减:所得税费用	405.05	215.50
四、净利润	2188.61	1368.71

要求:

(1)计算并比较2022年、2023年的总资产周转率、流动资产周转率、应收账款周转率、存货周转率、固定资产周转率。

(2)根据计算结果大致分析该企业的营运能力。

2.基本资料:北汽蓝谷(600733)2018—2023年的总资产周转率如下:

北汽蓝谷(600733)2018—2023年的总资产周转率

单位:亿元

项目	2023年	2022年	2021年	2020年	2019年	2018年
总资产周转率	0.461	0.27	0.21	0.103	0.45	0.488
营业收入净额	143.2	95.14	86.97	52.72	235.9	180.9
总资产平均余额	310.63	352.37	414.14	511.84	524.22	370.70

请根据以上资料对北汽蓝谷的总资产周转率变化情况进行分析。

第九章
成长能力分析

学习目的与要求

通过本章的学习,了解成长能力的含义、内容及影响因素等;熟悉成长能力分析的基本思路;掌握成长能力分析的方法,能够熟练运用成长能力分析具体指标的特点与相关注意问题进行分析,达到成长能力分析的目的。

关键知识点

成长能力的内容;成长能力的影响因素;成长能力分析的财务指标。

重要概念

企业成长能力;总资产增长率;销售增长率。

引言

企业成长能力又称企业成长性,是指企业通过自身的经营活动,用内部积累的资金不断投入而形成的发展潜力,它反映了企业未来的发展趋势和发展速度,包括资产、利润、所有者权益的增长趋势和速度。对企业成长能力进行分析,能够促使经营者克服短期行为,重视资本积累与盈利能力的持续提升,从而推动企业实现长远且全面的发展。影响企业成长能力的因素众多,既有企业自身的内部因素,也有企业外部的因素。判断企业的成长能力,可从资产增长、利润增长、资本增长、股利增长等多个方面进行综合考量。

企业的成长能力分析究竟能提供哪些信息?如何处理和利用这些信息?这将是本章所要讲述的主要内容。

第一节   成长能力分析概述

一、成长能力的含义

成长能力是指企业未来的发展趋势与发展速度,具体表现为企业规模的扩大、利润及所有者权益的增加。成长能力是企业在市场环境变化中,保持资产规模、盈利能力、市场占有率持续增长的能力,能反映企业未来的发展前景。成长能力分析是对企业扩展经营能力的分析,考察企业通过逐年收益增加或通过其他融资方式获取资金扩大经营的能力。

二、成长能力的理论观点

中国人民大学教授在《企业成长论》一书中,对彭罗斯的企业成长理论加以发展,并着重提出了"经营资源"和"多样化经济"两个新概念。

学者杨杜认为,人、财、物、信息等企业经营活动所必需的能力或要素的总体,是企业的生产要素。生产要素是由于被经营者用作获得经济利益才成为经营资源的。他认为企业是一个具有多种不同特性资源的集合体,企业成长是在竞争和企业内部未利用资源这两种根本推动力下的不断增长的过程。企业成长过程不仅是经营资源的蓄积、扩张过程,还是其结构调整和特性革新的过程。

学者黎志成认为,企业成长取决于企业在未来一段时间内实现"量"的扩张与"质"的提高的能力及潜力,这决定了企业发展的可能性与发展程度。企业成长并非指那些有利于其成长的各类因素,即企业成长的促进力(动力),而是指由成长的促进力(动力)与抑制力(阻力)相互作用形成的合力所产生的、能够推动企业发展的能力、能量及其作用。

北京工业大学教授、日本电气通信大学高级访问学者韩福荣等人通过企业仿生研究提出,成长是企业的最终目标,企业唯有保持成长,才能实现持续发展。他们认为,企业成长是企业进化在有限时间段内的具体表现,也是企业进化的隐性形式;同时,它是量变与质变相统一的过程,体现为量的增加与质的变革、创新的结合。

南开大学李维安教授认为,追求企业价值最大化是企业生存与发展的内在动力,企业的不断成长和壮大则是其追求的目标,而企业活力评价指标体系的核心内容便是成长性评价。李维安教授主要从企业的盈利能力和成长能力两个维度,以财务指标为主要依据,对企业的成长状况进行评价。

三、影响成长能力的因素

（一）内在因素

1. 企业在同行中具有优势

从市场竞争的角度来讲，一个企业在行业中规模越大，资本实力越强，其长期竞争的能力就越强。一方面，规模经济可产生更多的边际效益，使其在成本、价格上占有优势；另一方面，巨大的资本实力可以增强企业的抗风险能力，并使其在激烈的市场竞争中可以投入更多的资金开拓市场。按照市场竞争的一般结果，通常是行业中较大的几家成为行业巨人，绝大多数中小企业不是被兼并就是被淘汰，所以行业内的前几名具有稳定的成长能力。

2. 企业的产品优势

产品的生命周期可分为初创期、成长期、成熟期和衰退期四个阶段。其中成长期期末和成熟期是其利润的最大产出期，此时投资获利较大。初创期需要大量资金投入，产品的市场前景难以确定，风险较大，此时投资一旦成功获利丰厚，一旦失败则损失惨重。衰退期的产品将被新产品所替代，因此不值得投资。

3. 企业的财务状况

保持合理的财务结构、稳定的盈利水平，以及具备较强的筹资能力，是企业成长能力的具体表现。其中，压缩成本、控制开支对企业利润增长能起到杠杆作用。通常而言，成本控制得越好，利润增长就越快，企业的成长性也就越强。

4. 企业的决策体系及开拓精神

保证企业不断成长的决策包括新项目的开发、新技术的应用等。企业要向前发展，就要有新项目投入运作，这是企业业绩增长的主要因素。

（二）外在因素

1. 国家的宏观调控及政策倾向

在经济发展过程中，总有一些行业是整个经济发展不可或缺的基础行业，如能源、交通、农业等。作为经济发展的基础行业，它们必然会在相当长的时期内得到国家的大力扶持，并享受各种优惠政策与特殊待遇。除了上述基础产业，对国民经济具有重大影响的支柱产业，如石化、机械、电子、建筑、汽车等，也会获得国家相关政策的扶持。这些特殊行业所具备的优势，为其自身创造了其他行业难以比拟的成长环境。

2. 企业的市场需求状况

市场需求是企业生产最根本的推动力，而持久旺盛的市场需求则是一个行业和企业实现长期发展的保障与基础。如家电、房产、汽车等行业，随着经济的快速发展和人民生活水平的不断提高,其市场需求也必将日趋旺盛。

3. 企业的特殊优惠政策和其他独特优势

企业是否属于地方支柱性企业、是否得到地方政府的大力支持,以及能否在税收、物价等方面享受多种优惠政策,是影响其成长能力的重要因素。

4. 企业的集团控制优势

企业是否是大型集团企业,企业的业绩是否能得到集团企业内部的大力支持,是影响企业业绩提升并实现持续增长的重要条件。

四、成长能力分析框架

企业的成长能力,受到政策环境、核心业务、经营能力、企业制度、行业环境、财务状况等多方面重要因素的影响。在这些因素中,财务状况是企业生产经营的结果,其他因素则是影响企业未来财务状况的动因,所有因素的改善最终都应体现为财务状况的改善。财务状况指标能够综合反映企业在经营能力、企业制度、人力资源、行业环境、政策环境、核心业务等方面的提升,具体表现为收入增加、经营成本降低、市场份额扩大。因此,可从企业发展的动因与结果两大层面分析其成长能力:动因层面主要是对企业竞争能力的分析,结果层面主要是对财务状况的分析。同时,由于企业发展具有周期性特征,在分析成长能力时还需明确企业及其产品所处的生命周期。只有结合对竞争能力与财务状况的深入分析,才能对企业成长能力做出准确判断。鉴于此,可以从企业竞争能力分析、企业周期分析、企业成长能力财务指标分析三个方面评价企业的成长能力。

（一）企业竞争能力分析

一般而言,企业竞争能力是指独立经营的企业在市场经济环境中相对于其竞争对手所表现出来的生存能力和持续成长能力的总和。企业的竞争能力从根本上决定了企业的生存与发展,因而企业竞争能力分析是企业成长能力分析的一项重要内容,集中表现为企业产品的市场占有情况和产品的竞争能力,同时在分析企业竞争能力时还应分析企业所采取的竞争策略。

（二）企业周期分析

企业的发展过程总是呈现出一定的周期性特征,处于不同周期的企业,虽然计算的成长能力分析指标相同,但却反映不同的成长能力。比如A企业处于成熟阶段,B企业处于发展阶段,如果两个企业的成长能力分析指标计算结果相同,那么实际上A企业的成长能力要强于B企业。因此,对企业成长能力进行分析时,需要结合对企业所处周期的判断与分析。

（三）企业成长能力财务指标分析

不同时期的财务状况反映了企业不同的发展情况,因此可以通过财务状况的分析来评价企业的成长能力。

1. 企业营业成长能力分析

企业的营业成果可通过资产规模的增长和销售收入的增长体现出来,因此,对企业营业成长能力的分析可分为对资产规模增长的分析与对销售增长的分析。

（1）对资产规模增长的分析。

企业资产是取得收入的保障,在总资产收益率固定的情况下,资产规模与收入规模之间存在正比例关系。总资产的现有价值也反映了企业清算时可获得的现金流入额。对资产规模增长的分析可以按资产的类别分别进行。

（2）对销售增长的分析。

销售是企业收入来源之本,也是企业价值体现之道。一个企业只有保证稳定的销售增长,才能不断扩大收入,促进企业发展;另外,充足的收入也为企业进一步扩大市场、开发新产品、进行技术改造提供资金来源,推动企业的进一步发展。

2. 企业财务成长能力分析

从财务角度看,企业发展的结果体现为利润、股利和净资产的增长,因此企业财务成长能力分析可以分为对利润增长的分析、对股利增长的分析、对净资产规模增长的分析,以及对现金流量增长的分析四个方面。

（1）对利润增长的分析。

利润是企业在一定时期内的经营成果的集中体现,因此企业的发展过程必然体现为利润的增长,通过对利润增长情况的分析,可在一定程度上把握企业的成长能力。

（2）对股利增长的分析。

企业所有者从企业获得的利益可分为两个方面:一是资本利得(即股价的增长);二是股利的获得。从长远来看,如果所有的投资者都不退出企业,所有者从企业获得利益的唯一来源便是股利的发放。虽然企业的股利政策要考虑企业所面临的各方面因素,但股利的持续增长一般也被投资者理解为企业的持续发展。

（3）对净资产规模增长的分析。

在企业净资产收益率不变的情况下,企业净资产规模与收入之间存在正比例关系。同时净资产规模的增长反映企业不断有新的资本加入,这既体现了企业所有者对企业的充分信心,也为企业开展负债筹资提供了保障,有助于提升企业的筹资能力,从而为企业获取进一步发展所需的资金创造有利条件。

（4）对现金流量增长的分析。

企业的发展需要充足的资金支持,同时企业的盈利质量也要通过相应的现金流入来体现。企业保持适当规模的现金流量,对于提高企业支付能力、偿债能力和项目投资能力都有极其重要的意义,有助于企业的持续、稳定、健康发展。

第二节　成长能力的财务指标分析

一、营业成长能力分析

企业价值的增长应主要源自正常的生产经营活动,因此,分析企业生产经营活动的发展情况对其成长能力分析而言至关重要。企业的生产经营活动范围广泛,从财务状况角度来看,我们通常关注销售增长与资产规模增长两个方面。同时,由于不同企业的资产使用效率存在差异,相同的资产规模能为企业带来的收益水平也各不相同:资产使用效率越高,企业利用有限资源获取收益的能力就越强;反之,资产使用效率较低的企业,即便资产或资本规模能快速增长,也无法实现企业价值的快速提升。因而资产使用效率作为价值驱动因素之一,对其进行分析是企业发展能力分析的重要环节。

(一)销售增长指标

反映企业销售增长的指标主要有销售(营业)增长率和3年销售(营业)平均增长率。

1. 销售增长率

销售增长率是指企业本年销售收入增长额同上年销售收入总额的比率。销售增长率表示与上年相比,企业销售收入的增减变动情况,是评价企业发展状况和成长能力的重要指标。销售增长率的计算公式为:

$$销售增长率=\frac{本年销售收入增长额}{上年销售收入总额}\times100\%$$

公式中,本年销售收入增长额是企业本年销售收入与上年销售收入的差额;上年销售收入额是企业上年全年销售收入总额。销售增长率是衡量企业经营状况和市场占有能力、预测企业经营业务拓展趋势的重要指标,也是企业扩张增量资本和存量资本的重要前提。该指标越大,表明其增长速度越快,企业市场前景越好。销售增长率常用于趋势分析和同业分析。

2. 3年销售平均增长率

销售增长率可能受到销售短期波动的影响,如果上年因特殊原因而使销售收入特别低,本年则恢复到正常,这就会造成销售增长率因异常因素而偏高;如果上年因特殊原因而使销售收入特别高,就会造成销售增长率因异常因素而偏低。为消除销售收入短期异常波动对该指标产生的影响,并反映企业较长时期的销售收入增长情况,可以计算多年的销售收入平均增长率,实务中一般计算3年销售平均增长率。

$$3年销售平均增长率=(\sqrt[3]{本年销售收入总额/3年前销售收入总额}-1)\times100\%$$

3年销售平均增长率指标能够反映企业销售增长趋势和稳定程度,较好地体现企业的发展状况和成长能力,避免因少数年份销售收入不正常增长而导致对企业发展潜力的错误判断。另外,除了关注销售收入增长总额以外,还需要关注销售利润率及其变化情况,销售收入只是为企业提供收入或现金的来源,并不完全形成企业的财富,只有扣除成本与费用之后才能真正形成企业的最终利润。

(二)资产增长指标

反映企业资产增长能力的财务指标包括资产规模增长指标和固定资产成新率。

1. 资产规模增长指标

资产代表企业用以取得收入的资源,同时也是企业偿还债务的保障。资产的增长是企业发展的一个重要方面,也是实现企业价值增长的重要手段。从企业经营实践来看,成长性高的企业一般能保证资产的稳定增长。对资产增长情况进行分析的方法可以分为绝对增长量分析和相对增长率分析两种,较为常用的是计算总资产增长率。

(1)总资产增长率。

总资产增长率是指本年总资产增长额同年初资产总额的比率,该指标从企业资产总量扩张方面衡量企业的成长能力,表明企业规模增长水平对企业发展后劲的影响。总资产增长率的计算公式为:

$$总资产增长率=\frac{本年总资产增长额}{年初资产总额}\times100\%$$

总资产增长率越高,表明企业一个经营周期内资产经营规模扩张的速度越快,但也应注意资产规模扩张的质与量的关系,以及企业的后续成长能力,避免盲目扩张。

(2)3年总资产平均增长率。

3年总资产平均增长率的计算公式为:

$$3年总资产平均增长率=(\sqrt[3]{年末资产总额/3年前年末资产总额}-1)\times100\%$$

与销售增长率的原理相似,资产增长率也存在受资产短期波动因素影响的缺陷,为弥补这一不足,同样可以计算3年总资产平均增长率,以反映企业较长时期内的资产增长情况。

对资产增长率进行企业间比较要特别注意各企业之间的可比性。一方面,不同企业所采取的不同的发展策略会体现在资产增长率上,采取外向规模增长型发展策略的企业资产增长率会较高,而采取内部优化型发展策略的企业资产增长率会呈现较低的水平。另一方面,不同的企业资产使用效率不同,为实现净收益的同幅度增长,资产使用效率低的企业需要更大幅度的资产增长。

另外,资产增长率作为反映企业成长能力的一个重要指标,还存在这样一个缺陷,即指标计算中所使用变量的数值为账面价值,这样就会产生两个问题:一是受会计处理方法中历史成本原则的影响,资产总额反映的只是资产取得的成本,并不是总资产的现时价值;二是并没有反映企业全部资产的价值,受会计处理方法的限制,企业很多重要的资产,如无形资产、人力资产无法在报表中体现,这使得资产增长率指标无法反映企业真正的资产增长情况,这对于无形资产占资产较大份额的企业更明显。

除了计算总资产增长指标外,还可以对资产各类别的增长情况进行分析,比如可以计算流动资产增长率、固定资产增长率、无形资产增长率及员工增长率等。

2. 固定资产成新率

固定资产成新率是企业当期平均固定资产净值同平均固定资产原值的比率。该指标反映了企业所拥有的固定资产的新旧程度,体现了企业固定资产更新的快慢和持续发展能力。

$$固定资产成新率 = \frac{平均固定资产净值}{平均固定资产原值} \times 100\%$$

公式中,平均固定资产净值是指企业固定资产净值的年初数同年末数的平均值;平均固定资产原值是指企业固定资产原值的年初数同年末数的平均值。

固定资产成新率指标的运用要注意以下问题:一是运用该指标分析固定资产新旧程度时,应去除企业应提未提折旧对房屋、机器设备等固定资产真实状况的影响;二是固定资产成新率受周期影响较大,一个处于发展期的企业与一个处于衰退期的企业的固定资产成新率明显会不同,尽管企业所处阶段本身已反映其成长能力差异(通常发展期企业成长能力更强),但仍需注意周期阶段这一因素的影响;三是在进行固定资产成新率指标的企业间比较时,要注意不同折旧方法对固定资产成新率的影响,加速折旧法下的固定资产成新率要低于直线折旧法下的固定资产成新率。

二、财务成长能力分析

企业财务方面的发展体现为资本扩张和股利增长。

(一)资本扩张指标

反映资本扩张情况的指标有资本积累率和3年资本平均增长率。

1. 资本积累率

资本积累率是指企业本年所有者权益增长额同年初所有者权益的比率。该指标反映企业所有者权益在当年的变动水平,体现了企业资本的积累情况,是企业发展强盛的标志,也是企业扩大再生产的源泉,展示了企业的发展潜力,是评价企业发展潜力的重要指标。

$$资本积累率 = \frac{本年所有者权益增长额}{年初所有者权益} \times 100\%$$

公式中,本年所有者权益增长额是指企业本年所有者权益与上年所有者权益的差额,若本年所有者权益减少,则用负数表示;年初所有者权益是指所有者权益的年初数。

资本积累率反映了投资者投入企业资本的保全性和增长性,该指标越高,表明企业资本积累越多,企业资本保全性越高,应对风险能力和持续发展的能力越强。该指标若为负数,表明企业资本受到影响,所有者在企业中享有的经济权利与利益也会受到较大影响,应予以充分重视。

2. 3年资本平均增长率

$$3年资本平均增长率=(\sqrt[3]{年末所有者权益总额/3年前年末所有者权益总额}-1)\times 100\%$$

由于资本积累率指标在分析时具有滞后性,仅反映当期情况,而利用3年资本平均增长率指标,能够反映企业资本保全增值的历史发展状况,以及企业稳步发展的趋势。该指标越高,表明企业所有者权益得到的保障程度越大,企业可以长期使用的资金越充裕,抗风险能力和保持持续成长能力越强。

在对资本扩张情况进行分析时,还要注意所有者权益各类别的增长情况。一般来说,实收资本的快速扩张源于外部资金的加入,这表明企业获得了新的资本,具备了进一步发展的基础,但并不能说明企业过去的成长能力较强;而如果资本的扩张主要来源于留存收益的增长,反映企业通过自身经营活动不断积累发展后备资金,这既体现了企业在过往经营中的成长能力,也显示出其未来进一步发展的后劲。

(二)股利增长指标

1. 股利增长率

股利增长率是本年每股股利增长额与上年每股股利的比率。该指标是衡量企业发展性的一个重要指标,反映企业发放股利的增长情况。股利增长率与企业价值有密切的关系。股利增长率的计算公式为:

$$股利增长率=\frac{本年每股股利增长额}{上年每股股利}\times 100\%$$

2. 3年资本平均增长率

为了反映更长时期的股利增长情况,也可以计算3年股利平均增长率:

$$3年股利平均增长率=(\sqrt[3]{本年每股股利/3年前每股股利}-1)\times 100\%$$

企业成长能力是企业财务分析的一个重要方面。企业发展的核心是企业价值的增长,但由于企业价值评估的困难,企业成长能力的分析可以按价值驱动因素展开,可以分为销售增长情况、资产扩张情况、资本扩张情况及股利扩张情况。在与财务分析其他内容的关系上,企业成长能力分析既是相对独立的一项内容,又与其他分析密切相关,在分析过程中要结合进行,同时企业成长能力分析还应特别注意定量分析与定性分析的结合。

视频

如何进行成长能力分析

Note

思 考 题

1.如何准确评价企业成长能力?

2.你认为影响企业成长能力的关键因素是什么? 为什么?

3.彭罗斯的企业成长理论具体包括哪些内容? 对我们分析企业成长能力有什么启发?

4.评价企业成长能力的指标有哪些?

5.分析企业成长能力的意义。

练 习 题

1.某企业总资产从2022年的10亿元增长为2023年的15亿元,造成总资产增长可能的原因有哪些? 如何从财务报表的有关数据中分析增长的原因? 资产的增长是否能说明企业成长能力的增强?

2.比亚迪(002594)2018年—2023年资产、负债、所有者权益、营业收入及净利润情况如下表:

比亚迪(002594)2018—2023年经营基本情况表　　　　单位:亿元

项目	2023年	2022年	2021年	2020年	2019年	2018年
资产	6795	4939	2958	2010	1956	1946
负债	5291	3725	1915	1366	1330	1339
所有者权益	1505	1214	1042	644.5	626	606.9
营业收入	6023	4241	2,161	1566	1277	1301
净利润	313.4	177.1	39.67	60.14	21.19	35.56

要求:

请根据以上资料计算有关成长能力的财务指标并对其成长能力进行分析。

第四篇

财务综合分析

· 引导性案例

房产企业的杜邦分析体系

随着我国经济的快速发展,房地产市场一直扮演着重要角色,对经济发展和社会稳定具有重大影响。目前,房地产行业基本面进入了持续下行阶段,其中供需两端都出现了历史罕见的快速下行。房地产销售、开工、拿地、房价等前端指标均经历了深度调整。统计局数据显示,2024年一季度,全国商品房销售面积为2.27亿平方米,同比下降19.4%(1—2月降幅为20.5%),其中商品住宅销售面积同比下降23.4%;1—3月商品房销售额2.14万亿元,同比下降27.6%(1—2月降幅为29.3%),其中商品住宅销售额同比下降30.7%。在此背景下,众多房地产企业陷入经营亏损,面临较高的财务风险。

2023年万科A(000002)的及保利发展(600048)、绿地控股(600606)的年报中显示万科A的母公司净利润为154亿元,保利发展则实现了94亿元的净利润,算是房地产类上市公司里较好的成绩。而绿地控股则是2023年出现了净利润的亏损。如此显著的差距,我们可以借助杜邦分析体系,从净资产收益率这一核心指标入手,将各类比率相互关联,层层剖析至企业最基本生产要素的使用情况、成本与费用的构成以及企业面临的风险。通过一系列相互关联的指标,对企业的营运能力、偿债能力以及盈利能力等进行全面、综合的分析与评价。净资产收益率可以分解为总资产净利率和权益乘数,绿地控股、万科、保利发展2023年的总资产净利率分别为—0.87%、1.25%、0.28%,由此可以看出万科的资产利用率是最高的,这可能是它的净资产收益率与这两家企业相比更高的主要原因。绿地控股的总资产净利率小于0,说明其经营出现亏损,资产利用效率自然也较差。2023年,绿地控股、万科、保利发展的权益乘数分别为8.23、3.73、4.15,整体数值较高,这体现了房地产企业的经营特点。其中,绿地控股的财务杠杆效应发挥到了最大,但权益乘数同时也反映企业的负债程度和财务风险,因此绿地控股的财务风险在这三家企业中最高。总资产净利率可分解为营业净利率和总资产周转率。2023年,上述三家企业的营业净利率分别为—3.09%、4.39%、8.01%,这表明保利发展在营业收入中获取的营业利润最高。绿地控股、万科、保利发展2023年的总资产周转率分别为0.28、0.29、0.03,应该说绿地控股和万科的资产周转速度是比较接近的,而保利发展的资产周转速度则明显偏慢。由此可基本得出结论:万科之所以能取得较好的净资产收益率,主要得益于经营过程中能获得较多利润;绿地控股则一方面需提高资产使用效率、加快资产周转,另一方面要注重控制财务风险;保利发展若要提升净资产收益率水平,需加快资产周转速度。

　　如何通过杜邦分析法,确定这个行业中哪些企业整体经营状况较好,更具有投资价值;如何理解杜邦分析法的分析原理和方法应用,这是我们在本篇需要探索和思考的问题。

第十章
财务报表综合分析

学习目的与要求

通过本章的学习,了解财务报表综合分析的含义、特点、程序等基本理论;熟悉财务报表综合分析的基本思路与基本理论;掌握财务报表综合分析的方法,能对财务报表综合分析方法的特点、原理与相关注意问题进行分析,达到财务报表综合分析的目的。

关键知识点

财务报表综合分析的意义;财务报表综合分析的特点;杜邦分析法。

重要概念

财务综合分析;杜邦分析法;净资产收益率。

引言

企业的财务活动是一个综合的有机整体,仅计算分析单个报表中的几个简单、孤立的财务指标,或者将这些孤立的财务指标简单堆砌在一起是远远不够的,是无法全面、系统、综合地了解把握企业的财务状况和经营状况的。只有将企业的营运能力、偿债能力和盈利能力等各项分析指标有机地联系起来,作为一个完整的体系,进行系统的综合评价分析,才能对企业财务状况、经营成果作出合理的评价。财务报表综合分析的最终目的就是全面、系统、综合地说明企业的财务状况、经营成果和现金流量,对企业的经营及财务活动作出综合评价。

那么财务报表综合分析包括哪些内容? 通过财务报表综合分析都能获取哪些信息? 这将是本章所要讲述的主要内容。

第一节 财务报表综合分析方法

企业的各种能力并非孤立存在,而是相互联系、相互影响的。单独分析任何一项财务指标或一张财务报表,都难以全面评价企业的财务状况和经营成果。若要对企业的财务状况和经营成果形成整体评价,就必须进行相互关联的分析,并采用适当标准开展综合性评价。

一、财务报表综合分析的含义

所谓财务报表综合分析,是指通过对企业财务报表及相关资料的分析,将企业营运能力、偿债能力、盈利能力等方面的分析纳入一个有机的分析系统,全面解剖和分析企业的财务状况与经营状况,进而对企业的经济效益做出较为准确的评价与判断。

二、财务报表综合分析的意义

财务报表综合分析将企业视作一个不能分割的整体,并通过各种分析方法对其进行全方位的考察和评判,有着十分重要的意义。

(一)有利于正确评价企业的财务状况和经营成果

局部不能代替整体,某项财务指标的好坏不能说明整个企业价值的高低。因此,要想全面认识企业的整体财务状况和经营成果,仅仅测算几个简单的、孤立的财务指标,或者将一些孤立的财务指标堆积在一起,毫无联系地考察,是不可能得出合理、正确的财务分析结论的,有时甚至会得出错误的结论。因此,只有将企业的偿债能力、营运能力、盈利能力与成长能力等各项财务分析指标有机结合,形成一个完整体系,才能对企业进行综合评价,从而从总体上把握其财务状况和经营成果。

(二)有利于把握不同财务指标之间的相互关联关系

不同的财务指标之间存在着一定的关联性,只有将它们放到一个系统中进行综合分析,才可能充分地展现各种指标之间的相互影响,以及影响的方向、程度和原因。比如,企业营运能力对盈利能力有着重要影响,但营运能力是如何影响盈利能力的呢,通过单个指标似乎难以把握这种关系。当把营运能力指标和盈利能力指标结合起来分析时,便能更加深入地理解两者之间的关系。

三、财务报表综合分析的特点

财务报表综合分析与评价是对企业整体财务状况和经营成果的分析,与单项财务能力分析相比,具有如下特点。

（一）综合性强

各单项财务能力之间存在一定的关系,因此在财务综合分析与评价中还必须考虑各单项财务能力之间的具体关系,进行综合处理,而不是简单地对单项财务能力分析指标进行罗列。因此,财务综合分析与评价不是各单项财务能力分析的简单相加,而是通过一定的技术方法进行有机结合;同时,在进行财务综合分析与评价过程中,还需要把握主要分析指标,这样才能抓住影响企业财务状况和经营成果的主要矛盾,在主要财务指标分析的基础上再对辅助指标进行分析。

（二）全面性广

财务综合分析与评价关注的是整体财务状况和经营成果。因此,在分析过程中,要关注企业偿债能力、营运能力、盈利能力和成长能力等各个层面的内容。这是财务综合分析与评价和单项财务能力分析的不同之处。因此,财务综合分析与评价必须以全面的单项财务能力分析指标为基础,分析时切不可片面化、以偏概全。

四、财务报表综合分析的程序

（一）确定企业所在的产业或行业的经济特征

财务报表与企业财务特性之间关系的确定不能离开产业经济特征的分析。换句话说,同样的财务报表在不同产业的企业中所体现的经济意义和财务特性很可能完全不同。通常可从企业所在行业的成本结构、成长阶段、产品的经济周期性与替代性、经济技术环境的影响、对其他行业的依赖程度,以及相关法律政策对该行业的影响程度等方面,分析企业所处行业的基本状况和发展趋势。通过明确产业经济特征,一方面能为理解财务报表数据的经济意义提供指引,另一方面可缩短财务比率及相关指标与管理决策之间的距离。

（二）判断企业的经营风险

如果说产业经济特征是财务分析人员理解财务报表经济意义的航标,那么企业经营风险判断是财务分析人员为管理决策做出相关评价的具体指南。离开企业经营风险分析,财务分析同样会迷失方向,不可能真正帮助管理决策做出科学的评价。一般可从企业的经营规模、发展阶段、产品的单一性或多样化、经营策略(差别化战略还是低成本战略)、产品情况和市场份额,以及在采购、生产、销售等环节的风险因素来判断企业自身的经营风险。

（三）考察企业的管理风险

应从企业的组织形式、文化特点、管理层素质和对风险的控制能力、经营管理作风等方面来考察企业的管理风险,并且关注企业遇到的一些经济纠纷及法律诉讼。如果发现企业的管理层出现重大变动,大量有经验的管理人员提出辞职,而由一些独断专行、不懂业务的人员担任企业领导,即便企业目前的经营状况良好,也无法判断企业未来的经营成果和财务状况。

(四)正确理解和净化企业的财务报表

对财务报表本身需要进行理解和净化的过程。所谓理解,是指要了解财务报表的局限性;所谓净化,是指财务分析人员对财务报表中的关键项目所做的调整,以增强其可靠性和可比性。净化需要调整的项目主要有非常项目、研究与开发等支出、盈利管理等。

(五)计算相关财务比率

对财务报表进行综合分析,需要将分析偿债能力、盈利能力和营运能力的财务指标重新进行分类,设计为一个包括广度、深度和远度的三维立体评价结构,对企业业绩进行多方位的全面评价。

1.广度指标

广度指标体现在评价视角上,从企业自身向投资者、债权人、员工、市场以及社会等多方面扩散。广度指标具体包括:对企业本身的资产报酬率;对投资者的股东权益报酬率;对债权人的资产负债率;对员工的营业收入与员工人数比率;对市场的销售利润率;对社会的社会贡献率、社会积累率。

2.深度指标

深度指标是在评价的层次上,由表面业绩向内部经营挖掘。深度指标具体包括:资产使用效率的财务指标(包括总资产周转率、流动资产周转率、应收账款周转率、存货周转率);经营耗费水平的财务指标(包括主营业务成本毛利率、经营成本利润率、营业成本利润率、税前成本利润率和税后成本利润率)。

3.远度指标

远度指标是在评价的时域上,由短期向长期渗透,由现实成绩向发展潜力渗透。远度指标具体指标包括:资产增长率;销售增长率;利润增长率。

(六)对管理决策做出相关的综合评价

这里的管理决策主要包括两个类别:一是投资决策;二是信贷决策。财务比率和指标有很多,哪些比率与管理决策更相关,怎样的比率与怎样的决策更相关,这就需要进行财务报表的综合分析。除此之外,还应该注意以下几个方面。

1.建立用于财务报表分析的行业标准财务比率

对财务报表分析存在一种常见的误解,即报表分析就是计算各种比率。实际上,对分析者来说,计算比率是最简单的,因为有现成的财务分析软件,分析者的真正任务在于分析并解释其结果。单个企业的财务比率计算如果不与行业标准财务比率相比是没有多大意义的,也无法衡量企业在本行业所处的地位。从国外财务分析人员的实际情况来看,要了解一个行业的动向和信息,每天至少需要两个小时。因此,专业性的财务分析机构非常强调人力资源的整合。而要进行报表解释,首先要目的明确,其次要充分理解报表的重要概念和原则,最后要熟悉企业所面临的环境,并结合行业标准财务比率准确地加以解释。

2. 不同的企业对偿债能力、盈利能力以及现金流量各有侧重

企业的偿债能力、经营成果、现金流量各自描绘出企业生产经营过程及其后果的某一特定方面,它们各有侧重,但又互相影响、互相制约。财务报表分析判断的侧重点、评价标准并无绝对模式。不同行业、不同地区、不同发展阶段、不同规模的企业,其分析侧重点和评价标准不尽相同。甚至对某一企业的同一个分析指标,不同的使用者可能会做出不同的评价。传统的财务分析方法忽略了企业的管理能力,即企业通过管理增值的潜力有多大。有的企业仅仅通过财务比率计算考察,觉得增长空间不大,但是如果加入管理因素,企业会有巨大的增长潜力,这一点常常在财务报表分析中被忽视。

3. 不同企业间的比较

不同企业的财务分析应注意的问题主要有以下几个。

(1)同类企业的确认。

一般而言,财务比例在同类企业间具有较大的可比性,但是同类企业的确认没有一个公认的标准。在实际分析中,同类企业往往是分析者观念上所认定的。同类企业可从下列几个方面来考虑:比如最终产品相同;内部生产结构相同(即使用同样的原材料、同样的技术、同样的生产方式的企业);股份特性相同(即具有同样风险程度、同样市盈率、同样股利保障倍数等特征的企业)。

(2)会计政策的差异问题。

企业会计政策的典型差异主要体现在以下几个方面:固定资产评估;存货计价方法;折旧方法;购入商誉的处理;表外负债。

(3)非货币性信息的使用。

企业的财务状况及发展前景,有些难以用货币形式进行准确表示;而且,某些非货币性信息对于企业的信息使用者而言更为重要。如两个财务状况相同的同类企业,一个处于成长期,另一个则处于衰退期,它们只是在成长阶段或衰退阶段的某一时点表现为相同的财务状况。这种成长与衰退的趋势不一定能从报表中反映出来。企业非货币性信息主要包括:企业经理对财务报表的评价;注册会计师审计报告的类型和措辞;资产的构成以及保值增值情况;利润表中非常项目与其他项目在数量上的对比关系;企业或有负债、表外负债与资产负债表上现实负债的数量对比关系;企业的股利发放政策;企业产品的市场状况与发展趋势;企业的公众声誉;企业的雇员周转率;等等。

五、财务报表综合分析的方法

财务报表综合分析的方法主要有两种:杜邦财务分析体系法和沃尔比重评分法。

(一)杜邦财务分析体系法

杜邦财务分析体系法(简称杜邦分析法)首先由美国杜邦企业的经理创立并首先在杜邦企业成功运用,称为杜邦系统(the Du Pont system),它是利用财务指标间的内在联系,对企业综合经营理财能力及经济效益进行系统分析评价的方法。其基本思想是将企业净资产收益率逐级分解为多项财务比率的乘积,这样有助于深入分析比较企业经营业绩。

杜邦体系各主要指标之间的关系如下:

$$净资产收益率＝主营业务净利率×总资产周转率×权益乘数$$

其中:

$$主营业务净利率＝\frac{净利润}{营业收入净额}$$

$$总资产周转率＝\frac{营业收入净额}{平均资产总额权益乘数}＝\frac{资产总额}{所有者权益总额}＝\frac{1}{1－资产负债率}$$

(二)沃尔比重评分法

亚历山大·沃尔20世纪初在其所著的《信用晴雨表研究》和《财务报表比率分析》中提出了信用能力指数的概念,他选择了7个财务比率,即流动比率、产权比率、固定资产比率、存货周转率、应收账款周转率、固定资产周转率和自有资金周转率,分别给定各指标的比重,然后确定标准比率(以行业平均数为基础),将实际比率与标准比率相比,得出相对比率,将此相对比率与各指标比重相乘,得出总评分。

沃尔比重评分法(简称沃尔评分法)的基本步骤包括:选择评价指标并分配指标权重;确定各项评价指标的标准值;对各项评价指标计分并计算综合分数;形成评价结果。沃尔比重评分法有两个缺陷:一是所选的7个比率及给定的比重缺乏说服力;二是如果某一个指标出现严重异常,会对总评分产生不合逻辑的重大影响。

第二节　杜邦分析法

一、杜邦分析法的含义

杜邦分析法(DuPont analysis)是利用几种主要的财务比率之间的关系来综合分析企业的财务状况。具体来说,它是一种用来评价企业盈利能力和股东权益回报水平,从财务角度评价企业绩效的一种经典方法。其基本思想是将企业净资产收益率逐级分解为多项财务比率的乘积,这样有助于深入分析和比较企业经营业绩。这种分析方法最早由美国杜邦企业使用,故名杜邦分析法。

二、杜邦分析法的特点

杜邦模型最显著的特点是将若干个用于评价企业经营效率和财务状况的比率按其内在联系有机地结合起来,形成一个完整的指标体系,并最终通过权益收益率来综合反映。杜邦分析法是一种分解财务指标的方法,而非另外建立新的财务分析指标。它主要用于各种财务比率的分解,通过对资产净利率的分解来诊断企业存在的问题。其关键不在于对财务指标的计算而在于对财务指标的理解和运用。

三、杜邦分析法的意义

采用这一方法,可使财务比率分析的层次更清晰、条理更突出,为报表分析者全面仔细地了解企业的经营和盈利状况提供方便。杜邦分析法有助于企业管理层更加清晰地把握权益基本收益率的决定因素,以及销售净利润与总资产周转率、债务比率之间的相互关联关系,给管理层提供了一张考察企业资产管理效率和股东投资回报是否最大化的清晰路线图。

四、杜邦分析法的基本思路

第一,注意权益净利率,也称权益报酬率或净资产收益率,是一个综合性极强的财务分析指标,是杜邦分析系统的核心。

第二,资产净利率是影响权益净利率的最重要的指标,具有很强的综合性,而资产净利率又取决于销售净利率和总资产周转率。总资产周转率反映总资产的周转速度,对其进行分析时,需剖析影响资产周转的各项因素,以明确企业资产周转存在的主要问题。销售净利率反映销售收入的收益水平。扩大销售收入,降低成本费用是提高企业销售利润率的根本途径,而扩大销售同时也是提高资产周转率的必要条件和有效途径。

第三,权益乘数表示企业的负债程度,反映了企业利用财务杠杆进行经营活动的程度。资产负债率高,权益乘数就大,这说明企业负债程度高,企业会有较多的杠杆利益,但风险也高;反之,资产负债率低,权益乘数就小,这说明企业负债程度低,企业会有较少的杠杆利益,但相应承担的风险也低。

五、杜邦分析法的应用

（一）杜邦分析法的原理

杜邦分析法的原理如图10-1所示。

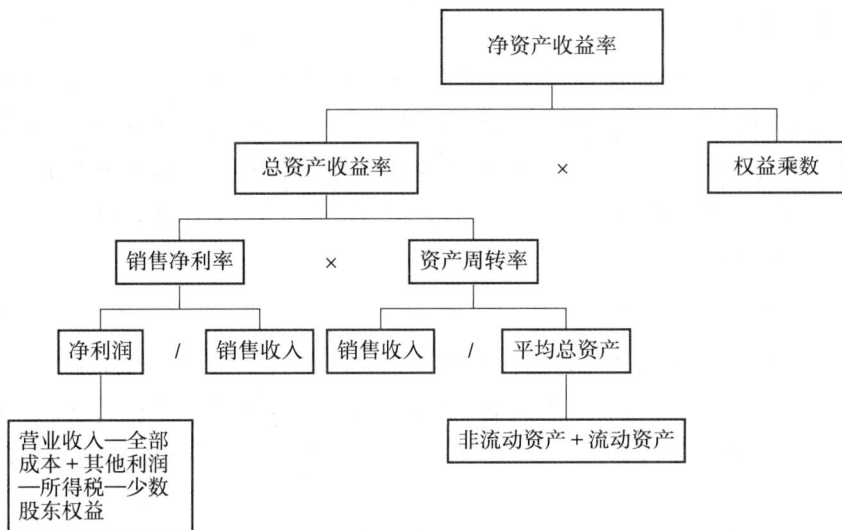

图10-1 杜邦分析法的原理

杜邦分析体系可以按如下思路进行，了解企业的如下信息。

1. 净资产收益率

净资产收益率是一个综合性很强的指标，它是杜邦分析体系的核心和源头。净资产收益率反映了企业股东投入资金的收益高低。而增加股东财富是企业管理的重要目标之一。因此，不论是企业的股东还是管理者都十分关注这一指标。

净资产收益率的高低取决于企业的总资产收益率和权益乘数，而总资产收益率又取决于销售净利率和资产周转率。因此，净资产收益率的水平取决于反映盈利能力的总资产收益率和销售净利率、反映营运能力的资产周转率，以及反映资本结构和偿债能力的权益乘数。这样我们可以找到影响净资产收益率水平高低的原因以及发生变化的具体因素，从而提供比单一指标更为丰富的信息。

在分析净资产收益率时，需要回答以下问题来逐步进行分析：一是该企业的净资产收益率水平如何，呈现什么变化趋势；二是该企业所在行业的平均净资产收益率水平及变化趋势如何；三是该企业净资产收益率是否与行业平均水平有较大差异；四是该企业是否处于同质竞争性行业，如果是，能否从主要竞争对手的净资产收益率的趋势比较中发现本企业的优势或劣势。

2. 总资产收益率

总资产收益率的综合性也很强，它反映了企业所有资产的收益水平。企业运用全部资产获取收益的能力对企业的发展至关重要,对企业的股东、债权人等利益相关者也意义重大。

总资产收益率的高低取决于销售净利率和资产周转率。这说明企业营业活动的获利能力和企业所有资产的运用效率决定着企业全部资产的收益水平。因此,对总资产收益率的分析,可以进一步深入到营业活动和资产管理两个方面。

3. 销售净利率

销售净利率是反映企业盈利能力的重要指标。由于营业收入是企业净利润的重要源泉,提高营业收入对提升整个企业的盈利能力至关重要。销售净利率受到净利润和营业收入两个因素的影响,而净利润又取决于企业各项收入和费用的水平。因此,对销售净利率的分析,可以进一步深入到各项收入和费用中去,深入挖掘影响企业盈利能力的具体原因。

4. 资产周转率

资产周转率是反映企业营运能力的重要指标。同样的资产周转得越快、利用效率越高,在一定时期内就能为企业带来更多的收益,并提高企业整体的流动性。因此,资产周转率是企业资产管理水平的重要体现,提升它对提高企业的盈利水平和企业整体的流动性非常重要。

资产周转率受到营业收入和平均资产总额两个因素的影响。因此,要提高资产周转率,一方面需要控制资产占用资金的数额并合理安排资产的结构,另一方面需要开拓市场,增加营业收入。另外,对资产周转率的分析还应结合流动资产周转率、固定资产周转率等指标,这样才能进一步找准资产周转快慢的关键原因。

5. 权益乘数

权益乘数是反映企业资本结构、财务杠杆程度和偿债能力的重要指标。权益乘数越高,说明企业资本结构中的负债比例越高,财务杠杆程度越高,偿债能力相对越弱。因此,保持适当的权益乘数,是企业债务安全的重要保障,也是保持企业收益与风险均衡的重要保障。

综上所述,杜邦分析法以净资产收益率为主线,将企业在某一时期的销售成果以及资产营运状况全面联系在一起,层层分解,逐步深入,构成一个完整的分析体系。它能较好地帮助管理者发现企业财务和经营管理中存在的问题,能够为改善企业经营管理提供十分有价值的信息。因此,杜邦分析法得到了广泛认同,并在实际工作中得到了广泛应用。

杜邦分析法是一种财务分析方法,作为综合分析工具,它并不排斥其他财务分析方法。相反,与其他分析方法相结合,不仅能弥补杜邦分析法自身的局限与不足,还能补齐其他方法的短板,使分析结果更全面、科学。比如,以杜邦分析为基础,结合专项分析开展后续研究,可对相关问题形成更深入、细致的认知;也可结合比较分析法和趋势分析法,将不同时期的杜邦分析结果进行趋势化对比,形成动态分析,从而总结财务变化规律,为预测和决策提供依据;还可与企业财务风险分析方法结合,开展必要的风险分析,为管理者提供参考。这种结合本质上也是杜邦分析法自身发展的需要,分析者在运用杜邦分析法时,应当注意这一点。

另外,在杜邦分析图中,净资产收益率与企业销售规模、成本水平、资产营运、资本结构有着密切的联系,这些因素构成一个相互依存的系统,只有把系统内这些因素的关系协调好,才能使净资产收益率达到最大值。

(二)杜邦分析法应用实例

由于杜邦分析法是一种对财务比率进行层层分解的方法,所以不同企业可根据自身需求,利用财务报表等相关数据资料,对企业的财务状况开展综合分析。

现在以 F 企业 2022 年和 2023 年的杜邦分析图为例进行分析,如图 10-2 和图 10-3 所示。

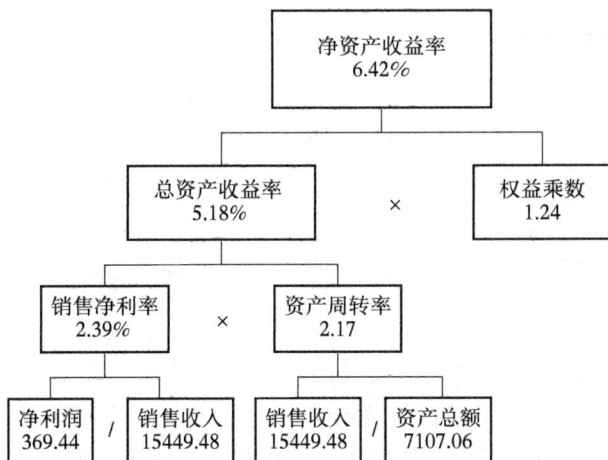

图 10-2　2022 年 F 企业杜邦分析(单位:百万元)

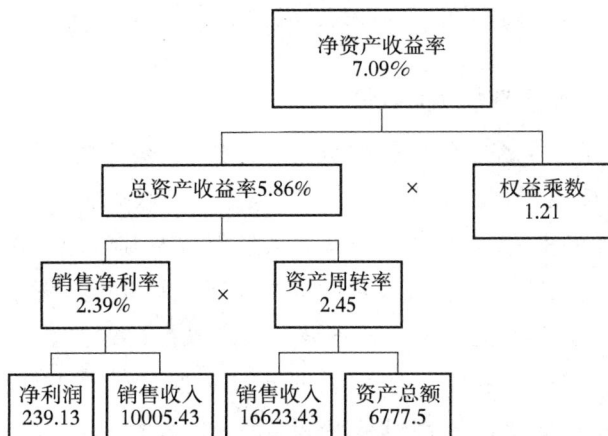

图 10-3　2023 年 F 企业杜邦分析(单位:百万元)

从2022年和2023年杜邦分析图可以看出,净资产收益率2023年为7.09％,2022年为6.42％,2023年的净资产收益率高于2013年,主要原因如下。

第一,2023年总资产收益率高于2022年,而2023年权益乘数低于2022年,总资产收益率2023年高于2022年的原因主要在于2023年资产周转率高于2022年,说明该企业对资产的使用效率高,资产的周转速度较快,从而推动企业的盈利能力有所提升,股东获得的投资回报率提高。

第二,2022年销售净利率与2023年相同,说明净利润与销售收入同时减少,该企业销售收入方面减少,净利润也随之减少,成本费用控制基本得力,故销售净利率最终未受影响。

这家企业的净资产收益率之所以提高,主要得益于提高了资产的使用效率,而财务杠杆效应带来的理财利润不明显。同时这家企业销售收入与净利润同时减少未影响销售净利率,说明这家企业成本控制有效。整体来说,这是一家管理水平较高的企业。

从举例分析中可以看出,通过杜邦分析法自上而下地分析,可以了解企业财务状况的全景及各项财务指标间的结构关系,查明各项主要财务指标增减变动的影响因素及存在的问题。杜邦分析体系提供的上述财务信息,较好地解释了指标变动的原因和趋势,这为进一步采取具体措施指明了方向,而且还为决策者优化经营结构和理财结构、提高企业偿债能力和经营效益提供了基本思路,即提高净资产收益率的根本途径在于扩大销售、改善经营结构、节约成本费用开支、合理配置资源、加速资金周转、优化资本结构等。

在具体应用杜邦分析法时,还应牢记它的特点,即这一方法不是另外建立新的财务指标,而是一种对财务比率进行分解的方法。它既可以通过净资产收益率的分解来说明问题,也可以通过分解其他财务指标(如总资产报酬率)来说明问题。杜邦分析法的关键不在于数据或财务指标的计算,而在于对数据或财务指标的理解和运用。

(三)利用杜邦分析法进行综合分析应该注意的问题

1.净资产收益率是杜邦分析法的核心

净资产收益率是一个综合性较强的财务分析指标,是杜邦分析体系的核心。财务管理的目标之一是使股东财富最大化,净资产收益率反映了企业所有者投入资本的获利能力,说明了企业筹资、投资和资产营运等各项财务及其管理活动的效率,而不断提高净资产收益率是使所有者权益最大化的基本保证。所以,这一财务分析指标是企业所有者、经营者都十分关心的。而净资产收益率高低的决定因素主要有三个,即销售净利率、资产周转率和权益乘数。这样,在进行分解之后,就可以将净资产收益率这一综合性指标发生升降变化的原因具体化,因此它比仅用一项综合性指标更能说明问题。

2. 销售净利率的高低取决于销售收入与成本总额

销售净利率反映了企业净利润与销售收入的关系,它的高低取决于销售收入与成本总额的高低。要想提高销售净利率,一是要扩大销售收入,二是要降低成本费用。扩大销售收入既有利于提高销售净利率,又可提高总资产周转率。降低成本费用是提高销售净利率的一个重要因素,从杜邦分析图可以看出成本费用的基本结构是否合理,从而找出降低成本费用的途径和加强成本费用的控制办法。如果企业财务费用支出过高,就要进一步分析其负债比率是否过高;如果管理费用过高,就要进一步分析其资产周转情况等。提高销售净利率的另一途径是提高其他利润。为了详细了解企业成本费用的发生情况,在具体列示成本总额时,还可根据重要性原则,将那些影响较大的费用单独列示,以便为寻求降低成本的途径提供依据。

3. 影响资产周转率的一个重要因素是资产总额

资产是由流动资产与非流动资产组成的,其结构合理与否将直接影响资产的周转速度。一般来说,流动资产直接体现企业的偿债能力和变现能力,而非流动资产则体现了企业的经营规模、发展潜力。两者之间应该有一个合理的比例关系。如果发现某项资产比重过大,影响资金周转,就应深入分析其原因。比如,企业持有的货币资金超过业务需要,就会影响企业的盈利能力;如果企业占有过多的存货和应收账款,则既会影响获利能力,又会影响偿债能力。因此,还应该进一步分析各项资产的占用数额和周转速度。

4. 权益乘数主要受资产负债率指标的影响

负债比率越高,权益乘数就越高,说明企业的负债程度比较高,给企业带来了较大的杠杆利益,同时也带来了较大的风险。

第三节　沃尔评分法

一、沃尔评分法的含义

沃尔评分法是指将选定的财务比率用线性关系结合起来,分别给定各自的分数比重,然后通过与标准比率进行比较,确定各项指标的得分及总体指标的累计分数,从而对企业的信用水平作出评价的方法。具体而言,它首先将若干个财务比率通过线性关系整合在一起,对选中的财务比率给定其在总评价中的比重(比重总和为100),然后确定标准比率,并与实际比率相比较,评出每项指标的得分,最后得出总评分。

视频

如何运用杜邦分析法

二、沃尔评分法的基本步骤

沃尔评分法的基本步骤如下。

(1)选择评价指标并分配指标权重。盈利能力的评价指标包括资产净利率、销售净利率、净值报酬率;偿债能力的评价指标包括自有资本比率、流动比率、应收账款周转率、存货周转率;成长能力的评价指标包括销售增长率、净利增长率、资产增长率。按照重要程度确定各项比率指标的评分值,且所有评分值之和为100。通常,这三类指标的评分值比例约为5:3:2。在盈利能力指标中,三项指标的评分比例约为2:2:1;而在偿债能力指标和成长能力指标中,各项具体指标的重要性大体相当。

(2)确定各项比率指标的标准值,即各该指标在企业现实条件下的最优值。

(3)计算企业在一定时期各项比率指标的实际值。各项比率指标的计算公式为:

$$资产净利率=\frac{净利润}{资产总额}\times100\%$$

$$销售净利率=\frac{净利润}{销售收入}\times100\%$$

$$净值报酬率=\frac{净利润}{净资产}\times100\%$$

$$自有资本比率=\frac{净资产}{资产总额}$$

$$流动比率=\frac{流动资产}{流动负债}$$

$$应收账款周转率=\frac{赊销净额}{平均应收账款余额}$$

$$存货周转率=\frac{产品销售成本}{平均存货成本}$$

$$销售增长率=\frac{销售增长额}{基期销售额}\times100\%$$

$$净利增长率=\frac{净利增加额}{基期净利}\times100\%$$

$$资产增长率=\frac{资产增加额}{基期资产总额}\times100\%$$

(4)形成评价结果。

沃尔评分法的计算公式为:

$$实际分数=\frac{实际值}{标准值}\times权重$$

当实际值>标准值为理想状态时,此公式适用;当实际值<标准值为理想状态时,实际值越小本应得分越高,但使用此公式计算得出的结果却与之相反。此外,当某一

单项指标的实际值出现异常偏高的情况时，会导致最终总分大幅增加，进而掩盖其他状况不佳的指标，给管理者造成一种虚假良好的印象。

三、沃尔评分法的应用

下面以 A 企业和 B 企业 2023 年的财务情况为例来说明沃尔评分法的具体应用。假设现选定 9 个财务比率来评价 A 企业和 B 企业的综合财务状况，这些比率如表 10-1 和表 10-2 所示。

表 10-1　A 企业 2023 年财务综合评价

财务比率	权重(1)	标准值(2)	实际值(3)	相对值(4)＝(3)/(2)	评分(5)＝(1)×(4)
盈利能力：					
净资产收益率	15	11.58	7.78	0.6719	10.077
总资产收益率	15	9.1	5.37	0.5901	8.8515
销售净利率	18	10.35	13.4	1.2947	23.3046
偿债能力：					
流动比率	10	1.96	2.22	1.1327	11.327
股权比率	9	0.69	0.42	0.6087	5.4783
利息保障倍数	9	6.86	6.74	0.9825	8.8425
营运能力：					
存货周转率	8	0.91	0.49	0.5385	4.308
应收账款周转率	8	27.69	8.76	0.3164	2.5312
总资产周转率	8	0.5691	0.4	0.7029	5.6232
合计	100				80.3433

表 10-2　B 企业 2023 年财务综合评价

财务比率	权重(1)	标准值(2)	实际值(3)	相对值(4)＝(3)/(2)	评分(5)＝(1)×(4)
盈利能力：					
净资产收益率	15	11.58	8.53	0.736,6	11.049
总资产收益率	15	9.1	2.94	0.323,1	4.8465
销售净利率	18	10.35	5.18	0.500,5	9.009
偿债能力：					
流动比率	10	1.96	0.82	0.418,4	4.184
股权比率	9	0.69	2.05	2.971	26.739

续表

财务比率	权重(1)	标准值(2)	实际值(3)	相对值(4)＝(3)/(2)	评分(5)＝(1)×(4)
利息保障倍数	9	6.86	3.62	0.5277	4.7493
营运能力：					
存货周转率	8	0.91	0.85	0.9341	7.7428
应收账款周转率	8	27.69	59.72	2.1567	17.2536
总资产周转率	8	0.5691	0.5678	0.9977	7.9816
合计	100				93.5548

　　接下来选定各财务比率的权重,如表10-1和表10-2中第(1)栏所示;设定各个指标的标准值,由于A企业和B企业为同一行业的企业,我们设定相应财务比率的行业平均水平为标准值,如表10-1和表10-2中第(2)栏所示;然后计算A企业和B企业各项财务比率的实际值,计算结果如表10-1和表10-2中第(3)栏所示。在此基础上即可计算A企业和B企业的各项指标的相对值,即以实际值除以标准值,得到相对得分,结果如表10-1和表10-2中第(4)栏所示;再考虑不同财务比率的比重,以各项财务比率的权重数乘以各项财务比率的相对得分,再相加即可得到总的评分,其中A企业得分80.3433分,B企业得分为93.5548分,如表10-1和表10-2中第(5)栏所示。

　　需要说明的是,对上述两个企业的综合评分,只是为了说明沃尔评分法运用的基本步骤,未必恰当地反映了两个企业的综合财务状况。这主要是因为对财务比率的选择、各财务比率权重的赋予,以及各财务比率标准值的确定都是比较主观的,并没有经过细致的推敲、考察和验证。

思考题

1.为什么要对企业进行综合分析?
2.对企业进行综合分析的方法有哪些?
3.杜邦分析法的核心指标是什么?
4.杜邦分析法的分析原理有何意义?
5.沃尔评分法的基本步骤是什么?

练习题

1.假设A企业的相关资料如下:

A 企业相关资料

项目	2023年	2022年
总资产	16,187,290	18,400,000
净资产	10,711,130	9,100,000
销售收入	2,500,000	30,000,000
净利润	475,802	1,360,000

要求:结合杜邦分析法,计算 A 企业 2023 年的相关财务指标。

2.B 企业财务报表简表如下所示:

B 企业 2023 年资产负债表 单位:百万元

项目	2023年	2022年
货币资金	753	1392
应收账款	684	548
存货	1560	1270
固定资产净额	2487	1766
资产总额	5484	4976
流动负债	1888	2632
长期负债	342	292
负债总额	2230	2924
股本	992	882
资本公积	2262	1170
所有者权益	3254	2052

B 企业 2023 年利润表 单位:百万元

项目	2023年	2022年
营业收入	3328	3421
营业成本	2541	2321
营业利润	787	1100
减:营业费用	279	295
管理费用	100	115
财务费用	23	44
利润总额	385	646
减:所得税	127	213
净利润	258	433

要求:请计算出一些相应的财务指标,对以上财务报表中反映的企业情况进行综合分析评价,并编写财务报表分析报告。

Note

附　　录

为优化教学体验并助力读者巩固知识,本书特别配备复习题、模拟试卷及参考答案等丰富教学资源。上述资源仅面向选用本教材的教师开放,获取方式如下:

一、复习题及模拟试卷

扫描下方二维码下载文件:

二、参考答案

选用本教材的教师向出版社提交申请,经审核后获取。

如需协助,请联系本书编辑(邮箱:dux@hustp.com)。

参考文献

[1] 张新民,钱爱民.财务报表分析(第6版)[M].北京:中国人民大学出版社,2023.

[2] 谢士杰.财务报表分析:看透财务数字的逻辑与真相[M].北京:机械工业出版社,2022.

[3] 王化成,支晓强,王建英.财务报表分析[M].3版.北京:中国人民大学出版社,2022.

[4] 海马财经.上市公司财报分析与股票估值[M].北京:中国纺织出版社,2022.

[5] 王玉红.财务报表分析[M].北京:中国人民大学出版社,2021.

[6] 续芹.财务报表分析理论、方法与案例[M].北京:人民邮电出版社,2021.

[7] 张金昌,张英,董娜.智能财务报表分析:应用技巧与案例解析[M].北京:机械工业出版社,2021.

[8] 李昕.财务报表分析习题与案例[M].大连:东北财经大学出版社,2020.

[9] 张新民,钱爱民.财务报表分析(简明版)[M].北京:中国人民大学出版社,2020.

[10] 张新民,钱爱民.财务报表分析[M].5版.北京:中国人民大学出版社,2019.

[11] 肖星.一本书读懂财报[M].杭州:浙江大学出版社,2019.

[12] 平准.财务报表编制与分析[M].2版.北京:人民邮电出版社,2024.

[13] 何正坤,周明桂.财务报表分析从入门到精通:实战案例版[M].北京:化学工业出版社,2020.

[14] 刘文国.财务报表分析[M].上海:上海财经大学出版社,2018.

[15] 杨罡.财务报表审计案例分析[M].上海:立信会计出版社,2018.

[16] 叶金福.从报表看舞弊:财务报表分析与风险识别[M].北京:机械工业出版社,2018.

[17] 续芹.财务报表解读:教你快速学会分析一家公司[M].北京:机械工业出版社,2017.

[18] 张新民.战略视角下的财务报表分析[M].北京:高等教育出版社,2017.

[19] 梁美仪.财务报表分析从入门到精通[M].北京:清华大学出版社,2015.

[20] [美]K.R.苏布拉马尼亚姆.财务报表分析[M].11版.北京:中国人民大学出版社,2015.

[21] [美]利奥波德·伯恩斯坦.财务报表分析[M].5版.北京:北京大学出版社,2004.

[22] [美]查尔斯·吉普森.财务报表分析[M].7版.大连:东北财经大学出版社,1998.

教学支持说明

为了改善教学效果,提高教材的使用效率,满足高校授课教师的教学需求本套教材备有与纸质教材配套的教学课件和拓展资源(案例库、习题库等)。

为保证本教学课件及相关教学资料仅为教材使用者所得,我们将向使用本套教材的高校授课教师赠送教学课件或者相关教学资料,烦请授课教师通过加入旅游专家俱乐部QQ群或公众号等方式与我们联系,获取"电子资源申请表"文档并认真准确填写后发给我们,我们的联系方式如下:

地址:湖北省武汉市东湖新技术开发区华工科技园华工园六路

邮编:430223

旅游专家俱乐部 QQ 群号:758712998

旅游专家俱乐部 QQ 群二维码:

群名称:旅游专家俱乐部 5 群
群号:758712998

扫码关注
柚书公众号

电子资源申请表

填表时间：_____年____月____日

1. 以下内容请教师按实际情况写，★为必填项。
2. 根据个人情况如实填写，相关内容可以酌情调整提交。

★姓名		★性别	□男 □女	出生年月		★职务		
						★职称	□教授 □副教授 □讲师 □助教	
★学校				★院/系				
★教研室				★专业				
★办公电话		家庭电话				★移动电话		
★E-mail（请填写清晰）						★QQ号/微信号		
★联系地址						★邮编		

★现在主授课程情况	学生人数	教材所属出版社	教材满意度
课程一			□满意 □一般 □不满意
课程二			□满意 □一般 □不满意
课程三			□满意 □一般 □不满意
其 他			□满意 □一般 □不满意

教 材 出 版 信 息	
方向一	□准备写 □写作中 □已成稿 □已出版待修订 □有讲义
方向二	□准备写 □写作中 □已成稿 □已出版待修订 □有讲义
方向三	□准备写 □写作中 □已成稿 □已出版待修订 □有讲义

　　请教师认真填写表格下列内容，提供索取课件配套教材的相关信息，我社根据每位教师填表信息的完整性、授课情况与索取课件的相关性，以及教材使用的情况赠送教材的配套课件及相关教学资源。

ISBN（书号）	书名	作者	索取课件简要说明	学生人数（如选作教材）
			□教学 □参考	
			□教学 □参考	

★您对与课件配套的纸质教材的意见和建议，希望提供哪些配套教学资源：